レディー＆ジェントルマン中高一貫エリート教育

西武学園文理中学・高

SEIBU GAKUEN BUNRI JUNIOR & SENIOR HIGH SCHOOL

Reveal your ambition to the heavens.

一人ひとりの力を大きく伸ばす
きめ細やかな**学習指導**

東大合格発表の日 祝福を受ける文理生　大学見学会 東京大学 安田記念講堂前

中学3年イタリア海外研修　ローマ教皇と文理生一人ひとりが握手

次代を担う世界にはばたくリーダーを
文理の**中高一貫エリート教育**で育てます

文理祭（文化祭）　受験相談コーナーあります（予約不要）
9/12（土）10:00〜15:00・9/13（日）10:00〜14:30
中学説明会（ネット予約）
9/29（火）・10/24（土）・11/25（水）いずれも10:30〜
入試対策講座（ネット予約）
10/10（土）・11/7（土）※学校概要・入試説明も行います

世界史原点の旅を通して
国際感覚を身に付ける

BUNRI'S

CAMPUS ACCESS

■**スクールバス「西武文理行き」終点下車**
　西武新宿線「新狭山駅」北口（約8分）
　JR埼京線・東武東上線「川越駅」西口（約20分）
　東武東上線「鶴ヶ島駅」西口（約20分）
　西武池袋線「稲荷山公園駅」（約20分）
　JR八高線・西武池袋線「東飯能駅」東口（約25分）

■**西武バス「西武柏原ニュータウン」下車**
　西武新宿線「狭山市駅」西口下車
　　「西武柏原ニュータウン」行き（約20分）
　西武新宿線「新狭山駅」北口下車
　　「かすみ野」行き（約10分）

埼玉県内から								西武学園文理中学・高等学校
朝霞台から	34分	東武東上線	約14分	→	川越から	スクールバス約20分	→	
大宮から	45分	JR埼京線	約25分	→	川越から	スクールバス約20分	→	
東松山から	35分	東武東上線	約15分	→	鶴ヶ島から	スクールバス約20分	→	
高麗川から	31分	JR八高線	約6分	→	東飯能から	スクールバス約25分	→	
西武秩父から	69分	西武秩父線	約44分	→	東飯能から	スクールバス約25分	→	
所沢から	22分	西武新宿線	約14分	→	新狭山から	スクールバス約8分	→	
東京都内から								
池袋から	51分	西武池袋線	約31分	→	稲荷山公園から	スクールバス約20分	→	
上石神井から	45分	西武新宿線	約37分	→	新狭山から	スクールバス約8分	→	
小平から	29分	西武新宿線	約21分	→	新狭山から	スクールバス約8分	→	
拝島から	50分	JR八高線	約25分	→	東飯能から	スクールバス約25分	→	
八王子から	60分	JR八高線	約35分	→	東飯能から	スクールバス約25分	→	
八王子から	56分	中央線特快	約16分 →国分寺 西武国分寺線約14分→東村山 西武新宿線約18分→**新狭山**		から	スクールバス約8分→		
立川から	50分	中央線特快	約10分 →国分寺 西武国分寺線約14分→東村山 西武新宿線約18分→**新狭山**		から	スクールバス約8分→		

※各駅からの所要時間にはスクールバスの時間が含まれています。

〒350-1336　埼玉県狭山市柏原新田311-1　TEL 04-2954-4080（代）　http://www.bunri-s.ed.jp/

女子美術大学付属高等学校・中学校

JOSHIBI

2015年度
公開行事情報

学校説明会
10月3日（土）
11月28日（土）
各 14:00～

予約不要

女子美祭
～中高大同時開催～
～本校最大のイベント～
10月24日（土）・25日（日）
各 10:00～17:00

ミニ学校説明会
24日（土）
10:30～、13:30～
25日（日）
10:30～、12:30～、
14:30～

予約不要

公開授業
9月26日（土）
10月3日（土）
11月21日（土）
11月28日（土）
各 8:35～12:40

予約不要

美術のひろば
美術が好きなひと集まれ！
「描く」「つくる」などの体験教室
（ワークショップ）
8月6日(木)・7日(金)
小・中学生、美術の先生対象

要予約

すべて
上履不要

〒166-8538　東京都杉並区和田 1-49-8　[代表] TEL: 03-5340-4541　FAX: 03-5340-4542
http://www.joshibi.ac.jp/fuzoku

100th
2015
ANNIVERSARY

KOKUSAI GAKUIN JUNIOR HIGH SCHOOL

平成28年新校舎完成

オープンスクール（要予約：インターネット予約可）

7月25日（土）10:00〜11:45 【体験授業】理科
9月19日（土）11:00〜12:45 【体験授業】算数

※学食で在校生と同じ食事を用意しています。
※体験授業の内容についてはホームページにてご確認下さい。

学校説明会 in 五峯祭（文化祭）

9月13日（日）11:00〜11:30

入試対策学習会（要予約：インターネット予約可）

10月24日（土）14:00〜16:30　2科（算国）模擬試験と解説
***11月14日**（土）10:00〜12:30　4科（算国理社）模擬試験と解説
12月 5日（土）14:00〜16:30　過去問題解説・傾向と対策

＊11/14は、学食で在校生と同じ食事を用意しています。

イブニング学校説明会（要予約：インターネット予約可）

会場：国際学院埼玉短期大学

11月25日（水）18:30〜19:00 【個別相談】19:00〜20:00

学校説明会（要予約：インターネット予約可）

12月19日（土）10:00〜11:00 【個別相談】11:00〜12:00

●予約が必要なイベントはインターネットからもお申し込みができます。

●オープンスクールと、入試対策学習会の11/14は学食にて実際に本校の生徒に提供している食事が食べられます。御予約の際、学食での食事希望の有無と、希望される方は参加人数をお知らせ下さい。

United Nations
Educational, Scientific and
Cultural Organization

UNESCO
Associated
Schools

ユネスコスクール加盟校

中高一貫部

国際学院中学校

QRコードで
簡単アクセス

〒362-0806　埼玉県北足立郡伊奈町小室10474　TEL：048-721-5931（代）FAX：048-721-5903　http://jsh.kgef.ac.jp　✉ js@kgef.ac.jp

自ら考え
自ら学ぶ
人になる

[校地付近空撮]

2015年度　学内説明会・公開行事

● 学校説明会
　9月12日(土)13:00〜　　目白キャンパスでの説明会
　10月20日(火)10:50〜　授業見学説明会【要申込】
　11月21日(土)14:10〜　入試問題解説会【要申込】と
　　　　　　　　　　　　　同時開催

● 十月祭
　10月10日(土)12:00〜16:00
　10月11日(日) 9:00〜15:00

● 親子天体観望会
　12月5日(土)17:00〜　【要申込:定員100名】
　※10月中旬より往復はがきで受付予定

※日時については変更になる場合がありますので随時ご確認ください。

学校見学に来てみませんか!

「都心から近いのに、こんなに豊かな自然があるなんて」
初めて学校に来られた方は、皆さん同じ感想を抱かれます。
校舎も校庭もゆったりとして、勉強にも身が入ります。
是非、ご自分の目で確かめてみませんか。

日本女子大学附属中学校
The JUNIOR HIGH SCHOOL AFFILIATED with J.W.U.

〒214-8565　神奈川県川崎市多摩区西生田1-1-1　TEL.044-952-6705　FAX.044-954-5450
小田急線「読売ランド前駅」より徒歩10分、京王線「京王稲田堤駅」・「京王よみうりランド駅」よりバス10分

SEARCH　日本女子大学附属中学校　**GO**

こちらのQRコード▶
からもホームページ
へアクセスできます。

DREAMS COME TRUE
WAYO KUDAN
JUNIOR & SENIOR HIGH SCHOOL

夢をかなえるための学校

EVENT INFORMATION

要予約	ランチ試食会 ＊お席に限りがございます	10月17日（土） 11:30〜12:30	
要予約	ミニ説明会	11月14日（土） 1月16日（土） 10:00〜10:50	
要予約	授業見学・クラブ体験会	9月19日（土） 11:00〜15:00	
要予約	イブニング説明会	9月11日（金） 19:00〜20:00	
要予約	授業体験会	8月22日（土） 9:30〜12:30	
要予約	入試対策勉強会	10月24日（土） 11月7日（土） 12月5日（土） 10:00〜11:30	
予約不要	学校説明会	11月28日（土） 14:00〜15:00	
要予約	プレテスト	12月20日（日） 8:40〜12:20	
要予約	新5・6年生向け ミニ説明会	2月27日（土） 10:00〜10:50	
予約不要	文化祭	10月3日（土） 10月4日（日） 9:00〜16:00	

イベントの詳細はホームページをご覧ください。
○個別相談・個別校舎見学はご予約をいただいた上で随時お受けします。 ○来校の際、上履きは必要ありません。

 和洋九段女子中学校

http://www.wayokudan.ed.jp 和洋九段 検索

九段下駅（地下鉄 東西線・半蔵門線・都営新宿線）より徒歩約3分／飯田橋駅（JR・地下鉄各線）より徒歩約8分／九段上・九段下、両停留所（都バス）より徒歩約5分

東農大三中

男女共学
90名募集

究理探新

本物に出会い、
本当にやりたい夢に近づく
6年間。

実学教育をベースに
学力・進路選択力・人間力を育てます。

■受験生・保護者対象　体験授業・説明会 等 ＊詳しくはHPをご確認ください。またはお問い合わせください。

日　時	内　容	会　場
7月26日（日）9：30〜	体験授業Ⅰ【理科・社会・英語】（要予約）/ 説明会	本校
8月16日（日）9：30〜	体験授業Ⅱ【理科・社会・英語】（要予約）/ 説明会	本校
9月 8日（火）19：00〜	イブニング説明会（学校概要と募集要項の説明）	熊谷 キングアンバサダーホテル
9月15日（火）19：00〜	イブニング説明会（学校概要と募集要項の説明）	大宮 大宮ソニック602会議室
9月17日（木）19：00〜	イブニング説明会（学校概要と募集要項の説明）	川越 川越東上パールビルヂング
10月 3日（土）9：30〜	説明会（授業公開と個別相談）	本校
10月16日（金）19：00〜	イブニング説明会（学校概要と募集要項の説明）	所沢 所沢パークホテル
11月 4日（水）10：00〜	説明会（学校概要と募集要項の説明）	大宮 大宮ソニック602会議室
11月23日（月祝）9：30〜	入試模擬体験【国語・算数・総合理科】（要予約11/1より）/ 説明会	本校
12月12日（土）9：30〜	説明会（28年度入試出題傾向と対策）	本校

浪漫祭（文化祭）
9月19日（土）・20日（日）

東京農業大学第三高等学校附属中学校
〒355-0005 埼玉県東松山市大字松山1400-1
TEL：0493-24-4611
http://www.nodai-3-h.ed.jp

＊7駅よりスクールバス運行　　東武東上線　東松山駅、JR高崎線　上尾駅・鴻巣駅・吹上駅・熊谷駅
　　　　　　　　　　　　　　　西武新宿線　本川越駅、秩父鉄道　行田市駅

地球サイズの たくましい人間力。

SEIBUDAI NIIZA
Junior High School

子供たちが社会に出る10年後。そこには間違いなく、今より格段にグローバル化が進展した世界が広がっているでしょう。西武台新座中学校の6年間は、そうした将来の社会で活躍できるたくましい人間力を備えるためにあります。

本校では、「高い学力」と「グローバル・リテラシー」という2つの大きなチカラの育成を目標に、独自の英語教育や先端的なICT活用教育など、新しい概念のプログラムや環境を整備し、確かな成果と手応えを得ております。説明会では、そんなお話を中心に、「学ぶ喜び」と「出会い」に充ちた、かけがえのない6年間について、ご案内させていただきます。

学校説明会・体験イベント ◆開催時間や詳しい内容は本校ホームページでご確認ください

日程	時間	名称	会場	備考
6／14〈日〉	10:00〜13:00	第1回学校説明会	本校	要予約
7／11〈土〉	13:00〜15:00	オープンスクール体験授業	本校	要予約
8／ 4〈火〉	午後（予定）	夏休みスポーツフェスタ（予定）	本校	要予約
9／ 5〈土〉 6〈日〉	10:00〜14:30	武陽祭（文化祭）＋ミニ相談会	本校	予約不要
9／27〈日〉	10:00〜13:00	第2回 学校説明会	本校	要予約
10／25〈日〉	10:00〜13:00	第3回 学校説明会	本校	要予約
11／22〈日〉	10:00〜13:00	第4回 学校説明会	本校	要予約
12／ 5〈土〉	10:00〜13:00	入試模擬体験会	本校	要予約
12／20〈日〉	10:00〜13:00	入試直前情報説明会	本校	要予約

スクールバスをご利用ください

◆説明会開催時には、スクールバスを運行いたします。
　運行時間や発着場所は、本校Webサイトでご確認ください。
◆お車でもお越しいただけます。駐車スペースに限りがございますので、
　必ず前日までにご連絡ください。（武陽祭は除く）

お問い合わせ:TEL.048-424-5781
〒352-8508 埼玉県新座市中野2-9-1
学校法人 武陽学園 西武台新座中学校・西武台高等学校

 西武台新座中学校

生徒一人ひとりに光が当たる

OTSUMA JUNIOR & SENIOR HIGH SCHOOL

◆学校説明会

7月12日(日)10：00〜11:10(場所：大妻講堂)
内容：在校生(中学1年生)が、中学校での勉強や
学校生活の様子について、座談会を行います。

10月 3日(土) 9:30〜10:40　※授業見学あり

12月20日(日)10:30〜11:40　※校内見学あり

◆入試説明会　※小6対象

10月31日(土)14:00〜15:30

11月21日(土)14:00〜15:30
内容：入試問題(四科)と出願時の注意点について解説します
(終了後、校内見学が可能です)。

◆オープンスクール　※小5対象

11月 7日(土)14:00〜16:00
内容：参加・体験型のイベントです。
1日大妻生になるチャンスです。

◆文化祭(予約不要)

9月19日(土)13:00〜16:00

9月20日(日) 9:30〜15:50
※両日とも入場は15:30までです。
ミニ説明会と入試個別相談も行います。

──── 2014年度卒業生 現役合格者数 ────

| 国公立大学 | 38名 | 早慶上理 | 146名 | MARCH | 266名 |

学校ホームページからご予約下さい。上記以外にも、小グループでの校内案内や ナイト(夜)説明会を実施しています。
詳細は学校HPをご覧ください。

 大妻中学高等学校 大妻 検索

〒102-8357 東京都千代田区三番町12番地　TEL 03-5275-6002　FAX 03-5275-6230

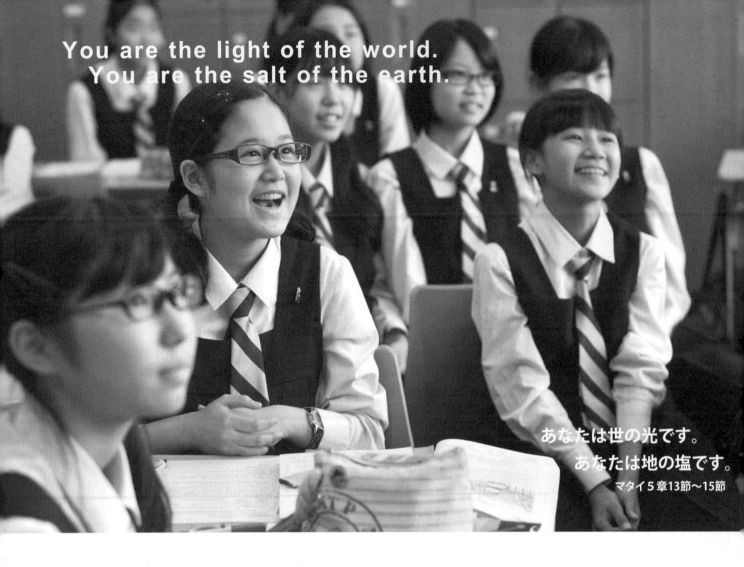

You are the light of the world.
You are the salt of the earth.

あなたは世の光です。
あなたは地の塩です。
マタイ5章13節〜15節

そのままのあなたがすばらしい

入試説明会
［本学院］ ※申込不要

9. 9（水）
10:00〜11:30
終了後 校内見学・授業参観（〜12:00）

10.11（日）
14:00〜15:30
終了後 校内見学（〜16:00）

11.21（土）
10:00〜11:30
終了後 校内見学（〜12:00）

校内見学会
［本学院］ ※申込必要

9.26（土）　**10.31**（土）

1. 9（土）　　**1.23**（土）
＊6年生対象　　　　＊6年生対象

2.20（土）
＊5年生以下対象

授業見学、ミニ説明会、学校紹介DVD上映。
回によって体験授業もあります。
詳細はその都度HPをご確認ください。
全日程 10:30〜12:00

【申込方法】
電話で「希望日」「氏名」「参加人数」をお知らせください。

過去問説明会
［本学院］ ※申込必要

12. 5（土）
●6年生対象
14:00〜16:00（申込締切 11/25）

【申込方法】
ハガキに「過去問説明会参加希望」「受験生
氏名（ふりがな付）」「学年」「住所」「電話番
号」保護者も出席の場合は「保護者参加人
数」を記入し、光塩女子学院広報係宛にお送
りください。後日受講票をお送りいたします。

公開行事
［本学院］ ※申込不要

［オープンスクール］
7.19（日）13:00〜16:30
クラブ見学及び参加など

［親睦会（バザー）］
11.15（日）9:30〜15:00
生徒による光塩質問コーナーあり

光塩女子学院中等科

〒166-0003　東京都杉並区高円寺南2-33-28　tel.03-3315-1911（代表）　http://www.koen-ejh.ed.jp/
交通…JR「高円寺駅」下車南口徒歩12分／東京メトロ丸の内線「東高円寺駅」下車徒歩7分／「新高円寺駅」下車徒歩10分

自主独立の気概と科学的精神で、
次代のリーダーとなれ

2015
KOMABA TOHO JUNIOR & SENIOR HIGH SCHOOL

駒場東邦
中学校・高等学校

学校説明会

第1回	第2回	第3回
10/4 [日]	10/10 [土]	10/11 [日]

※往復ハガキによる予約制です。　※個別相談会も実施されます。

第58回 文化祭 ▶ 9/19 [土] 9/20 [日]

〒154-0001 東京都世田谷区池尻 4-5-1 TEL: 03-3466-8221㈹ 　駒場東邦 検索

◎京王井の頭線「駒場東大前駅」徒歩10分　◎東急田園都市線「池尻大橋駅」徒歩10分

個性と多様性の尊重
根底からの学び
多彩な進学先

多彩な進路を支える教育システム

文化、科学の根底から学ぶ授業カリキュラムのもとで偏りのない学習をする中から自らの興味関心を発見するプロセスが、回り道のようですが最善のものです。この考え方に基づいて、高校1年までは全員が同じ内容を学ぶ期間としています。高校2年で文・理コース選択を、高校3年では18種類のコースから1つを選択し、希望する進路の実現を目指します。
このように、成蹊大学へ進学する約3割の生徒と全国の国公私立大学へ進む約7割の生徒の両方に対応するカリキュラムに加え、卒業生の協力を得た様々な進路ガイダンスなどの行事が組み合わさり、医歯薬、芸術分野を含む多彩な進路が実現しています。

国際理解教育の多様なプログラム

1949年開始の交換留学を始め、長期・短期の様々な機会が用意されています。
1年間の留学でも学年が遅れない制度や留学中の授業料等を半額にする制度を整え、留学を後押ししています。短期留学（2〜3週間）には、50年余の歴史を持つカウラ高校（オーストラリア）との交流の他、ケンブリッジ大学、UC-Davisとの提携プログラムなど、将来の進路選択を見据えた成蹊ならではの特色あるプログラムを実施しています。成蹊学園国際教育センターが小学校から大学までの国際理解教育をサポートする体制を整え、また、高校への留学生受け入れも常時ありますので、日常的に国際交流の機会があります。

2015年度 学校説明会　予約不要

10/10（土）　会場：成蹊大学キャンパス
11/ 7（土）　時間：14:00〜

受験生対象イベント　要予約　※詳細はHPでご確認ください。

10/10（土）14:00　体験イベント（クラブ活動）

10/17（土）13:30　入試対策講座

11/14（土）13:30　入試対策講座

※ご来校の際は上履きと履物袋をご持参ください。

2016年度　一般入試（帰国生枠）新設

2015年度大学合格状況　（詳細はHPをご覧ください）

成蹊大、北海道大、東北大、東京大、京都大、一橋大、東京外国語大、東京藝術大、電気通信大、筑波大、千葉大、首都大学東京、早稲田大、慶應義塾大、上智大、明治大、中央大、立教大、東京理科大、国際基督教大、津田塾大、日本女子大、東京女子大、旭川医大、東京医科歯科大、東京慈恵会医大、順天堂大医学部、東京女子医大、東京医科大、日本医科大、防衛医科大学校　など

 成蹊中学・高等学校

〒180-8633　東京都武蔵野市吉祥寺北町3-10-13　〔Tel〕0422-37-3818
〔URL〕http://www.seikei.ac.jp/jsh/　〔E-mail〕chuko@jim.seikei.ac.jp

SEIJO GAKUEN
JUNIOR AND SENIOR HIGH SCHOOL

中学校説明会 14：00〜
10/10(土) **11/7**(土)

感性を磨き

心身を鍛え

真の教養を身につける

SEIJO GAKUEN
100th
since 1917

一般公開行事	中学校運動会	成城学園文化祭
	9/30(水) 9:00〜	**11/2**(月)・**3**(火・祝) 9:30〜

 成城学園中学校高等学校
SEIJO GAKUEN JUNIOR AND SENIOR HIGH SCHOOL

ADDRESS 〒157-8511 東京都世田谷区成城6-1-20
TEL 03-3482-2105(中学校事務室直通)／03-3482-2104(高等学校事務室直通)

Teikyo
Junior High School

平成27年
「一貫特進コース」始動

◉目標はただ1つ……それは6年後の難関大学突破

◉授業・家庭学習・確認テスト・補習・個別指導の
サイクルの中で「わかるまで、できるまで」徹底サポート

◉中学校3年間での英・国・数の授業単位数は
標準34単位に対して充実の56単位

◆中学校説明会　予約不要　（※11/21・12/19のみ要予約）

保護者・生徒対象

9.12 ⊞	13:30〜／新入学生が語る帝京の魅力
10.17 ⊞	13:30〜／中学生による英語での学校紹介
11. 8 ⊡	11:00〜／一貫特進コースの授業見学
11.21 ⊞※	11:00〜／授業見学、個別相談、ランチ体験

12. 6 ⊡	11:00〜／過去問にトライ、入試傾向と対策の解説
12.19 ⊞※	13:30〜／過去問にトライ、入試問題の徹底解説
1.16 ⊞	13:30〜／入試問題の傾向の説明と直前のアドバイス

◆体験入学　要予約

小中学生対象　各日9：10〜13：00

8.22 ⊞　　8.23 ⊡　入試問題解説、部活動体験、体験型授業、個別相談

※所定の申込用紙にてお申し込みください。

詳細は本校ホームページをご覧ください　http://www.teikyo.ed.jp

◆蜂桜祭（文化祭）　予約不要

各日9：00〜15：00

10.3 ⊞　　10.4 ⊡

※入試相談コーナーあり。

帝京大学系属
帝京中学校
TEIKYO

〒173-8555　東京都板橋区稲荷台27番1号
TEL.03-3963-6383
●JR埼京線『十条駅』下車徒歩12分
●都営三田線『板橋本町駅』下車A1出口より徒歩8分

http://www.teikyo.ed.jp

桐朋女子中学校

「時代を創る女性（リーダー）」を育てる。

■こころ・かよう・学校　Heart－プロジェクト

桐朋女子中・高等学校は生徒、保護者、卒業生、地域、教員が心をかよわせる学校であり続けるために、プロジェクトを立ち上げました。詳しくは、学校説明会や本校ホームページなどで紹介していきます。

■デュアル・ランゲージ・プログラム(DLP)が始動します

新規導入のカリキュラム

「言語技術教育」　中学3年・高校1年の英語の授業にて実施（2016年度より）

「DLP特別講座」　高校2年・高校3年の自由選択科目として実施（2018年度より）

国際バカロレア（IB）の理念を踏まえた新講座を導入。一部の教科では英語で教える講座も設置。

「英語を使って、学ぶ」経験を通して、道具（ツール）としての実践的な英語力を育成します。

現在実施の多様な課外講座　「英会話教室」「英会話シャワー」「米国夏季研修」など

■体験イベント《要予約》

近づいてます！

オープンキャンパス　8月30日(日)
　　　　　　　　　　　9:00〜

■ナイト説明会《要予約》

近づいてます！

第1回 7月24日(金)19:00〜

第2回 9月18日(金)19:00〜
働く保護者からみた桐朋女子Ⅰ・Ⅱ

■学校説明会《要予約》

第2回 10月25日(日)10:00〜
「学習と進路指導について」

第3回 11月14日(土)14:00〜
「グローバル教育について」

第4回 12月 5日(土)14:00〜
「入学試験体験会」

第5回 1月 9日(土)14:00〜
「桐朋女子入門編」

■公開イベント

「桐朋祭」9月26日(土)12:00〜
　　　　　27日(日)9:00〜
※入試情報室《予約不要》を同時開催

■平日の学校説明会＆校内見学会(要予約)
簡単な説明会と校内見学を少人数で実施します。
（1名〜10名）
普段の生徒の様子をご覧いただくことができます。
ホームページにて開催日や予約方法をご確認ください。
●月曜日●水曜日●金曜日●土曜日　各10:40〜

桐朋女子中・高等学校

〒182-8510　東京都調布市若葉町1-41-1

Tel:03-3300-2116　　Fax:03-3300-4266（中高普通科入試事務局直通）　URL:http://www.toho.ac.jp/chuko/　　桐朋女子 [検索]

京王線「仙川」駅より徒歩5分　小田急線「成城学園前」・JR「吉祥寺」「三鷹」駅より小田急バス

笑顔あふれる丘の上の進学校

Teikyo
University
Junior High School

TEIKYO 帝京大学中学校

〒192-0361 東京都八王子市越野322　TEL.042-676-9511(代)

http://www.teikyo-u.ed.jp/

○2016年度入試 学校説明会　　　　　　　　　　　　対象／保護者・受験生　　会場／本校

第1回	**7/11**（土）	①10:00　②14:00	本校が目指す教育 "中学での学びを中心に"（要予約）
第2回	**9/12**（土）	①10:00　②14:00	本校の学習指導 "高校での学びを中心に"（要予約）
第3回	**10/17**（土）	14:00	本校の行事・クラブ活動
第4回	**11/18**（水）	10:00	初めて本校説明会に参加される皆様へ
第5回	**12/20**（日）	10:00	入試直前情報 "過去問解説授業"
第6回	**1/9**（土）	14:00	入試直前情報（第5回と同内容です）
第7回	**3/12**（土）	14:00	小4・5年生・保護者対象の説明会

○第1回・第2回の説明会は予約制です。予約方法は説明会1か月前頃にHPに掲載致します。
○学校見学は、随時可能です。（但し、日祝祭日は除く。また学校説明会等、行事のある場合は見学出来ないことがあります。）
○平常授業日（月〜土）には、事前にご予約いただければ、教員が校舎案内をいたします。

○邂逅祭（文化祭）　**10月31日**(土)・**11月1日**(日)

●スクールバスのご案内

月〜土曜日／登校時間に運行。
詳細は本校のホームページをご覧ください。

| JR豊田駅 ⟷ 平山5丁目(京王線平山城址公園駅より徒歩5分) ⟷ 本　校 |
| (20分) |
| 多摩センター駅 ⟷ (15分) ⟶ 本　校 |

CONTENTS

掲載学校名　50音順　もくじ

サ

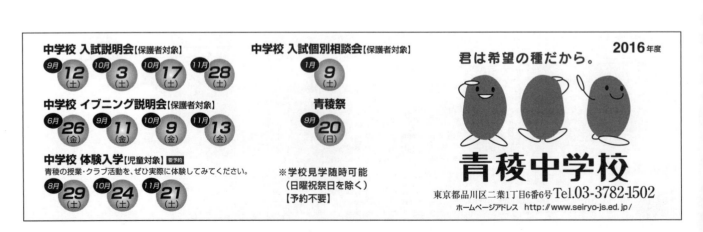

学びの先端へ。

学園の教育理念「人格を尊重しよう」「平和を心につちかおう」を学園モットーに、
一人ひとりの発想力、創造力、コミュニケーション能力、活用力を育成し、
これからのグローバル社会の中で活躍できる、
人間の育成をめざします。

〈男女共学〉

東大・医進クラス 〈2016年度新設〉
一貫特進クラス

八王子学園
八王子中学校
八王子高等学校
Hachioji Junior & Senior High School

〒193-0931 東京都八王子市台町 4-35-1　Tel.042-623-3461 (代)
URL http://www.hachioji.ed.jp　E-mail info@hachioji.ed.jp

JR 中央線 [西八王子駅] から徒歩 5 分

八王子中学校イノベーション!

【新ビジョン】
● 課題解決型授業の導入で実践的思考を育てます。
● 少人数で行う探求ゼミ活動で知的好奇心を育てます。
● 英会話能力を育て中2までに英検3級、中3までに英検準2級を取得。
　英語で発信できる力を育てます。
● アクティブ・ラーニングとタブレット活用で Out put 能力を育てます。
● 個性に応じた学びで高い進路目標を実現します。

学園祭開催 9/26 (土)・9/27 (日)

※説明会は本校 HPにて完全予約制です。
※詳しい学校紹介は HP 又は学校案内をご覧ください。

世界の星を育てます

中学1年生から英語の多読多聴を実施しています。
また、「わくわく理科実験」で理科の力を伸ばしています。

学校説明会

第2回	**9月 5日(土)**	第5回	**11月20日(金)**
	14:00〜		19:00〜
	[明星の部活動＆MGS新設！〜新しい明星]		[Evening（お仕事帰りにどうぞ）]
第3回	**10月10日(土)**	第6回	**12月 5日(土)**
	14:00〜		14:00〜
	[在校生とトーク]		[小6対象入試問題解説・入試対策授業（要予約）]
第4回	**11月 7日(土)**	第7回	**1月16日(土)**
	14:00〜		15:00〜
	[小6対象模擬試験（要予約）]		[小6対象面接リハーサル（要予約）]

※説明会のみのご参加は予約不要です。
※各説明会、イベントの詳細は、開催日近くになりましたら
　ホームページでご確認ください。

体験授業・体験入部

体験入部
7月18日(土)・19日(日)

体験授業
7月19日(日)

※小4〜小6対象、要予約
※詳細はホームページをご覧ください。

オープンキャンパス

第1回	**7月19日(日)**
第2回	**8月29日(土)**
第3回	**8月30日(日)**

9:00〜15:00
※予約不要

明星祭／受験相談室

9月26日(土)・27日(日)
9:00〜15:00
※予約不要

学校見学

月〜金曜日　9:00〜16:00
土曜日　　　9:00〜14:00

※日曜・祝日はお休みです。
※事前のご予約が必要です。

ご予約、お問い合わせは入学広報室までTEL. FAX. メールでどうぞ

 明星中学校
MEISEI

〒183-8531　東京都府中市栄町1−1
入学広報室　TEL 042-368-5201(直通)　FAX 042-368-5872(直通)
（ホームページ）http://www.meisei.ac.jp/hs/　（E-mail）pass@pr.meisei.ac.jp

交通／京王線「府中駅」　　　　　　　　　　┐徒歩約20分
　　　JR中央線／西武線「国分寺駅」　　　　┘またはバス（両駅とも2番乗場）約7分「明星学苑」下車　　JR武蔵野線「北府中駅」より徒歩約15分

Hachioji **Jisse**

友と集い、共に歩む

● 学校説明会（中学校）

10月17日（土）14:00〜

11月14日（土）14:00〜

12月12日（土）14:00〜

● オープンスクール

8/2（日）9：00〜

※参加にあたり、予約が必要となります。
　詳しくはHPをご覧ください。

● 明鏡祭（文化祭）

9/12（土）9:00〜

※予約不要、上履き不要です。

八王子実践中学校・高等学校

〒193-0931 東京都八王子市台町 1-6-15　　TEL 042-622-0654　　FAX 042-627-1101

JR八王子駅
南口より
徒歩15分

http://www.hachioji-jissen.ac.jp

学び力伸長システム

自分の学習法を発見し、自学力を身につける

安田学園は、グローバル社会に貢献するリーダーを育成するために、自ら考え学ぶ力を伸ばす授業と、課題を追究し解決する教科外学習により創造的学力の資質を育てる「自学創造」教育に取り組んでいます。

中3までに学習法を確立する
学び力伸長システム

このシステム（学習法体得授業・合宿・習熟度チェックテスト・放課後補習）により育てた主体的に考え学ぶ力を、高校後半での進学に向けた学習に活かし、難関大進学を実現します。
同時に、将来自ら学び続け、困難な問題を解決する創造的学力の基盤をつくります。

学校完結型の学習環境

学校完結型学習指導 学び力伸長システム
- ●自ら考え学ぶ授業
- ●学習法体得授業
- ●学習法体得合宿
- ●夏期・冬期講習
- ●習熟度チェックテスト → 放課後補習

進学力伸長システム
- ●放課後進学講座（5年3学期〜6年2学期、2時間）
- ●進学合宿（5年3月）
- ●大学入試対策演習（6年12月〜1月）
- ●国公立2次・私大入試直前講座（センター後）
- ●夏期・冬期講習

将来も持続する学び力
難関大学進学

※合宿の実費以外は費用無

学習法体得授業

中学段階では、英語と数学で各々2時間続きの「学習法体得授業」が年間16回、平常授業時に設定されています。

事前に予習・復習の方法がレクチャーされ、授業を挟んでこの時間内で予習と復習を行い、チェックリストを用いて学習法を自己チェックし、自分の学習法を見直します。また、先生からのアドバイスを受けます。

平常授業での学習法体得授業の実施回数

24回×2教科

	1学期		2学期		3学期
	前半	後半	前半	後半	
1年生	3	3	2		
2年生	3	3	2		
3年生			3	3	2

学び力伸長システム責任者の志田先生は「全国的な学習調査でも中学段階で学習法をつかみ伸びた生徒が、大学入試直前の高3で伸びる確率が高いと言われています。これは、将来社会人として主体的に生きるために必要な力で、結果として大学入試にも生きるはずです。だから、中学段階で自ら考え学ぶ方法を身につけることが、生徒一人ひとりの生き方を方向づけることになると確信しています」と力強く述べています。

習熟度チェックテスト・放課後補習

英語、数学で毎週4回、朝の学活前に授業内容の習熟度チェックテストを実施。理解が十分でない生徒には放課後、懇切丁寧な補習指導が行われます。そこで、理解させできるように導くことはもちろんですが、不十分だった原因を探り、自分で学べるように学習法を改善することが大きな目的です。

学習法体得合宿

また、6月に行われる中1〜3の「学習法体得合宿」では、英数国の授業を挟んだ予習・復習に、ホテルの大研修室で、420名全員が一緒に取り組みます。

合宿終了後、1年のA君は「間違えた問題を繰り返し解いて、できるようになるまでやる学習法がいいと思った」、Bさんは「勉強はつまらないと決めつけていたけど、実際は楽しいものなんだなぁと感じた」、2年のC君は「人に教えることを想定して考え理解する学習法を発見した」、3年のDさんは「新しい問題を次々と解く楽しさ、別解を発見できる面白さが数学だと思った」といった感想を書いてくれました。

よろこびと真剣さあふれる学園

鷗友学園女子中学高等学校

〒156-8551　東京都世田谷区宮坂1-5-30　TEL03-3420-0136　FAX03-3420-8782

http://www.ohyu.jp/

▶**オープンキャンパス【インターネット予約制】**
- ●7月11日(土) 午前2講座・午後2講座

▶**学校説明会【インターネット予約制】**
- ●9月4日(金)　●9月9日(水)
- ●10月17日(土)　●10月18日(日)
- ●11月17日(火)　●12月12日(土)

いずれも10:00〜11:30(開場9:00)

▶**学園祭[かもめ祭]【インターネット予約制】**
- ●9月20日(日)・21日(月・祝)

2016年度入試から入試日程が変わります

	第1回	第2回
試験日	2月1日(月)	2月3日(水)
募集人員	約180人	約40人
入試科目	国語・算数・社会・理科	

世界に羽ばたけ鷗友生!!

Ohyu Gakuen

中学受験を知ろう

「入試を知る」「学校を知る」

中学受験を推し進めていくには、まず中学受験とはいったいどんなものなのかを知る必要があります。その大事な視点として「入試を知ること」と「学校を知ること」の2点があげられます。このふたつの角度から中学受験を知って、そのご家庭なりのスタンスが決まっていれば、6年生の夏以降に課題として浮かびあがる「学校選び」についての迷いが少なくなり、中学受験をスムースに展開できます。

◎ 学校は生きている
早めの情報収集がカギ

学校選びは、やはりご自身の目と耳で実際の学校を見ることから始まります。足を運び肌で感じることが第1歩です。

そこで、学校にでかける前の「学校基礎情報」として、本書をお読みいただければ幸いです。

「学校」も1日として歩みを止めることはなく、日々進化しています。

そのため「中学受験」そのものも、つぎつぎと変化しています。まさに「中学受験」は"生きている"と言っても過言ではないでしょう。

これから中学受験に挑まれるみなさんは、学校の変化、進化、中学受験の変容に対応するために

も、早め早めの情報収集がカギとなります。

学校の改革、受験動向の変化に敏感に対応しながら受験の春までつづく「これから」を過ごされることを願ってやみません。

ここ15年、首都圏における私立中学受験状況は信じられないようなスピードで変貌してきました。

いま、受験生のご両親のなかには、ご自身が「中学受験を経験した」というかたが非常に多くなってきました。

お父さま、お母さまの中学受験経験は、子どもに対するお話にしろ、勉強の相談にしろ、家庭でプラスになることが非常に多いことは確かです。

しかし、学校選びの段階で「自分たちのころ、あの学校はこうだった」という先入観が、ときとし

て悪影響をおよぼすこともあります。

この10年、20年の間に、大きく変容を遂げた学校が多くあるからです。

親の先入観、まして祖父母に先入観があるとするなら、学校選びに立ちはだかる「壁」となることもありますので注意が必要です。

また、学校の変化にかぎらず、小学生全体の学力レベルの進化も見逃せません。

さらに、中学入試で求められる学力の変化、すなわち入試問題傾向の変化もあります。

自らの中学受験経験を背景にして子どもを導こうとするなら、とまどうことにもなるでしょう。このような場合は1歩引いて、進学塾の先生がたとの連絡を密にすることに傾注した方が得策です。

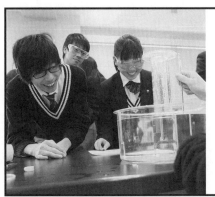

◎ 小学生人口と
中学受験者数の変化

中学受験は「情報」が勝負という一面があります。その第1が「入試を知る」ことであり、第2が「学校を知る」ことです。

「入試を知る」には、「入試状況を知る」ことと「入試問題を知る」ことの2面があります。

まず、入試状況について触れておきましょう。

「ゆとり教育」による学力低下への懸念が高まり、首都圏の中学受験者数は2001年以降、増えつづけていました。

小学校卒業者の数を見ると、全国的には少子化と言いながら、首都1都3県では大幅に減ることはなく、増減を繰り返してきました。そして2007年には30万人を超える数字となり、その後は漸減しましたが、この春、2015年小学校卒業生は30万人台を回復しています。

今後は年々減っていきます。小学校1年生は現在より全国的には5万人以上減ることになりますが、首都圏では5000人しか減りません。しかも、毎年首都圏の小学生人口は増えていくことが知られていますので、5年後に減るのは5000人を下回るでしょう。

ただ、いわゆるリーマンショックが起き、世の中に不況感が漂いだしてからは、中学受験者数の大幅な増加は見られなくなりました。さらに、つづいた東日本大震災のショックの影響もあって、中学受験者数は減少しています。

しかし、難関校、上位校に応募が集まる傾向は衰えず、このクラスでは厳しい入試がつづいています。中学受験生のわずかな減少傾向とは裏腹に、第1志望校に入ることができた受験生は、全体の25％程度という状況なのです。

これに関連して近年、首都圏の私立中学の志望状況の特徴のひとつにあげられているのが「二極化」です。人気があり受験生を多く集める学校と、志望者も少なく入学者数も定員を充足できていない学校に分かれてきたという傾向です。

全体の約3割の、人気が高い上位校に受験生全体の約7割が集中し、そして、残りの7割の学校に受験生の3割が分散しているという数字もあり、なにがなんでも上位校にという意識がどうしても働き、強気に受験していく傾向が見てとれます。第1志望校は強気で受ける、という傾向です。

しかし一方で、15年前あたりから、受験の厳しさが認識されてきたためか、強気一辺倒ではなく、確実に合格を確保するという併願パターンを組むケースもみられるようになっています。

受験戦略として、受験校をじょうずにしぼるご家庭が増えているのです。

志望校をしぼりながらも、確実に合格を確保しておき、そして、第1志望校は譲らず強気で受けていく、という受験パターンです。

◎ 冷静で合理的な併願作戦で
併願校数は減る傾向に

「堅実志向」の傾向を受けて、受験校のしぼりこみが進み、併願校数が減ってきました。

ひとりあたりの受験校数（受験回数）は、2007年の6.1校（回）がピークとなり、昨年（2014年）と、この春（2015年）は5校強といわれています。

東京・神奈川の受験生は、以前なら、千葉・埼玉の1月入試を受け、2月に入ってからは、午後入試も含めて連日受験していくパターンがふつうでした。

しかし、不況の影響もあってか冷静に出願校を見極め、「進学してもよい」学校のみを受ける併願作戦がめだつようになりました。（※ここでいう併願校数には、同じ学校を複数回受験する場合もその数に加えています）

受験校数を減らすことによって、受験費用の面でも、また受験生の時間的、体力的な面でもムダがなくなり、第1志望校の受験に、より集中した対策や準備を行うことができるようになったというわけです。

◎ どのようにして
学校を選べばよいか

話を「学校を知る」に移しましょう。

中学受験をめざすご家庭のきっかけはさまざまです。なかには、初めから「行きたい学校」が決まっていて、それがきっかけとなって中学受験をする、という場合もあります。野球部への憧れからのスタートや、ご父母の出身校にしぼっている場合がこれにあたります。

ただ、多くのご家庭は、受験準備をしながら同時進行で受験する学校を選んでいく、というパターンとなります。

学校選択は、「目標を設定する作業」でもあります。目標が定まればモチベーションも高まり、成績の向上につながります。ですから、志望校は早めに決めるに越したことはありません。早めの目標設定が学習意欲を喚起することになるのです。

では、実際の志望校選びですが、最も大切なことは、「受験する学校は通いたい学校」でなければならないということです。

偏差値などが重要な要素であることは事実ですが、偏差値や知名度だけに左右されるような志望校選びは避けましょう。

それよりも、受験生自身の学習姿勢や志向、性格や希望、相性に合わせて学校を選びましょう。

お子さまに合っていて、入学してからの6年間でかならず伸ばしてもらえる学校を探し、選んでい

ただきたいのです。

しっかりとした情報を得て 学校を見定めましょう

志望校選びは、お子さまの将来設計をも左右する大切な決断です。大学の合格実績や偏差値偏重の志望校選びに偏ることなく、お子さまに「どのような教育を受けさせたいか」という家庭の方針を大切にして、学校選びを進めていただきたいと思います。

そのためには、実際に学校を訪れ、教育方針や環境、先生がたの熱意など、各学校のいわゆる「学校文化」を知ることが必要です。

近年開校された学校もあれば、既存の学校も学校改革に熱心です。入試方式を大きく変えた学校もあります。ですから、学校の生の姿を実際に感じとることが大切です。

さて、受験生の志望動向や学校の評判は、学校選びを進めていくうえで重要な要素です。しっかりとした情報源のものを選択するようにしましょう。有益な情報と、そうではない情報をしっかりと見極めることが大切です。インターネットの掲示板などでのいい加減な情報に惑わされることなく、本質的な学校選びの視点を見失わないようにしてほしいものです。

まずは学校の個性を知り 子どもに合った学校を選ぶ

学校を選択するということは、保護者にとっては「子どもにどのような教育を受けさせるのか」という家庭の教育姿勢を試されるものでもあります。

お子さまにとって「大切な6年間を過ごす場を決める」という、きわめて大切な判断です。偏差値など学力指標だけで単純に決められるものでもありません。

「わが子のために、わが子に合った」学校を選ぶことを、まず主眼においてください。

では、学校を選ぶにはどうしたらよいのでしょうか。それにはまず、さきに述べたように各学校の学校文化を知ることです。

「伸びのびとした学校生活のなかで育ってほしい」のか、「ある程度規律ある生活をとおして子どもの自我を築きあげてほしい」のか、あるいは「大学までつづく、ゆったりとした時間を過ごしてほしい」のかなど、ご家庭の方針を固めるところから始めましょう。

さまざまなタイプの学校があり、教育内容も多岐にわたります。学校選びの作業のなかで、よりよい教育を自由に選択できるというプラス面に気づかされることにもなるでしょう。

わが子に合った学校を選び、最も多感な時期を「高校入試」で分断されることなく、6年間一貫した学習指導と生活指導が保証されるのが、私立の中高一貫校の大きな魅力です。

私立の中高一貫校の多くは、2年単位で基礎期（中1・中2）→発展期（中3・高1）→応用・受験期（高2・高3）などにステージを分け、公立校なら中学校＋高校の6年間で学ぶ内容を、ムダを省いて5年間で学び、高3の1年間は大学入試対策にあてるなど、さまざまな工夫をこらしています。

大学受験への勉強のみを展開しているのではなく、独自の教育プログラムで、必要に応じて深い内容を追究することも行っているのが私立の中高一貫校です。

これらは公立校よりも授業時間数が格段に多いということが利点となっており、時間をかけてじっくりと教育を進めているのです。

「目的」と「適性」を考え ふたつの視点から学校を探す

志望校を選ぶとき、ふたつの視点から考えてみると整理しやすくなります。

**輝け！
わたしの中の
わたし**

お互いを磨きあい、
光り輝く個性を
引き出し伸ばしていきます。

学校説明会等 （予約不要）

〈帰国生学校説明会〉
　7月11日（土）　13:00〜

〈第1回学校説明会〉
　7月11日（土）
　　5年生以下　13:30〜
　　6年生　　　15:00〜

〈学校を知る会〉
　10月3日（土）　14:00〜

〈第2回学校説明会〉
　11月21日（土）
　　5年生以下　14:00〜
　　6年生　　　15:30〜

※説明会当日は校舎見学もできます。
　上履きは必要ありません。
　詳細は本校ホームページをご覧ください。

八重桜祭

10月31日（土）／11月1日（日）
「入試等に関する質問コーナー」開催
13:00〜15:00

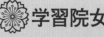 **学習院女子中等科**

〒162-8656　新宿区戸山3-20-1
03-3203-1901　http://www.gakushuin.ac.jp/girl/
地下鉄副都心線「西早稲田」駅徒歩3分
地下鉄東西線「早稲田」駅徒歩10分
JR山手線・西武新宿線「高田馬場」駅徒歩20分

ひとつは「目的」、もうひとつは「適性」からの視点です。

「目的」からの視点とは、その学校に入ってなにをしたいのか、どのような中学・高校生活を送りたいのかという面から見た学校選びです。

「心身ともに健全な人間に成長したい」、「豊かな感受性を身につけたい」、「国際感覚を身につけたい」、「めざしている大学に入学したい」など、それぞれの夢に沿ったものとなるわけで、個性の数だけ「目的」があるといってもいいでしょう。

これら「目的」をはっきりとさせることで、「行きたい学校」が見えてきます。

「適性」からの視点は、その学校が自分に合っているのかという学校選びです。

私立の学校はそれぞれ、建学の精神や理念、教育方針を持っています。

そこから培われた先生や生徒の持つ雰囲気のことを校風と呼びます。校風がその学校の個性ということになります。

「適性」からのアプローチでは、
① 進学校か大学附属校か
② 男子校か女子校か共学校（別学校・併学校）か
③ 宗教系の学校かどうか
④ 自主性を重視するか、面倒見を重視するか
などがあげられます。

しかし、「適性」といえば、偏差値などの学力適性がまず思い浮かぶのではないでしょうか。

確かに学力適性は重要な要素ではありますが、志望校を選択するとき、偏差値表の数値から学校を見て、どの学校なら入れるかということから学校選択を考えるのは、適性判断のひとつに過ぎない「入学試験時の学力レベル」を優先させるということになり、これでは本末転倒です。入学してから本人と学校のミスマッチに気づくほど不幸なことはありません。

◙ 実際に学校に足を運び　学校に触れることの意義

学校選びではこれまでの実績や偏差値よりも、実際に学校を訪れ、教育方針や環境、先生がたの熱意など学校文化を知ることが大切だとお話ししてきました。

つぎに、そのための方策を考えてみます。まず、学校のようすを概要として知るためには、この本もそのひとつなのですが、各種の出版物が有効です。

所在地、生徒数、男女の別といった基本情報から、校風、教育の特徴、大学合格実績などがまとめられていて、おおまかに各校をとらえることができます。

さらに、最寄り駅や通学のための交通の便などを考えていくうえでも、各校の状況が書籍化された「受験案内」「学校ガイド」などが役立つでしょう。

各校が作成する「学校案内」という冊子も手に入れておきたいものです。毎年６月ごろから、各校の窓口で手に入れることができます。進学塾においている学校もあります。

また、いまでは、各校のホームページが例外なく充実しています。学校内容について、学校案内冊子より詳しく知ることができる学校さえあります。

学校の情報公開の一環として「学校説明会」があります。各校の教育内容や教育方針が説明される機会です。

数ある情報のなかでも、学校を訪問して得られる情報は、「自ら足を運び」「自ら目で見て」「聞いて」得られるという点で、きわめて重要な情報です。

第１志望校には、ほとんどのかたが学校説明会に参加されると思いますが、併願校についても、入学の可能性があるわけですから、時間をつくって、ぜひ参加しておきたいものです。

入学後に、「こんなはずではなかった」という学校とのミスマッチの状態となるのは、入学試験日に初めて学校を訪れたというような場合が多いものです。

なお、学校によっては事前の参加予約を必要とする場合がありますので注意してください。

◙ 生徒の「目の輝き」は?　交通の便もチェック

学校説明会に参加する目的は、言うまでもなくその学校を実際に見て、どのような教育をする学校なのか、また、わが子が通うにふさわしい学校なのかなど、その学校を知ることにあります。

まずは、生徒のようすに注目しましょう。学校の主役は、なにをおいても生徒たちだからです。

授業見学、クラブ活動の見学などをつうじて、個々の生徒たちの「目の輝き」を見てください。瞳を輝かせて、学校生活を送っているのならば、その学校は、それぞれの生徒の個性が活かされている学校だということです。

また、生徒と先生の距離感にも注目してください。生徒と先生のやりとりを観察してみることをおすすめします。そこから、生徒と先生の信頼関係や、生活指導のようすを見てとることができます。

先生がたのようすも大事なポイントです。表面的な印象だけで判断するのではなく、短い時間でも、しっかりと質問やお話をし、先生がたの人となりや学校の姿勢を感じとることが大切です。

施設見学も、欠かせない情報です。いくつかの学校を見て比較することで、見る目が養われます。職員室のようす、とくに職員室前を訪れている生徒と先生のやりとりは、許されるかぎり見ておきた

いもののひとつです。

生徒が質問にきているのか、先生がたの対応はどうかなど、生の師弟の姿が見られるかもしれません。

図書館の充実度、トイレの清潔さ、食堂の有無なども確認したいところです。

学校への交通の便についても、学校見学の際に確認しましょう。最寄り駅から学校までの環境もチェックしましょう。

◇ 複数校で行う 合同説明会もある

複数の学校が集まって説明会を開く催しもあります。「合同学校説明会」と呼ばれるものです。

大規模なものでは、東京私立学校展（東京都私立中学高等学校協会の主催）など、都県の中高協会が主催しているものがあります。

また、「○○地域の学校」「△△地区の大学系列校グループ」「女子校」「キリスト教系学校」といった特徴によって限定された規模のものもありますし、2～3校が集って行う小規模なものもあります。

こうした合同説明会は、他校との比較がしやすく、情報収集にはよい機会といえるでしょう。

一度に多くの学校の資料を手に入れることができるのも利点といえます。各校に足を運ぶ時間を短縮できることにもなります。

しかし、ねらいとする学校をよく知るには、やはりその学校に直接足を運んで、自分の目で学校を見ることが大切です。その意味で合同説明会は補足程度に考えておいた方がよいでしょう。

実際に学校を訪れて得られる情報は、自分が見て感じて判断することのできる情報という点で、他の情報とは決定的にちがいます。

受験しようとする学校には、少なくとも1回は足を運んでおくべきです。

◇ データ収集は大切だが 数字に惑わされないで

ここまで、「入試を知る」「学校を知る」についてお話ししてきましたが、つぎに、ねらいとする学校について、個別の「入試状況を知る」ことについてです。

まず大切なのが、ねらいとする学校の志望動向を探ることです。進学塾の先生がたと相談しながら進めてください。

たとえば、この春は「サンデーショックの年」にあたりました。ですから、女子校については、志望動向の比較は、この春と比べるのではなく、一昨年との比較をして、初めて意味が見出せます。これらの要素は、進学塾の先生がたでなければ、情報を持ちあわせていないでしょう。

ひとつ気をつけたいのは、「数字」を見ると、それは「客観的な事実」だと思いこみがちな人間の習性です。つまり、数字には惑わされることもあるので注意が必要だということです。

とくに、入試の結果から導きだされる学校の偏差値などで、「その学校のレベル」を判断した気になってしまうのは考えものです。

「大学合格者数」もよくでてきますが、それは「大学進学者数」とは異なります。私立大学はひとりの受験生が多くの大学を受けることが可能ですので、少数の受験生がたくさんの大学で合格を得ているのかもしれません。また、在校生がたくさんいる学校と、少人数の小規模校とでは、「大学合格者"数"」は大きくちがいます。

数字に惑わされてしまうと、数字には現れにくい「学校のよさ」を見逃しかねません。

また、入試時期については、試験日、発表日などの日程も調べ、一覧カレンダーをつくると併願校が選びやすくなります。

LIGHT UP YOUR WORLD

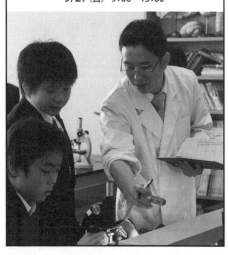

駒込中学・高等学校

〒113-0022 東京都文京区千駄木 5-6-25
TEL.03 (3828) 4141
http://www.komagome.ed.jp

<交通>東京メトロ南北線「本駒込駅」から徒歩5分
東京メトロ千代田線「千駄木駅」から徒歩7分
都営三田線「白山駅」から徒歩7分
都バス（草63）「駒込千駄木町」下車（正門前）

中学校説明会日程

※ 7/18 (土) 18:00～ 夜の説明会

※ 8/2 (日) 9:30～ / 13:00～ おもしろ理科教室

8/25 (火) 10:00～ 授業見学、授業体験＜英語＞

※ 9/13 (日) 10:00～ クラブ体験会

※ 10/10 (土) 10:00～ 公開授業

※ 10/31 (土) 10:00～ 秋の給食試食会

※ 11/21 (土) 10:00～ 過去問テスト体験と解説（国＋社または英）

※ 12/19 (土) 10:00～ 過去問テスト体験と解説（算＋理または英）

※ 1/10 (日) 10:00～ 合格力UP 入試トライアル

※事前にご連絡していただくとありがたいです。
当日も受付けます。

夏休み個別相談期間（要予約）
7/19 (日)～8/31 (月) 9:00～16:00

玉蘭祭（文化祭入試個別相談会実施）
9/26 (土) 10:30～15:00
9/27 (日) 9:00～15:00

中学受験を知ろう

◎ 入試問題を知るには 過去問題を研究する

つぎに「入試問題を知る」についてです。

首都圏の中学入試教科は「4教科型」、「2教科・4教科選択型」、「2教科型」の3タイプです。

この15年の流れは、2教科型から2教科・4教科選択型へ、さらに4教科型へと、4教科型中心の入試に移行してきました。現状では、難関校といわれる学校では、すべてが4教科型入試になっています。ただ、経済事情の変化から塾通いの短期化、塾での学習科目の減量化が起き、2教科入試への回帰、とくに女子校で2教科入試復活の動きもみられますので、女子校志望のかたは、注意しておきたいところです。

中学入試では記述式で解答しなければならない出題が多く、決まった解答がなく、自らの考えを述べる、という形式のものもあります。

難問や奇問は姿を消しましたが、たとえば算数では、数学を解くときに使う方程式では解けない問題さえあります。ふだん算数や数学から離れてしまっている保護者では、とても太刀打ちできない問題にもであうでしょう。

ほかの科目でも、解法パターンを覚えれば解けるという問題はほとんどありません。

子どもたちは、問題に隠された情報のなかから、答えにたどりつく情報を取捨選択してつなぎ、自ら考え、解答にたどりついていきます。最近は、自分の考えを表現する力も要求されています。

さて、ねらいとする学校の入試問題の傾向を知るには、過去問を研究することに尽きます。

その学校の入試問題は、「どんな形式なのか」「どんな問題がだされるのか」「かならず出題される学習範囲はないか」「解答のための時間配分は」「何点取れば合格できるのか」など、さまざまなことがわかります。

ですから「過去問」対策なしでは、合格はありえない、といっても過言ではないのです。

◎ 過去問は学校の顔であり その対策は合格への近道

じつは、入試問題は、それぞれの「学校の顔」だといってもよいものです。

逆に言えば、受験生が初めてであう「学校の顔」は入試問題だといってよく、それぞれの学校が望む生徒像が反映されています。つまり、その学校が、どのような学力と生活観を持った受験生に入学してほしいのか、どのような家庭文化に育まれた子どもたちに入学してほしいのかが、的確に表れているのが入試問題なのです。

各校の入試問題には、それだけ学校の思いがつまっているのですから、過去問には、その学校ごとに特徴がでてきます。

入試問題の特徴をつかむことは、合格を勝ち取るための大切な要素となってくるのです。

学校説明会のなかで「わが校の過去問題をしっかり解いておいてほしい」という話をされる学校が多くあります。

つまり「過去問で演習していれば合格の可能性が高くなりますよ」と言っているのです。

公開テストや模擬試験で、芳しい結果がでていなかったとしても、ねらいとする学校の過去問対策をしっかりやっておけば、合格できる可能性が広がる、といっても過言ではありません。

なぜ、過去問対策が必要なのか、と問われれば、それは「合格への近道だから」ということになります。そんな視点でも過去問と対峙してみましょう。

34

創立百十年

みらいは、私の中にある。

● 6ヵ年一貫システム

● 2人担任制(中1・中2で実施)

● 「みらい科」で未来をひらく

● 女性としての豊かな教養(華道と茶道の修得など)

●**学校説明会**(受験生・保護者対象)

第3回… 9 / 8 (火)10:30〜 授業見学あり

第4回…11/19(木)10:30〜 授業見学あり

第5回…12/ 5 (土)10:30〜 授業見学あり

●**入試説明会**(全2回とも同内容です。)

第1回… 1 /14(木)10:30〜 授業見学あり

第2回… 1 /24(日)10:30〜

●**体験イベント**([要予約]HPにてご予約ください。)

夏のクラブ体験 ………………… 7 /26(日) 9:00〜 全学年対象

夏のオープンキャンパス ………8 /23(日) 9:00〜 ミニ説明会あり

入試問題チャレンジ……………10/25(日) 9:00〜 5・6年生対象、説明会あり

入試直前! 入試体験 ……………12/20(日) 9:00〜 5・6年生対象、説明会あり

5年生以下対象体験イベント…12/20(日)14:30〜 説明会あり

●**公開イベント**

学園祭(葵祭)　　　10/3(土)・4(日)10:00〜16:00

※入試相談コーナーあり、ミニ説明会あり

※校舎内は上履きに履き替えていただきますので、上履きをご持参ください。

※上記日程以外でも、いつでも校内見学ができます。ご希望の方は事前にご連絡ください。

KOJIMACHI GAKUEN GIRLS'

こうじ まち
麹町学園女子　中学校 高等学校
Junior & Senior High School

〒102-0083 東京都千代田区麹町3-8　e-mail: new@kojimachi.ed.jp

TEL: 03-3263-3011　FAX: 03-3265-8777　http://www.kojimachi.ed.jp/

東京メトロ有楽町線…………………………………… 麹町駅より徒歩　1分

東京メトロ半蔵門線…………………………………… 半蔵門駅より徒歩　2分

JR総武線、東京メトロ南北線、都営新宿線…………… 市ヶ谷駅より徒歩 10分

JR中央線、東京メトロ南北線・丸ノ内線……………… 四ツ谷駅より徒歩 10分

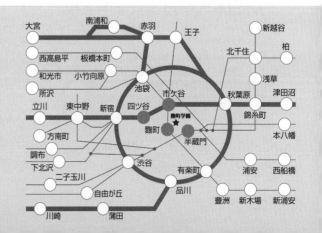

中学受験

この本を手にしていただいた中学受験生、また、その保護者のみなさんのなかには、「中学受験」を迎えるのは初めてというかたも多いと思います。これから中学受験を推し進めていくうえで、「聞いたことのない言葉」「ちょっとわからない用語」か

ア行

◎ 朝読書

　1時限目の授業開始前、10分間ほどを「朝の読書」のための時間と定め、ホームルーム単位で先生も生徒も読書をする時間帯のこと。長くても20分。全員がいっせいに読書だけを目的にした時間を過ごす。読む本は、生徒が自分で選んだ漫画以外の本。

　読書の習慣化・読解力の定着、思考力や集中力を身につけることを目的とするが、心を落ちつかせることで、そのあとの授業にスムースに入っていけるプラス面が見逃せない。朝読書では、感想文などの提出を目的とせず、自主的な活動としている学校がほとんど。

◎ 安全校

　併願校のうち、「合格有望校」のことを、こう呼ぶことがある。

　「合格有望校」とは、その受験生の偏差値が合格可能性80％ライン以上に達している学校のことだが、受験には絶対はないので、実際には「安全」などという言葉はそぐわない。

◎ 1月入試

　首都圏の茨城、千葉、埼玉、また、地方の寮制学校の首都圏入試は、1月のうちに入試が始まる。

　ところが、東京、神奈川は2月1日からの入試なので、東京、神奈川からも試験慣れや腕試しのために、これらの入試を受ける受験生が多い。このため千葉、埼玉の学校では受験生数がふくらむことになり、合格者数も多くだす傾向がある。ただし、最近では1月校の入試難度もあがっており、安易に受験すると「試し受験」どころか、自信を失ってしまい逆効果になるマイナス面がクローズアップされている。

◎ インターネット出願・発表

　インターネットを使い、願書の受付や合否発表を行う方法。出願は中学校ではまだ少ないが、取り入れた学校もある。24時間受付なので、他校の合否を見てからの出願が容易。ただし、インターネットでの出願だけで手続きが完了するわけではなく仮出願のあつかいで、別途、手続きが必要になる。

　インターネットでの合否発表は、多くの学校が行っているが、これも学校での掲示発表が正式なものとされる。

◎ SSH（スーパーサイエンスハイスクール）

　文部科学省が理科分野の先進研究事例として指定する高校。学習指導要領を超えた教育課程を編成

用語解説

でてきます。それこそ、このさきのページを読み進めていくなかでも、「う〜ん？」と思う言葉、用語がでてくることでしょう。そんなとき、ちょっとこのページに戻って調べてみてください。きっと強い味方になれることと思います。

できる。スーパーサイエンスハイスクールは科学技術・理科、数学教育が重点。指定期間は5年だが更新されることもある。

◎ SGH（スーパーグローバルハイスクール）

文部科学省が指定した、高校でグローバルリーダ を育てるために、生徒の社会課題に対する関心と、深い教養、コミュニケーション能力、問題解決力等の国際的素養を身につけ、将来、国際的に活躍できる素地を育もうとする学校。指定期間は5年だが更新されることもある。多くの中高一貫校が含まれている。

◎ 延納・延納手続き金

公立の中高一貫校が増加し、私立中学校の一部で公立中高一貫校の合格発表日まで入学手続きを延期できる制度を持つ学校がでてきた。このように、他校の発表を待つために、入学手続き締切日を延ばす制度を「延納」という。

このとき、入学金の一部を延納手続き時に納める制度を持つ学校があり、これを「延納手続き金」と呼ぶ。入学すれば、入学金に充当されるが、入学辞退の際には返金されるのが原則。

◎ オープンスクール

学校を見学できる機会。施設の見学だけでなく、クラブ活動や授業の実際を体験できるのでこう呼ぶ。学校の雰囲気を自分の目で確かめることができる。学校説明会と同時に開催されることが多い。

◎ オリジナル教材

私立の中高一貫校は、検定教科書もあつかうものの、その内容に飽きたらず、学校で選定したテキスト・参考書などを指定教科書としている。いわゆる英語の『プログレス』や数学の『A級数学問題集』がそれにあたる。さらに、それを補って、それらテキストの内容を補完する目的で先生がた自らが作成したプリント教材を、オリジナル教材と呼ぶ。優れた内容のものが多く、やがて見出され出版社からテキストとして刊行されることもある。

カ行

◎ 過去問題（過去入試問題）

その学校が過去に行った入試問題。入試問題は各校それぞれに出題傾向や配点傾向があるので、過去問題の研究は欠かせない。第1志望校については5年はさかのぼって解いてみたい。学校で頒布・配付している場合もあるし、書店でも手に入る。解いたあと、その年度の合格最低点や設問ごとの得

点分布などを参考にする。時間配分も身につける。

▣ 学校説明会

その学校の教育理念や教育方針、授業の実際やカリキュラム、系列大学への進学、大学入試に関する取り組み、大学進学実績、そして、入試日や入試方式などについて、各校が受験生とその保護者を対象に行う説明会のこと。施設や校内の見学もできる。学校へのアクセス方法なども含めて入試に関する下見をする機会となる。

▣ 完全中高一貫校

中高一貫校のなかでも、高校からの募集を行わない私立学校のこと。東京・神奈川の女子校では高校での外部募集を行う学校の方が少なくなっている。以下は2016年度入試、首都圏で高校募集を行わないと思われる学校。

●東京都

〈男子校〉麻布、海城、暁星、攻玉社、駒場東邦、芝、高輪、東京都市大学付属、獨協、武蔵、早稲田

〈女子校〉跡見学園、桜蔭、鷗友学園女子、大妻、大妻多摩、大妻中野、学習院女子、吉祥女子、共立女子、恵泉女学園、光塩女子学院、晃華学園、麹町学園女子、香蘭女学校、実践女子学園、品川女子学院、頌栄女子学院、昭和女子大学附属昭和、女子学院、女子聖学院、白百合学園、聖心女子学院、聖ドミニコ学園、田園調布学園、田園調布雙葉、東京女学館、東洋英和女学院、中村、富士見、雙葉、普連土学園、三輪田学園、目黒星美学園、山脇学園、立教女学院、和洋九段女子

〈共学校〉穎明館、渋谷教育学園渋谷

●神奈川県

〈男子校〉浅野、栄光学園、サレジオ学院、逗子開成、聖光学院

〈女子校〉神奈川学園、鎌倉女学院、カリタス女子、湘南白百合学園、聖セシリア女子、清泉女学院、聖ヨゼフ学園、洗足学園、捜真女学校、フェリス女学院、聖園女学院、青山学院横浜英和、横浜共立学園、横浜女学院、横浜雙葉

〈共学校〉神奈川大学附属、関東学院六浦、公文国際学園、湘南学園、森村学園

●埼玉県

〈女子校〉浦和明の星女子

▣ 帰国生入試

一般の志願者とは別枠で定員を設定し、一定期間海外に居住していた、あるいは現在も海外に住んでいる小学生を対象にした入試。受験資格がある「帰国生」に該当するには、海外での滞在期間、滞在理由、海外で通学していた学校の種類、また帰国してから現在までの期間などの基準が設けられているが、その条件は学校によって異なる。

一般的には、海外での滞在期間が2年以上、本人の意思（留学）ではなく、保護者の転勤などの都合で海外に滞在した生徒を対象としていることが多い。

▣ キャリアガイダンス

積極的な進路指導。とくに私立中高一貫校の進路指導（キャリアガイダンス）では、たんなる進学指導にとどまらず、生徒一人ひとりが自己を深く知り、未来像を描き、自己実現をめざすという、広い意味での進路学習となっている。卒業生による講演や職場体験など幅広い企画が組まれる。進路への強い関心を進学へのモチベーションとしていくことがねらい。

▣ 競争率（倍率）

入試でいう競争率には、志願倍率（応募倍率）と実質倍率の2種がある。志願倍率とは、志願者数を募集人員（定員）で割ったもの。入試前に、競争率の参考にできるのが、この志願倍率。しかし、志願しても実際は受験しなかったり、募集人員より多くの合格者を発表したりする学校があるので、実際の競争率（＝実質倍率）と志願倍率は数値が異なってくる。これに対して実質倍率は、実際の受験者数を合格者数で割ったもので、入試後に確定する。

▣ 合格最低点

その学校の入試結果で、合格者のなかで最も低かった得点。各校の過去の合格最低点を調べると、最低何点取れば合格できるかの参考となる。ただし、問題の難易度や競争率など、さまざまな要素により毎年変動するので、過去問を演習するときには、過去問に該当するその年度の合格最低点を参考にする。

▣ 公立中高一貫校

公立の学校で中学3年間と高校3年間の6年間の一貫教育を行う学校。1998年の学校教育法改正により、その翌年の1999年に3校がつくられたのが最初。すでに全国で190校を超えている。

その形態は3種類あり（中等教育学校、併設型、連携型）、特色ある教育を行う学校が増えている。私立の中高一貫校とちがうのはまず学費。義務教育である中学部分の学費はかからず、高校部分も年収によっては無償となっている。

学力検査は課せられないのが建前で、合否は適性検査、作文、面接などで判断される。

▣ 国立大学附属中学校

国立大学附属中学校は教員養成系の学部を持つ国立大学に附属する場合がほとんど。中高一貫体制が多いが、東京学芸大学の附属校のように中学校数に比べて高校数が少ない学校もあり、この場合は系列高校に進学できない生徒も多

い（成績順で進学）。お茶の水女子大学附属は、中学では男子の募集もあるが高校は女子のみのため、男子は他の高校を受験する必要がある。募集時には通学地域を指定する学校も多い。また、国立大学附属高校の生徒はその系列の大学へ進学したいからといって有利な要素は与えられず、外部からの受験生と同じ条件で受験する。

◻ 午後入試

2005年度入試以降、急速に広まった入試制度。

午後2～3時に始まる入試のことで、他校の午前入試を受験したあと受験することが可能。難度の高い学校を受けている受験生を少しでも呼びこもうとする学校側の募集対策から生まれた。受験生の負担軽減のため、科目数を減らしたり、入試の時間を短くする配慮をする学校が多い。

◻ 先取り学習

学習指導要領で決まっている学年の単元をさらにさきに進んで学習すること。私立の中高一貫校では、高校2年までに中高の単元を終え、高校3年次は大学入試の演習授業を主体とする学校が多い。中高一貫校の一部では、高校から入った外進生と授業進度が合わず、内進生と外進生が一定期間別クラスで学習するのもこのため。

◻ サンデーショック

日曜礼拝を奨励するプロテスタント校に多いが、入試日が日曜日にあたった場合に入試日を移動させる。そのことによって他校も入試日を移動させたりするため、併願校の選び方などに例年とはちがう動きが生じること。受験生にとって例年とはちがう併願機会ができ、好機となることもある。

◻ 週5日制・週6日制

土曜日・日曜日には登校しないのが週5日制。

1996年の中央教育審議会答申で、子どもたちに「ゆとり」を確保することが提言され、文部科学省は学習指導要領の改訂に合わせ、2002年度から完全学校週5日制を実施、公立中学校・高等学校は、原則これに従っているが、2011年度から学習指導要領が改訂され、公立でも土曜日に授業を行う学校が増えた。たとえば都立高校で進学重視をうたっている学校では、年間20日の土曜授業を行っている。また、予備校から講師を招いて土曜日に講習を行っている学校もある。

これに対し、首都圏の私立中高一貫校は学力維持の面からほとんどが週6日制。

土曜日には授業は行わないが行事や補習を行う「授業5日・学校6日制」という学校もある。

◻ 習熟度別授業

生徒をその教科の習熟度に応じて、複数の学級から、いくつかのクラスに編成しなおしたり、ひとつの学級内で別々のコースで学習するなどして、学習の効率をあげようとする授業法。数学や英語など学力の差がつきやすい教科で行われる。私立・公立高校とも「学力別」や「能力別」という表現はされず、「習熟度別」と呼ばれる。クラス名をあえて優劣がわからないように名づける配慮をしている学校も多い。ほとんどの場合、1クラスを2分割するなど、クラスサイズは少人数制で行われる。

◻ シラバス（Syllabus）

それぞれの学校で、具体的に「いつ、なにを、どのように」学習を進めるかを明記した冊子で、文部科学省は各教育機関にその作成を

奨励している。生徒･保護者らに、講義・授業の内容、学習計画を周知させる目的で作成され、いわば「授業計画・進行計画書」。

生徒側からみると、年間の授業予定のうち、いま、なんのためにどこを学んでいるのかがわかりやすい。

スライド合格

私立の中高一貫校では、入試時から「クラス」を分けていることもあるが、難度の高い、たとえば「特進クラス」を受験した場合､不合格でも同じ学校の１ランク難度がゆるい､たとえば「進学クラス」に合格の資格が与えられること。

タ行

大学附属中学校

大学附属校には、国立大学の附属校と私立大学の附属校がある。

私立大学附属校には、その大学への推薦入学枠が大きい学校から小さい学校まであるので、よく調べることが必要。

中学受験用語で、「大学附属校」と呼ぶのは、系列の大学自体が難関大学で、その大学への推薦入学枠が大きく、多くの卒業生がその系列大学に進学する学校。

それとは別に、系列大学への推薦入学枠が大きくとも、多くの卒業生はその系列大学には進学せず、他大学受験をめざしている学校は「半進学校」や「半附属校」と呼ばれている。

ダブル出願

同じ受験日・受験時間帯の複数の学校に、願書を提出しておくこと。同じ日の同じ時間帯に２校を受けることはできないので、当然どちらか１校は受験できない。

その日までに受験した学校の合否結果や受験生のメンタル面を含めた体調などを考慮し、受験直前に、出願しておいた学校のどちらを受験するかを決める。

最近は、出願回数を抑える傾向にともなって減少している。

試し受験

東京・神奈川の入試解禁日は２月１日なので､それ以前に他県(千葉や埼玉）や首都圏に入試会場を設けている寮制の学校を受験して確実に合格しておこうとすることをこう呼ぶ｡入試の雰囲気に慣れ、自信をつけておこうとするもの。しかし、最近はこのような学校の難度もあがっているため、万一失敗したときには、本来の２月入試校の受験に重大な影響をおよぼすので、慎重に受験校を選んでおく必要がある。

チームティーチング

１クラスの授業をふたり以上の教員がチームを組んで教えること。英語の授業では、ネイティブの先生と日本人の先生が組んで実施するタイプが多い。

中高一貫教育校（中高一貫校）

中高を合わせた６年間、一貫した教育方針で、人間性と学力を養うことを目的とした学校。

この中高一貫教育校を、これまでの中学校、高等学校に加えることで、生徒一人ひとりの個性をより重視した教育を実現することをめざして、1998年４月、学校教育法等が改正され、制度化された。

中高一貫教育校には、実施形態により次の３タイプがある。

１．中等教育学校

ひとつの学校として中高一貫教育を行う。修業年限は６年で、前期課程３年と後期課程３年に区分される。高校入試（高等学校入学者選抜）は行わない。

２．併設型の中学校・高等学校

同一の設置者による中学校と高等学校を接続した学校。高校募集は行われる。

３．連携型の中学校・高等学校

既存の中学校と高等学校が教育課程の編成、教員や生徒間の交流等で連携し、中高一貫教育を実施。

調査書（報告書）

小学校の学業成績や生活・活動などの所感が記載されている書類。中学受験生は小学校の担任の先生に書いてもらう。ただ、現在では、担任、保護者の負担を考えて「不要」「通知表のコピーでも可」という私立学校がほとんど。公立中高一貫校は報告書が必要。

通学時間

学校選択の要素のひとつ。１時間程度が目安となる。

学校によっては、通学による子どもの体力の消耗や、家庭で過ごす時間を大切にしてほしい、という思いから、通学時間を制限している学校があり「１時間30分」までが目安となっている。

適性検査

公立中高一貫校では、選抜のための「学力試験」は行えない。「報告書」と「適性検査・作文・面接・実技」､「抽選」などの総合評価で入学者を選抜する。なかでも適性検査は選考の大きなポイントとなる。

東京都立の適性検査では､「読解力と資料の分析力を見る問題」｢問題解決力と計算力を見る問題」｢表現力と意欲を見る問題」の３つが試される。

出題は、教科を越えた融合問題となる。

特待生制度

入学試験や日常の成績が優秀な生徒に対して、学校が学費の一部や全額を免除する制度。

基本的に成績優秀者の学校生活が、経済的な理由で損なわれないようにすることが目的。学費の免

除というかたちをとる場合が多い。返済の義務は課されないことがほとんど。

本来は在校生に適用するものだが、私立中学校では、入試得点で特待生としてあつかうことも多く、それを募集対策の一環、また、学校全体の学力成績のレベルアップに役立てようとする学校もある。

ナ行

◎ 2学期制・3学期制

現在の保護者の学校時代の学期制が3学期制。

それに対し、学年期を2期に分け、9月までを1学期、10月からを2学期とする学校がある(前期・後期と呼ぶところもある)。始業式、終業式や定期試験の日数が減り、授業時間を3学期制より数日多く確保できる。理解の確認は小テストを多くして対応する。学校の週5日制が施行されてから増えている。

◎ 2科目入試

国語と算数の出題で入試を行うこと。首都圏の私立中学では「4科目入試」が多くなってきたが、女子校を中心に「受験生の負担軽減のため」、2科目入試を残している学校も多い。このほか「2科・4科選択入試」という制度を適用している学校もある。

◎ 2科・4科選択入試

首都圏の中学入試では、2科目(国語・算数)、もしくは4科目(国語・算数・社会・理科)で入試が行われているが、そのどちらかを選択できるのが2科・4科選択入試。願書提出時に選択する。

合否の判定方法は学校によってちがうが、「まず、2科だけで判定し、つぎに4科で決める」という学校が多い。このケースでは4科受験生には2度のチャンスがある

ことになる。

このほかに、午後入試などでは国語や算数、英語などから選択する1科目入試や、国語、算数のほかに社会・理科のどちらかを選択する3科目入試もある。

ハ行

◎ 半進学校(半附属校)

進学校的大学附属校。大学附属校でありながら、系列の大学以外の大学への進学(他大学受験と呼ぶ)志望者が多く、そのための受験体制も整っている学校のこと。「半附属校」も同じ意。

◎ プログレス

各地にキリスト教系の学校を設立したイエズス会の宣教師であったフリン牧師が編纂(へんさん)した英語のテキスト『PROGRESS IN ENGLISH』(㈱エデック発刊)のこと。現在多くの私学で採用されている。

◎ 併願

2校以上の学校に出願すること。第2志望以降の学校を併願校と呼ぶ。現在の首都圏中学受験では、ひとり5〜6校(回)の併願が平均的。

◎ 偏差値

学力のレベルが、一定の集団(大手の模試機関などが行う模擬試験を受けた受験生全体など)のなかでどのくらいの位置にあるのかを割り出した数値。ふつう25〜75の数値がしめされる。絶対的なものではなく、あくまでも目安のひとつ。

自分はどのくらいの学力があるのか、その学校へ合格するためにはどのくらいの学力レベルが必要なのかを知ることができる。

◎ 募集要項

各校が発行する「生徒募集に必

アドバンストサイエンス
（理数キャリア）

グローバルスタディーズ
（国際教養）

スポーツサイエンス
（スポーツ科学）

詳しくはホームページへ

学校説明祭【要予約】

7月12日（日）10:00〜15:00
時間内はご自由に入退場いただけます。

学校説明会：文京生体験【要予約】

8月30日（日）10:00〜13:30
10月25日（日）10:00〜13:30
コース別講座、礼法体験、給食体験

学校説明会：入試解説

9月13日（日）
11月15日（日） 10:00〜11:30
1月10日（日） 13:30〜15:00
全日程午前の部と午後の部同内容です。

入試体験【要予約】

11月29日（日）10:00〜15:00
12月20日（日）10:00〜15:00

★文女祭（学園祭）
9月26日（土）・27日（日）
10:00〜15:00

文部科学省スーパーサイエンスハイスクール（SSH）
文部科学省スーパーグローバルハイスクール（SGH）アソシエイト指定校

文京学院大学女子
中学校高等学校

東京都文京区本駒込6−18−3
TEL 03−3946−5301
http://www.hs.bgu.ac.jp/

中学受験用語解説

要な事項」を記載したもの。募集人員、出願期間や試験日、試験科目、受験料、合格発表、入学手続きおよびその費用などの情報が記されている。

マ行

◇ミッションスクール

キリスト教の教えを教育の基盤として取り入れている学校。カトリック系とプロテスタント系に分かれる。学校により行事などで宗教色の濃さにちがいはあるが、いずれも家庭がキリスト教を信仰しているかどうかを受験の条件とはしていない。

◇面接試験

面接は受験生の日常や性格などのほか、当該校の校風や教育方針を理解しているか、入学への意欲はどれくらいかなどを知るために行われる。学校によっては面接をかなり重視する。

面接形態は受験生のみや、保護者のみ、保護者と受験生などのパターンがある。面接の方法も、個別面接、グループ面接などがある。

ただし、傾向としては面接は減る傾向にある。

◇模擬試験

模擬試験機関が行っている「中学入試」に模した試験形態。試験を受ける人数が多いほど結果の信頼性が高い。結果は偏差値という数値でしめされる。その受験生の偏差値と学校に与えられる偏差値を見比べることで合格可能性を探ることができる。

ヤ行

◇融合問題

社会や理科といった科目にとらわれず、どちらの科目の学力も試される出題のこと。環境問題に関す

る出題で社会と理科の力を試したり、理科の濃度の問題で算数の計算力を問う出題がなされたりする。

また、公立中高一貫校では学力検査を課すことはできず、適性検査という名目で選抜を行うため、その出題は、いくつかの科目の要素が含まれた融合問題になることが多い。

◇4科目入試

首都圏の国立・私立中高一貫校で、国語・算数・社会・理科の4科目で入試を行うこと。現在、首都圏では4科目入試が主流となっているが、女子校を中心に2科目入試を実施している学校もある。関西圏では、社会を除いた3科目入試の学校が多い。

ラ行

◇寮のある学校

寮制学校には、全員が寮生活を送る全寮制の学校と、一部の生徒が寮で生活し、通学生とともに授業を受ける学校とがある。

中学受験で寮のある学校が注目されるようになったのは、地方にある寮制学校が首都圏でも入試を行うようになり、実際に進学する生徒も多くなってきたことから。

首都圏各都県の入試解禁日にとらわれないことから、「試し受験」に活用しようとする層もあるが、近年はけっしてやさしい入試ではなく、うまくいかなかった場合のリスクも考えておく必要がある。

◇類題

出題意図、解法手順などが似た問題。とくに算数や理科などで不得手な問題がある場合、類題で演習することには大きな効果がある。保護者が過去問題などを精査して、類題を探しだす作業を行うことも、中学受験における特徴のひとつと言える。

国立・私立中学校プロフィール

東京

－キリスト教に基づく人格教育－

学校説明会　［予約不要］

第3回　　9月19日（土）　14:00〜16:00
第4回　10月17日（土）　14:00〜16:00
第5回　11月11日（水）　11:00〜12:30
第6回　11月21日（土）　14:00〜16:00
第7回　　1月 9日（土）　14:00〜16:00

オープンキャンパス（要予約）

7月20日（月・祝）10:00〜15:00
※HP確認

ヘボン祭（文化祭）

11月 3日（火・祝）10:00〜
※ミニ学校説明会あり　※予約不要

学 校 見 学

日曜・祝日・学校休日を除き
毎日受付。

※お車でのご来校は
　ご遠慮下さい。
※詳細はホームページを
　ご覧下さい。

明治学院中学校

〒189-0024　東京都東村山市富士見町1−12−3
TEL　042−391−2142
http://www.meijigakuin-higashi.ed.jp

東京

神奈川

千葉

埼玉

茨城

寮制

青山学院中等部

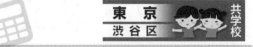

東京
渋谷区　共学校

キリスト教信仰に基づく教育

プロテスタント系ミッションスクールである青山学院の教育方針の特徴は、「キリスト教信仰に基づく教育をめざし、神の前に真実に生き、心理を謙虚に追求し、愛と奉仕の精神をもって、すべての人と社会とに対する責任を進んで果たす人間の形成」を目的としているところにあります。

このため、毎日の礼拝や聖書の授業のほか、クリスマス礼拝やイースター礼拝、母の日礼拝など、年間をとおしてさまざまな宗教行事が行われています。

小クラス制によるゆとりある学校生活

青山学院では、基礎学力の徹底と、自ら考える力を身につけることを重視し、1・2年生は1クラス32名、1学年8クラスの少人数制を実施しています。

外国人教師による英会話、数学の習熟度別授業、各教科での多彩な選択授業などにより、一人ひとりの個性を引きだす教育を推し進めています。

国際交流もさかんです。中等部では、オーストラリア、フィリピン、韓国の中学校との交流プログラムが用意されており、いろいろな国の人との交流をとおして、海外へ目を向けるとともに、日本についての認識も深まっていきます。また、青山学院大に通う留学生と交流するチャットルームも自由に参加できます。

幼稚園から大学までを併設している青山学院では、高等部からは卒業生の約8割が青山学院大および青山女子短期大へ進学しています。

他大学を受験する生徒も増えており、高等部では、各自の進路に応じた多様な選択科目が準備されているので、他大学受験への対応も万全です。

伝統のキリスト教教育で人間性を養い、世界を舞台に活躍できる人材を育成する青山学院中等部です。

SCHOOL DATA

◇ 東京都渋谷区渋谷4-4-25
◇ JR線ほか「渋谷」徒歩15分、地下鉄銀座線・半蔵門線・千代田線「表参道」徒歩10分
◇ 男子382名、女子383名
◇ 03-3407-7463
◇ http://www.jh.aoyama.ed.jp/

あ行

か行

さ行

た行

な行

は行

ま行

や行

ら行

わ行

麻布中学校

東京
港区　男子校

「自由闊達」の校風が自主自立を育む

毎年多くの難関大へ進学者を輩出する、麻布中学校・高等学校。1895年（明治28年）創立という伝統校です。

創立者江原素六先生の教育姿勢のもと、創立以来、ものごとを自主的に考え、判断し、自立した行動のとれる人物の育成をめざし、自由闊達な校風を伝統としてきました。

こうした伝統を持つ麻布では、明文化された校則はなく、標準服はありますが服装も自由です。

また、文化祭や運動会、学年旅行といった学校行事もすべて生徒の自主運営に委ねられていることも特徴です。

豊かな人間形成をめざす

麻布では、幅広く深い教養を身につけ、豊かな人間形成をはかることを教育の主眼としています。

全人教育の観点から、感性・感覚・情操を涵養するため、音楽・美術・工芸・書道など

にもじっくりと時間をかけています。体育では柔道・剣道の選択もあります。

各教科ごとに、中高6年間の連続性が考慮された独自のカリキュラムを編成し、生徒の自発的な学習意欲を引きだし、思考力・創造力・感受性を育てることに努めています。中学段階では、基本的な知識を幅広く身につけるとともに、柔軟な思考力を養うことに力点をおいた教育がなされています。

授業はどの教科も質・量ともに相当な密度となっており、各教科で独自に編集したプリントや教科書以外の副読本を多用しながらきめ細かく進めていきます。

また、高1・高2では、土曜日に2時間の教養総合の授業を行っています。これは少人数ゼミ形式で、約40講座から希望するものを選択します。

自由の意味を理解し、それに応えられる自主・自立の精神を深く学び、未来をめざす青年を育む麻布中学校・高等学校です。

SCHOOL DATA

◇ 東京都港区元麻布2-3-29
◇ 地下鉄日比谷線「広尾」徒歩10分、都営大江戸線・地下鉄南北線「麻布十番」徒歩15分
◇ 男子のみ922名
◇ 03-3446-6541
◇ http://www.azabu-jh.ed.jp/

足立学園中学校
あ　だち　がく　えん

品格あるたくましい男子の育成

大学進学を見据えた独自の一貫教育

「質実剛健」「有為敢闘」を建学の精神に、「自ら学び　心ゆたかに　たくましく」を教育目標に掲げる足立学園中学校・高等学校。寺内幹雄校長先生は、「学園の主役はあくまでも生徒です。生徒が『学びたい』と思ったときに学べる環境を提供し、『夢』を抱けるところ、それが足立学園です」とおっしゃいます。

足立学園の教育の基盤には、6年間の独自カリキュラムがあります。2学期制の週6日授業により公立中・高の6年間ぶんに相当する授業時間数を高2までに確保し、無理なく学習を進められます。高3では選択授業が設けられ、大学受験に即した演習中心の学習で実力をつけます。

中学には特別クラスと一般クラスがあり、特別クラスは中1から難関国公立大・難関私立大をめざします。一般クラスは、定期的に実施する小テストで学力を確実に定着させ、優秀な生徒は進級時に特別クラスに入ることも可能です。

高校には文理科と普通科がありますが、中学から進学する生徒は文理科へ進みます。クラスは特別クラス、一般クラスから分かれる選抜クラス、文理科文系・文理科理系の4つです。高2から進路別にコースに分かれます。

きずなを深める多彩な行事

足立学園には、中高をつうじて多くの行事があります。例えば30km強歩大会は速さを競うのではなく足腰を鍛え、ともに歩くことで友だちとの仲を深め、楽しく学校に通えるようになります。そうすることで生徒の主体的な力を引き出し、生徒は社会性や協調性を備えた「品格あるたくましい男子」へと成長していくのです。

独自の中高一貫カリキュラムで学力を伸ばし、多彩な行事で豊かな人間性を育む全人教育が魅力の足立学園中学校・高等学校です。

SCHOOL DATA

◇ 東京都足立区千住旭町40-24
◇ JR線ほか「北千住」徒歩1分、京成線「京成関屋」徒歩7分
◇ 男子のみ380名
◇ 03-3888-5331
◇ http://www.adachigakuen-jh.ed.jp/

跡見学園中学校
あと　み　がく　えん

跡見らしさとは「人間尊重主義」

1875年の創立以来、「生徒一人ひとりの『個性を伸ばす』」ことを目標とした教育理念は、個性や自主性を尊重する跡見学園の校風となって受け継がれています。

その伝統は、「個性尊重主義」から「人間尊重主義」へ新たな息吹を加えながら時代のさきを歩み始めています。

英語教育の重視で進学指導を強化

跡見学園では、中高をとおした6年間一貫教育が実施されています。

授業では、英語の授業時間が多く取られているのが特徴で、実践的な基礎力をつけながら、自分の考えを表現することを目標にしています。

週に6時間英語の授業があり、中3からは少人数制の習熟度別授業で細やかな指導が行われています。英会話は週1回、ネイティブスピーカーと日本人教師による授業が展開されています。

進路の選択においては、高2から進学コース別カリキュラムを取り入れ、受験体制を整えています。

本物に触れる教育

国際人として自国のすぐれた文化を理解することを目的に、本物に触れる教育を実施しています。その一環として、世界の一流演奏家やオーケストラによるコンサート、能・狂言などの鑑賞授業が行われています。

社会科でも、中3で実際の裁判を傍聴するほか、高3では東京弁護士会協力のもと、模擬裁判を体験します。

さて、いまではほかの女子校にも広がっている「ごきげんよう」のあいさつ。これは、跡見学園発祥のあいさつで、学校側が強制しているものではなく、生徒の間から自然に生まれ、継承されてきたものです。

生徒の自主性が重んじられ、それが伸びやかな校風に結びついている跡見学園です。

SCHOOL DATA

◇ 東京都文京区大塚1-5-9
◇ 地下鉄丸ノ内線「茗荷谷」徒歩2分、地下鉄有楽町線「護国寺」徒歩8分
◇ 女子のみ810名
◇ 03-3941-8167
◇ http://www.atomi.ac.jp/

郁文館中学校

「夢を持たせ、夢を追わせ、夢を叶えさせる」

1889年創立の郁文館中学校・高等学校は、今年で創立126周年を迎えます。

郁文館の教育のテーマは「夢」。「子どもたちに人生の夢を持たせ、夢を追わせ、夢を叶えさせる」ことを目的とした「夢教育」を実践し、生徒の夢を徹底的にサポートする体制が整っています。

「夢教育」で3つの力を向上

郁文館では、夢をかなえるためには、「人間力の向上」「学力の向上」「グローバル力の向上」の3つの力が必要だと考えられています。郁文館の「夢教育」は、各学年をつうじてこれら3つの力をしっかりと向上させる多彩な独自プログラムが用意されていることが特徴です。

2月に開催される「郁文夢の日」では、MVD（生徒のなかで最も郁文館生らしい生徒＝モースト・バリアブル・ドリーマー）の表彰などさまざまな催しが開催され、今年度を振り返り、新年度の目標を一人ひとりが「決意カード」に記入します。

各界で活躍している「夢」をかなえた「夢達人」を招いての講演会、「夢達人ライブ」も郁文館ならではの行事です。実際に夢をかなえた「夢達人」のお話から、生徒は多くの刺激を受けることができます。

長野県の合宿施設では、学年ごとに5泊6日〜10泊11日の「夢合宿」が行われており、規則正しい生活習慣を身につけるとともに、さまざまなプログラムでよい人格を形成します。

さらに、郁文館オリジナルの「夢手帳」の活用や、担任の先生との「夢カウンセリング」など、他校にはない特色が光ります。

進化をつづける郁文館の「夢教育」。2015年度からは「グローバルリーダー特進クラス」を新設するなど、個性ある教育で生徒の「夢」の実現をめざし改革を進める注目校と言えます。

SCHOOL DATA

◇ 東京都文京区向丘2-19-1

◇ 地下鉄南北線「東大前」徒歩5分、都営三田線「白山」徒歩10分

◇ 男子155名、女子71名

◇ 03-3828-2206

◇ http://www.ikubunkan.ed.jp/

上野学園中学校

グローバルな視野の育成、芸術の学びのある進学校

1904年（明治37年）に創立された上野学園中学校・高等学校は、「自覚」を建学の精神として、自己の真の価値を求め、個々の持つ才能と個性を伸張させます。自らの世界を豊かにすると同時に、グローバル化が進む社会にあって、自立し、貢献できる人材の育成をめざします。

中学では、新たに「アドヴァンスト・コース」と「プログレス・コース」を設置し、6年後の大学進学をめざし、学力の向上をはかります。主要5教科の学力を強化し、学び、考える生徒を育てるとともに、英語音声教育の充実や異文化への理解など、次世代の担い手となるグローバル教育に力をそそぎます。伝統ある音楽教育の環境のなかで、「ひとり一つの楽器演奏」や、さまざまな演奏会をとおして、豊かな感性を育てます。

とくに、新たな教育プログラムとして、「上野公園フィールドワーク」を実施します。中学1年生では、「サイエンスプログラム」を、中学2年生では、「ソーシャルプログラム」をとおして課題発見や情報収集、レポート作成力、プレゼンテーション力を磨きます。

「アドヴァンスト・コース」では、中学3年で高等学校の授業内容にふみこみ、国公立大や、難関私立大をめざします。「プログレス・コース」では、基礎的学力を強化し、高等学校での学習につなげ、大学進学をめざします。少人数制の特色をいかし、個々の進路目標に沿って、生徒と教員が近い距離で、徹底指導をはかります。

音楽専門をめざす学び

高等学校で音楽科をめざす生徒には、音楽基礎科目のソルフェージュの授業や、大学の教授や演奏家として第一線で活躍している指導者による専門実技のレッスン、校内にて行われる多くの演奏会での発表など、恵まれた音楽教育の環境のなかで、豊かな音楽性を育んでいきます。

SCHOOL DATA

◇ 東京都台東区東上野4-24-12

◇ JR線・地下鉄銀座線・地下鉄日比谷線「上野」徒歩8分、京成線「上野」徒歩10分、つくばエクスプレス「浅草」徒歩12分

◇ 男子46名、女子79名

◇ 03-3847-2201

◇ http://www.uenogakuen.ed.jp/

穎明館中学校

東京 八王子市 共学校

生徒の可能性を最大限に伸ばす

「多方面で活躍できる魅力あるグローバルな人材」の育成をめざす穎明館中学校は、1985年（昭和60年）に東京・八王子の緑豊かな丘陵に設立されました。キャンパスの広さは4万坪にもおよび、6年間を過ごす理想的な環境と言えます。

カリキュラムは、中高一貫の特性をいかしたゆとりのあるつくりになっています。高2で文系・理系に分かれますが、どちらに進んでも、5教科は必修でじゅうぶんな授業時間があります。安易に科目をしぼらずバランスよく学び、均整の取れた学力をつけることで、国公立大も無理なくめざすことができます。

また、日々の学習の積み重ねを大切にしており、小テストや提出課題などの平常点を定期テストと同程度に評価しています。目標点に満たない生徒には再テストや再提出をうながし、個々の学習状況を細かく把握します。

そんな穎明館のキャリア教育は、学年ごとに段階をふんで進んでいきます。

一歩ずつ進む充実のキャリア教育

中1・中2では、穎明館の歴史と創立者の教えを知ったうえで自分自身を見つめなおすために、自分史づくりに取り組みます。中3・高1では、卒業論文作成や、保護者・卒業生などによる職業ガイダンス、大学の学部学科説明会など、自己の適性を見極め、関心を広げるプログラムを実施。全員参加のUSA・カナダ研修を経験して国際交流に目覚める生徒もいます。また、医療系を志望する生徒には医師・看護体験が用意されています。

最終段階では、具体的に進路をしぼるため、各大学のオープンキャンパスなどに積極的に参加するとともに、穎明館を卒業した大学生の先輩による進学懇談会などを行います。

このような充実したキャリア教育で、多方面で活躍する卒業生を輩出している穎明館中学校。創立30周年を迎え、伸び盛りの学校として注目を浴びる1校です。

SCHOOL DATA

- ◇ 東京都八王子市館町2600
- ◇ JR線・京王線「高尾」バス、JR線・京王線「橋本」スクールバス
- ◇ 男子362名、女子216名
- ◇ 042-664-6000
- ◇ http://www.emk.ac.jp/

江戸川女子中学校

東京 江戸川区 女子校

豊かな情操と教養を身につけた女性を育成

鐘が鳴る時計塔をいただき、パティオ（中庭）を欧風回廊がかこむ江戸川女子中学校・高等学校。中世のお城のような外観を持つ校舎には、だれもがきっと目を見張ることでしょう。自慢の校舎には、AVコーナーや談話スペースを備えた図書室、休日も利用できる自習室など、生徒の学ぶ力を養う場がふんだんにつくられています。2014年（平成26年）の秋には体育館や多目的ホールが併設された新講堂「かたばみ会館」が完成し、教育施設はさらに充実しました。

一生役立つ英語力を育む

江戸川女子では、創立以来、建学の精神として「教養ある堅実な女性の育成」を目標に掲げ、きめ細かな学習指導と伝統の情操教育を重視し、幅広い知識を持つ自立した女性へと導いています。

2期制・週6日制を実施し、授業時間は1時限65分です。生徒の集中力を途切れさせないよう、先生がたによるさまざまな工夫が凝らされた授業が展開されています。

また、6年間をとおして英語教育に重点をおいていることも特徴です。1年次より「Progress21」を使用し、3年次までに高校で学ぶ基本的な文法事項をすべて学習します。

こうした英語学習により、2500語以上の語彙を習得、中3で70〜85%の生徒が英検準2級を取得しています。

外国人教師と日本人教師のチームティーチングによる英会話授業や全員参加の海外研修など、使える英語と受験に必要な英語の両方をしっかりと身につけることができる体制が整っています。

親身な進路指導も実を結び、毎年多くの難関大合格者を輩出しています。中1から少しずつ将来についての意識を持たせ、就きたい職業や必要な資格・能力を知り、志望大学の決定へとつなげます。「生徒の夢を叶える」が合い言葉の江戸川女子です。

SCHOOL DATA

- ◇ 東京都江戸川区東小岩5-22-1
- ◇ JR線「小岩」徒歩10分、京成線「江戸川」徒歩15分
- ◇ 女子のみ459名
- ◇ 03-3659-1241
- ◇ http://www.edojo.jp/

桜蔭中学校

学びて人を愛す─伝統の心

文京区本郷の高台、閑静な住宅街に中高一貫の女子校、桜蔭中学校・高等学校があります。

中学校では、時代に適応した学習と道徳の指導をつうじて建学の精神である「礼と学び」の心を養い、高等学校進学にふさわしい品性と学識を備えた人間形成をめざしています。高等学校では、中学校の教育を基礎として、豊かな愛情と自主の精神を持って広く学び、正義の念に基づいて行動する女性の育成を目標とします。

校訓となっている「勤勉・温雅・聡明であれ」「責任を重んじ、礼儀を厚くし、よき社会人であれ」の言葉どおり優秀な生徒が多く、卒業後はさまざまな分野で活躍する有能な女性を送りだしています。

また、「学びて人を愛す」という桜蔭の伝統の心を学ぶため、中学校では礼法の時間が設けられています。礼法は、高2の「総合学習」のなかでも指導しています。

独自カリキュラムとていねいな指導

桜蔭では、中高一貫のメリットと女子校の特性をいかした独自のカリキュラムを編成しています。中学では、主要教科の授業進度を早くし、親身な指導により基礎学力を育むとともに、高い学習能力を身につけます。

授業では独自教材などを使用しながら、教科書の範囲を越えた高度な内容を展開しています。数学では中3から高校内容に入り、国語では中2から古典文法を学びます。

中学校の総仕上げとして、中学3年生全員に「自由研究」の課題が与えられます。各自が自分の興味や関心のあるテーマを選び、4月から1学期間を費やして資料・文献を集めて分析・研究し、論文のかたちにまとめて提出します。研究テーマは幅広い分野におよび、充実した内容となっています。

女子教育への熱い情熱が現在も受け継がれている桜蔭中学校・高等学校です。

SCHOOL DATA

◇ 東京都文京区本郷1-5-25
◇ 都営三田線「水道橋」徒歩3分、JR線「水道橋」徒歩5分、地下鉄丸の内線・都営大江戸線「本郷三丁目」徒歩7分
◇ 女子のみ717名
◇ 03-3811-0147
◇ http://www.oin.ed.jp/

桜美林中学校

キリスト教に基づく国際人の育成

「英語の桜美林」の伝統を発揮

1946年（昭和21年）、国際教育・国際ボランティアのパイオニア、清水安三・郁子夫妻により創立された桜美林学園。「自分を愛するように隣人を愛する」というキリスト教の精神を大切にし、他者の心の痛みに共感でき、国際社会に目を向け、国際社会に貢献・奉仕する人材の育成をめざしています。

桜美林では、文化のちがいを認めて理解しあうためのコミュニケーションツールとして英語は欠かせないものと考えています。「Express Yourself in English（英語で自分を表現しよう）」を合言葉に、『New Treasure』を使用して、独自の英語プログラムを展開します。週6時間の英語の授業のうち2時間を外国人専任教員が担当し、生徒による発言・発表の機会がふんだんに盛りこまれ、英語が身体にしみこむような工夫がなされています。

英語学習の成果を発表する「English Presentation」や、国内での英会話合宿「English Camp」、中3のオーストラリア研修旅行など、英語学習への意欲を高める機会が多いことも特徴です。中3から自由選択科目として学習できる中国語・コリア語講座、アメリカ・イギリス・オーストラリア・ニュージーランド・中国・韓国で展開される長・短期留学制度など国際交流システムも充実しています。

桜美林の進路指導

桜美林では、希望者は桜美林大へ進学できます。実際に桜美林大へ進学する生徒は例年約数％程度です。進路指導では、担任以外にも進路指導専任教員による特化した指導が特徴で、生徒一人ひとりのニーズに対応しながらサポートします。こうしたきめ細かな対応の結果、大学進学実績は顕著な伸びをみせています。桜美林は、6カ年一貫教育で生徒の力を確実に伸ばしています。

SCHOOL DATA

◇ 東京都町田市常盤町3758
◇ JR線「淵野辺」徒歩20分・スクールバス5分、小田急線・京王線・多摩都市モノレール「多摩センター」スクールバス20分
◇ 男子197名、女子228名
◇ 042-797-2668
◇ http://www.obirin.ed.jp/

鷗友学園女子中学校

グローバル社会で活躍する女性リーダーの育成

校訓は「慈愛と誠実と創造」。人と人との関係のなかで相手も自分も尊重し、社会のなかでともに成長しようとする力。自らの可能性を発見し、意欲を持って学べる力。自由な発想を大切にし、新しいものを創造できる力。これらの力を大切に、グローバル化の進む社会で多様な価値観をひとつにまとめ、リーダーシップを発揮できる女性を育てます。

互いを認めあいながら、自己肯定感を育む

中1はクラスを30人の少人数編成にし、3日に1回席替えを行うなど、生徒一人ひとりがありのままの自分でいられるような居心地のよい集団づくりに取り組んでいます。また、エンカウンターやアサーショントレーニングを取り入れるなど、互いに自由に発言しあいながらも、他者も自分も尊重できるような人間関係づくりを大切にしています。

学校行事や生徒会活動、部活動もとてもさかんです。とくに学園祭や運動会は、実行委員の生徒を中心に1年がかりで準備し、すべて生徒主体で運営しています。生徒が自らの責任で決定、実行するなかで、達成感を得る体験を積み重ね、自己肯定感を育みます。

本物の学びに出会える6年間

鷗友の授業では、自ら学び、自ら発信する主体的な学習をとおして、学びのおもしろさ、学ぶ感動を体験することができます。

理科では、多くの実験に取り組みながら、自分たちで課題を見つけ探求できる力を育みます。英語では、中1から日本語を使わないオールイングリッシュの授業を展開し、大量の英語に触れる環境のなかで英語を英語のまま理解できる力を身につけます。

各教室に設置された最新のプロジェクターやICT機器も利用しながら、幅広い学びを土台に、ディスカッションする力やプレゼンテーション力を高め、どのような社会の変化にも対応できる力を育てます。

SCHOOL DATA

◇ 東京都世田谷区宮坂1-5-30

◇ 小田急線「経堂」徒歩8分、東急世田谷線「宮の坂」徒歩4分

◇ 女子のみ732名

◇ 03-3420-0136

◇ http://www.ohyu.jp/

大妻中学校

校訓「恥を知れ」を基盤に人材を育成

社会に貢献できる自立した女性の育成

1908年（明治41年）の創立以来、知性と品性を備えるよき社会人を育ててきた大妻中学高等学校では、校訓「恥を知れ」のもと、時代の要請に応える教育を実践しています。

生徒一人ひとりが確かな学力を身につけるとともに、社会に向かって視野を広げ、自分の将来を着実に考えていく環境が、大妻には整っています。充実した学校生活をつうじて、生徒たちは、つぎの4項目の資質を身につけ、6年間で大きく成長していきます。

・自律と自立の精神（自分で考えて行動し、主体的に物事に取り組む）
・協働の心（目標に向かって、ともに助け合いながら活動する）
・確かな学力（自ら学び、高い知識や技能を着実に身につける）
・社会とつながる（現代社会とどう関わるか、自己の夢と将来像を描く）

2013年度（平成25年度）からは、中学では5教科の授業内容・時間数をいっそう充実させたほか、「中学研究論文」を導入し、さまざまなかたちで知識の活用の方法や表現の仕方を系統的に学ぶ機会を設けました。

高校では、文系・理系に類型化されたカリキュラムで、希望進路の実現に向けて実力を養っています。

優秀な大学合格実績

「進路学習」と「進学指導」の両輪が大妻の持ち味です。高1のオリエンテーションに始まる進路学習は、志望別の読書会や見学会、大学模擬講座や保護者・OGによる大妻キャリアネット講演会など多岐にわたり、生徒の進路意識を高めています。

放課後や長期休暇中の講習、小論文指導、ていねいな面談など、進学に向けての指導も充実し、国公立大や早稲田大、慶應義塾大をはじめとする難関大学合格に結びついています。

SCHOOL DATA

◇ 東京都千代田区三番町12

◇ 地下鉄半蔵門線「半蔵門」徒歩5分、JR線・都営新宿線・地下鉄有楽町線・南北線「市ヶ谷」徒歩10分

◇ 女子のみ870名

◇ 03-5275-6002

◇ http://www.otsuma.ed.jp/

大妻多摩中学校

おおつまたま

帰国生および国際生入試開始と留学制度の拡充

大妻多摩中高が所属する大妻学院の創立は、1908年（明治41年）、学祖・大妻コタカ先生が私塾を設立したことに始まります。

100年という長き歴史のなか、高い知性と豊かな情操を兼ね備え、心身ともに健やかな人材を世に送りだしてきました。そして、ひとりの社会人としてなにができるか、どれだけ輝いているかが問われているいま、大妻多摩は国際社会に貢献できる知性と品位を備えた美しい女性を育成します。

オーストラリアの姉妹校への留学制度に今年からハワイとイギリスも加わり、世界3カ国との交流が始まります。5つの実験室を活用した理科の授業、3つのCALL教室を使った英語の授業など、先進的な授業も魅力的です。

伝統の中高一貫女子進学校

大妻多摩では、ほとんどの生徒が系列の大妻女子大学以外の大学を受験・進学することから、進学校であるといってよいでしょう。

学校では、生徒全員を受験生ととらえ、一人ひとりに実力をつけさせ、さまざまなかたちで受験補習を行うなど、意欲のある生徒をバックアップする体制があります。毎年多くの進学実績をだし、昨年度は東京工大をはじめとする国公立大に19名、私立大は早稲田大41名、慶應義塾大14名、上智大12名、東京理科大4名など多数が現役合格しています。

小規模校ならではのていねいな指導

毎年、半数以上の生徒が国公立、早慶上智、G-MARCH、東京理科大のいずれかに合格していますが、猛スピードの先取り型つめこみ教育や上位者だけに特化したクラス編成はとらず、1学年160名の規模をいかし、全員をていねいに指導するのが教育方針です。勉強の楽しさや仕方を最初に時間をかけて教え、高3の中盤では各自の進路探しを支え、最終的には自立した勉強ができることを目標としています。

SCHOOL DATA

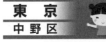

◇ 東京都多摩市唐木田2-7-1
◇ 小田急多摩線「唐木田」徒歩7分
◇ 女子のみ480名
◇ 042-372-9113
◇ http://www.otsuma-tama.ed.jp

大妻中野中学校

おおつまなかの

妻中で、わたしを好きになる、世界につながる。

再開発により、日に日にアカデミックな街へと進化する中野。すっかり早稲田通りのランドマークとなった8階建て、レンガ色の大妻中野の新校舎は、新たな試みとそれに向かう強い意欲とでわきかえっています。

子どもたちが生きる未来に、いやおうなく広がるグローバル社会。心身が最もめざましく成長する思春期の生徒を預かる中学校・高等学校だからこそ、大妻中野は10年、20年さきの幸福を見据え、未来に直結する教育を実践すべきだと考えています。グローバル社会で輝ける女性の根幹をなす感性や能力を培うこと。希望を抱いて世界へ向かう生徒の目を輝かせつづけること。建学の精神「学芸を修めて人類のために」をいしずえとする大妻中野の学びは、多種多様な海外体験や最新のICT教育設備を軸に、進化しつづけています。

世界のどこにいても輝ける女性をめざして

急激に加速するグローバル化。どれほど世の中が変化しようとも、人と人との交流には、電子機器がけっして補えない、人間らしい気遣いや包容力が不可欠です。他者に対して自らの良心に恥じることのない行いをすること、自らを高めつづけること、校訓「恥を知れ」は自らを律する自立した女性としての精神力を育みます。そして、多様性を理解し世界の変化に柔軟に対応するために、全教室電子黒板完備に始まるICT教育環境が整えられ、画像や音声をフル活用した躍動感ある授業で学びの効果は最大限に。さらに各国での多種多様な海外研修が設定され、未来の国際貢献につながる充実の体験が可能です。

2016年～グローバル入試スタート

世界を舞台に活躍できる女性を育成するため、グローバルリーダーズコースを新設。英語に高い関心を持つ国内生や海外帰国生を対象に、実践にこだわる語学力と豊かな経験に基づく広い視野、深い思考力を育てます。

SCHOOL DATA

◇ 東京都中野区上高田2-3-7
◇ 西武新宿線「新井薬師前」徒歩8分、JR線・地下鉄東西線「中野」徒歩10分
◇ 女子のみ761名
◇ 03-3389-7211
◇ http://www.otsumanakano.ac.jp/

小野学園女子中学校

次代を担う実力と志を持った「自立した女性」を育てる

　人はだれでも、なんらかの使命と存在意義を携えてこの世に生まれてきた奇跡の存在です。そして、科学技術の圧倒的な力と進歩によって日々変化していく世界にあって、女性がどのように生き、社会にかかわっていくのかというテーマは、人類的課題でもあります。

　こうした状況のなかにあって、小野学園女子は80年有余の「女性教育の伝統」の上に、次代を支え、切り拓いていく実力と志を持った女性を育てるための取り組みをつづけてきました。さらにここ数年は、自然と環境の調和・共生などを視野に置き、生徒たちの自主的な活動をうながしながら「理数教育」にも力をそそいでいます。

「理・数・英」を核に「できる生徒をさらに伸ばす」

　その成果はいまやゆるぎないものとして定着していますが、これにとどまることなく、自らが主体的に考え、決断し、実行する力の養成を日々の教育活動の中心に据えて挑戦しています。例えば実験や実習によって「なぜだろう」を大切にする理科教育とともに自然環境を身近な問題として考えるなかから、大井町自然再生観察園での先進的な取り組み「ホタルプロジェクト」を行っています。

　本年度からはさらに一歩進めて、中学校からコース制を採用し、Ｐコースでは「理科・数学・英語」を核にした学習で、国公立大、GMARCHレベル以上の私立大への進学をめざします。英語はネイティヴ教員を活用して、耳と口の徹底的な訓練を実施。１年次はネイティヴ週４回、日本人週３回です。

「わかる」が主体性を育てる

　Ｍコースでは、生徒の理解度を優先した授業を進めています。シラバス中心の進度重視の授業ではなく、生徒の「わかる、できる」に重点を置いた授業によって、自分の特性や適性に気づき、やがて自主的な学習へと向かう「完熟主義」学習を行っています。

SCHOOL DATA

◇ 東京都品川区西大井1-6-13

◇ JR線「西大井」徒歩5分、JR線ほか「大井町」徒歩10分

◇ 女子のみ79名

◇ 03-3774-1151

◇ http://onogakuen-jyoshi.jp/

海城中学校

「新しい紳士（ジェントルマン）」を育成する

　難関大学へ多くの合格者を送ることで知られる海城中学高等学校。創立は1891年（明治24年）、優秀な進学実績に目がいってしまう海城ですが、創立以来、しっかりとした男子教育を行うことで定評がある学校です。

　建学の精神は、「国家・社会に有為な人材を育成する」こと。いつの世にあっても自らを見失うことなく自己実現をめざし、世界の人びとと共存をはかり、平和で豊かな社会を創造するリーダーとしての役割を担う人材を育てることを使命としています。

　こうした人材を、「新しい紳士」と呼び、「フェアーな精神」「思いやりの心」「民主主義を守る意志」「明確に意志を伝える能力」などの資質を身につけ、社会変化に創造的に対応していける力を育成しています。

　授業では、中１〜高１までの４年間を基礎学力の伸長と充実をはかる時期と位置づけ、主要教科・科目の時間を増やし、内容の深い学習指導を行っているのが特徴です。

　高２からはコース制を実施。めざす進路に適したカリキュラムを編成し、指導の充実をはかっています。コースは、希望と適性に応じて「文科コース」と「理科コース」のふたつが用意されています。

体験学習と国際理解教育

　海城は、勉強だけではなく、自然や文化に触れ、自発的な学習意欲を引き出す「体験学習」も大切にしている学校です。

　中１・中２での体験学習（プロジェクト・アドベンチャー＝PA）や中３修学旅行などの宿泊行事・校外行事は、生徒たちにとって自己研鑽のよい機会となっています。

　また、国際理解教育にも力が入れられ、「ネイティブ・スピーカーによる授業」や「海外研修」、帰国生の積極的な受け入れなど、国際性豊かな人間の育成がめざされています。

　一人ひとりの個性を磨き能力を高めることのできる海城中学高等学校です。

SCHOOL DATA

◇ 東京都新宿区大久保3-6-1

◇ JR線「新大久保」徒歩5分、地下鉄副都心線「西早稲田」徒歩8分、JR線「大久保」徒歩10分

◇ 男子のみ993名

◇ 03-3209-5880

◇ http://www.kaijo.ed.jp/

開成中学校
かいせい

東大合格者第1位を誇る難関校

日本を代表する私学、「開成」。毎年、3桁におよぶ東大合格者を輩出し、その数は他校を圧倒しています。

1871年（明治4年）、幕末の進歩的知識人であった佐野鼎によってつくられ、日本で最も長い歴史を持つ名門私立学校でもあります。創立以来、社会のあらゆる分野に多くのリーダーを輩出してきました。

学校名は中国の古典「易経」にある「開物成務」に由来し、ものごとの道理と人間性の啓発培養に努めることを意味しています。また、校章は有名な格言「ペンは剣よりも強し」を図案化したもので、いずれも開成の校風を象徴するものになっています。

校風は自由かつ質実剛健

「進取の気性・自由の精神」という建学の精神は、初代校長高橋是清のもとで確立され、自由、質実剛健の気風のなかで現在にいたるまで連綿と継承されています。

開成では、そうした校風のもと、生徒の自主性を尊重した教育が行われています。勉強においても、生徒が自ら学び取っていく「自学自習」の学習態度が要求されます。生徒は、質問があれば積極的に先生のところへ出向き、自学自習の精神を発揮して勉学に励んでいます。

授業のカリキュラムには独自のものが用意され、進み方は早く、内容も濃くハイレベルなものばかりです。工夫された自主教材をもとに進められる授業も多く、教員作成のプリントが中心となっていることも特徴です。

さらに、「知・心・体」のバランスを重視する学園の理念に基づいて、音楽、美術、技術・家庭科などにもしっかりと取り組むことができ、実技を中心とした活発な授業が展開されています。

また、開成では、9割以上の生徒が部活動に参加し活躍しています。文武両道は当たり前という開成教育の表れと言えるでしょう。

SCHOOL DATA

◇ 東京都荒川区西日暮里4-2-4
◇ JR線・地下鉄千代田線「西日暮里」徒歩1分
◇ 男子のみ906名
◇ 03-3822-0741
◇ http://www.kaiseigakuen.jp/

開智日本橋学園中学校
かいちにほんばしがくえん

世界を視野に入れた新しい学校が誕生

「ハーバード、ケンブリッジ、東大、早・慶…。6年あるから夢じゃない!!」を合言葉に2015年に新しい学校が誕生しました。21世紀型の学校、グローバル・リーディングスクール「開智日本橋学園」は、21世紀型学力（探究力・創造力・発信力）育成のために、アクティブ・ラーニング（探究型、協働型、プロジェクト型等の学び）を推進し、急激に変化する社会に対応できるリーダーを育てます。

また、世界の大学を視野に入れた英語力増強のため、英語の授業の充実とイマージョン（他の教科を英語で実施）授業を実施します。

さらに、世界のトップレベルの学力を養成するために、世界標準の大学進学プログラムの国際中等教育と国際大学進学教育を導入し、世界のリーダーとして活躍できる人材を育てます。

グローバル人材を育成する3つのクラス

グローバルな人材を育成するための、中高一貫の3つのクラスをご紹介します。

「グローバル・リーディングクラス」は、海外のトップレベルの大学をめざします。日本の学びに加え、中1～高2までは世界標準の大学進学プログラムの国際中等教育を、高2・高3は国際大学進学教育で学び、SAT（アメリカの大学進学適性検査）に対応した特別講座を行います。

「リーディングクラス」は日本のトップレベルの大学を、「アドバンスドクラス」は日本の難関大学をめざし、両クラスともアクティブ・ラーニングを主体とした探究型・協働方の授業とともに、しっかりとした知識と学力を育成するために習得型の授業、反復型の学びを行います。中2までに中学の学習内容を、中3・高1で高2までの学習内容を習得し、高2・高3は国立文系・国立理系・医系・私大文理（文理は教科選択）の4つに分かれ、徹底した大学進学に向けた授業を実施。また希望すれば国際クラスへ編入できます。

SCHOOL DATA

◇ 東京都中央区日本橋馬喰町2-7-6
◇ JR線・都営浅草線「浅草橋」徒歩3分、JR線「馬喰町」徒歩5分、都営新宿線「馬喰横山」徒歩7分
◇ 男子65名、女子70名
◇ 03-3662-2507
◇ http://www.kng.ed.jp/

かえつ有明中学校

東京
江東区
共学校

論理的思考力×Global×確かな学力＝未来

現在の中1から変更されることが決まった大学入試改革にいち早く対応しているのが、かえつ有明中高です。文科省が言う大学入試改革などできるのかという声はありますが、欧米では100年以上行われており、その結果アメリカ・イギリスなどの著名な大学は、世界中から優秀な学生を集めています。知識重視の受け身の授業から、知識を持ちながら自ら考える力がこれからは求められます。その自ら考える力＝論理的思考力・表現力の育成にかえつ有明はすでに対応しています。

その結果、今年度、東京大を含む国公立9名、早慶上理ICUに63名、GMARCHに103名と163名の卒業生がGMARCH以上の大学に175の合格をみせました。また医学部7・薬学部11など、大学合格合計は450でした。

論理的思考力を育む「science科」

かえつ有明には自ら問題を発見し、仮説を立て検証し、自らの言葉で表現するためのオリジナル授業「science科」があります。science科では、意見・情報をだしあうブレーンストーミングやディスカッションを行い、思考力・判断力・表現力を育てます。この3つの能力を養いscience科の枠にとどまらず、他教科でも同じようにscienceの力を発揮できるプログラムをつくっています。オリジナル教材も充実しており、中1・2では週2時間、中3で週1時間設定されています。

共学だけど授業は別学

12〜15歳の時期は、男女の差が最も大きな時期であり、目標の持ち方やそれに取り組む姿勢は男女それぞれに特徴があります。その男女の成長の差をふまえ、中1から中3では男女別クラスを設定し、授業は別学教育が展開されています。ただし、校舎は同じで、学年単位で動く行事や部活などは共学としての日常が広がります。別学と共学のよさを両立させているユニークな学校です。

SCHOOL DATA

- ◇ 東京都江東区東雲2-16-1
- ◇ りんかい線「東雲」徒歩8分、地下鉄有楽町線「豊洲」バス、地下鉄有楽町線「辰巳」徒歩18分
- ◇ 男子388名、女子202名
- ◇ 03-5564-2161
- ◇ http://www.ariake.kaetsu.ac.jp/

学習院中等科

東京
豊島区
男子校

個性と可能性を伸ばすきめ細かな指導が魅力

学習院の創建は1847年、公家の学問所としての開講でした。多くの支持者を持つ、そのつねに変わらぬ教育風土は、「自由と倫理」の精神によって特徴づけられています。自由を尊ぶ気持ちは独立性、創造性へとつながり、倫理性は、その自由を放縦に走らせず、個性ある人材を育てます。

教育目標は「ひろい視野、たくましい創造力、ゆたかな感受性の実現」です。学習院では中学時代を、自分がどのような人間であるのかを自覚し、自分のなかに可能性を見つけ、個性を育むための準備をする時期であるととらえ、その後押しをする教育を行っています。

将来の礎となる力を育む

各教科の授業内容や指導は、中高で綿密に連絡を取ることで、合理的かつ効果的なカリキュラム編成になっています。授業では独自のテキストやプリント、資料集、問題集などを使い、少人数制や習熟度別の授業を取り入れたきめ細かい指導が行われています。

そして、長距離歩行や沼津游泳、東北自然体験などの行事や、運動部・文化部合わせて20以上あるクラブ活動をとおして生徒はたくましく成長していきます。

高等科では中等科で芽生えた個性や可能性をさらに伸ばしていきます。高等科に進むと、教科書にとらわれない、さらに高度な内容の授業が実施され、高2・高3では多彩な選択科目が設けられます。協定留学制度や公認留学制度もあり、これからの国際社会へ羽ばたく生徒を支援しています。

学習院大へは毎年約50％の生徒が推薦により進学していきます。その一方で他大学受験を応援する体制も整えられています。

生徒の興味・関心に応え、学ぶ心、探究する心を育てる魅力的な教育を行っている学習院中等科・高等科。個性や可能性を伸ばしながら、大学進学だけでなく、将来の礎となるさまざまな力を養うことができる学校です。

SCHOOL DATA

- ◇ 東京都豊島区目白1-5-1
- ◇ JR山手線「目白駅」・地下鉄副都心線「雑司が谷駅」徒歩5分、都電荒川線「学習院下駅」徒歩7分
- ◇ 男子のみ591名
- ◇ 03-3986-0221
- ◇ http://www.gakushuin.ac.jp/bjh/

学習院女子中等科

東 京
新宿区　　女子校

未来を切り拓く力を育てる

ダイヤモンドの原石を磨きあげる

都心にありながらも緑豊かなキャンパスを持つ学習院女子中・高等科。学習院女子というと、その前身が1885年（明治18年）に設立された「華族女学校」であることから、特別なイメージを抱くかたもいらっしゃるかもしれません。しかし、現在の学習院女子はごくふつうの私学であり、優秀な大学進学実績が表すように、女子進学校として着実にその名を高めている学校です。

ダイヤモンドの原石である生徒の能力を磨きあげるとともに、生徒一人ひとりの個性を引きだし、伸ばす教育を実践しています。

中高一貫の学習院女子は、6年間をひとつの流れとして、無理なく高い教育効果をあげていることが特徴です。

また、中1・中2は基礎過程、中3・高1は応用課程、高2・高3は発展課程と位置づけています。国語・数学・英語は基準時間数

より多く、体育や芸術などについてもバランスよく配分されています。高2・高3では、文理コースを設定し、生徒一人ひとりの進路に応じた科目を学習することが可能です。

中1・中2では教科によって少人数制授業を採用しています。英語は6年間一貫して分割授業を行い、口頭練習や口頭発表の機会も多く設けています。

異文化理解への積極的姿勢

早くから国際理解教育に取り組んできた学習院女子では、留学や海外研修旅行もさかんです。帰国生の受け入れにも熱心で、海外生活経験者の数は中等科全体の約1割にもおよびます。異文化体験豊かな生徒と一般生徒が、それぞれの考え方を認めあうプロセスをとおして、異文化理解への前向きな姿勢を養っています。

「その時代に生きる女性にふさわしい知性と品性を身につける」女子教育を行います。

SCHOOL DATA

◇ 東京都新宿区戸山3-20-1
◇ 地下鉄副都心線「西早稲田」徒歩3分、地下鉄東西線「早稲田」徒歩10分、JR線・西武新宿線「高田馬場」徒歩20分
◇ 女子のみ606名
◇ 03-3203-1901
◇ http://www.gakushuin.ac.jp/girl/

川村中学校

東 京
豊島区　　女子校

21世紀に輝く女性をめざして

1924年（大正13年）創立の川村学園。「感謝の心」「女性の自覚」「社会への奉仕」を教育理念として掲げ、生徒一人ひとりを大切に見守りつづけています。教育目標は「豊かな感性と品格」「自覚と責任」「優しさと思いやり」。感謝の心を基盤として、知・徳・体の調和がとれた学びを実践し、豊かな感性と品格を兼ね備えた女性の育成をめざしています。

川村では、学ぶことの楽しさや知的好奇心を喚起し、個々の潜在能力を引き出して自分らしい生き方を発見できるさまざまな教育プログラムが用意されています。

川村の特色ある教育

①未来を創る力の育成…「考える力」「伝える力」を徹底的に身につける学習カリキュラムが整っています。
②「感謝の心」を基盤に豊かな人間性を育てる学習…自分自身の「生きる力」を養うため、「総合的な学習の時間」を活用し各学年でテ

ーマを設けて、体験・思考・発表のサイクルで学習を進めています。
③豊かな心と健康な身体を育成…行事などをとおして情操・健康教育に取り組み、日々の会食（給食）でマナー指導も行います。
④6年間育んだ「力」で夢の実現…しっかりと自分の将来と向き合うキャリア教育を実践しています。
⑤スクールライフ（明るく、元気で、伸びやかに！）の充実…安心・安全な教育環境のなか、学校生活を送ることができます。
⑥豊かに、美しく、清らかに…さまざまな行事に全力で取り組み、自らの成長をめざします。
⑦かけがえのない時間の大切さ…クラブ活動では、授業とはちがった充実感を味わえます。
⑧安全・安心に徹した教育環境…校舎は高い防災対策と木のぬくもりのある明るい雰囲気を兼ね備えています。

川村には、女性として、自分らしく豊かに生きる学びが息づいています。

SCHOOL DATA

◇ 東京都豊島区目白2-22-3
◇ JR線「目白」徒歩1分、地下鉄副都心線「雑司が谷」徒歩7分
◇ 女子のみ269名
◇ 03-3984-8321
◇ http://www.kawamura.ac.jp/cyu-kou/

北豊島中学校

きた　と　しま

東京
荒川区
女子校

伸びしろは無限大！ ～確かな少人数制教育とは～

北豊島中学・高等学校は、1926年（大正15年）に創立した女子校です。一貫して社会で活躍できる女性の育成をめざし、女子教育の推進に努めてきました。生徒の個性を重視し、「個人として考える力」、「社会で自立できる女性」を育てるため、1クラスの人数を20名前後に設定し、きめ細かな教育プログラムを実践しています。中学入学時に下位であった生徒が、東京医科歯科大学大学院博士課程を修了し、ガン細胞の研究で博士号を取得したり、英国立ウェールズ大学大学院を修了しMBAを取得するなど、まさに「伸びしろは無限大！」といえます。

笑顔あふれるアットホームな進学校

国語・数学・英語の主要科目では、個々の学習状況や学力状況をふまえた習熟度別授業が行われます。きめ細かい対応のなか、「みなさんわかりますか」ではなく、「あなたはわかりますか」といったアットホームな雰囲気の授業、つまり「生徒一人ひとりが主役」としてのぞめるような授業になっています。

英語の授業は週8時間、そのうち3時間を専任の外国人教師が担当し、5時間は日本人教師による習熟度別授業で行われます。教科書を使わず、独自教材をふんだんに取り入れ、語学研修などとリンクしたインタラクティブな授業が進められます。

少人数制教育は進路指導にもいかされ、予備校に通わずに現役で大学へ進学します。語学系の強みをいかしながら、近年では理系進学者も全体の30%強となるなど増えています。

また、2012年度（平成24年度）から校内に厨房設備が整備され、季節の食材を現場調理し、食材からカロリー計算までしっかり管理された、温かくておいしい昼食を安価300円で提供できるようになりました。また、2015年度（平成27年度）には新校舎も完成予定になっています。

SCHOOL DATA

◇ 東京都荒川区東尾久6-34-24
◇ 日暮里・舎人ライナー・都電荒川線「熊野前」徒歩5分、京成線・地下鉄千代田線「町屋」徒歩15分
◇ 女子のみ113名
◇ 03-3895-4490
◇ http://www.kitatoshima.ed.jp/

吉祥女子中学校

きち　じょう　じょ　し

東京
武蔵野市
女子校

社会に貢献する自立した女性の育成

JR中央線に乗っていると、吉祥寺～西荻窪間で北側に、赤いレンガづくりの校舎が目印の吉祥女子中学・高等学校が見えてきます。創立は1938年（昭和13年）。卓越した独自カリキュラムにより、優秀な大学進学実績をあげる学校として知られています。

吉祥女子では、「社会に貢献する自立した女性の育成」を建学の精神に掲げ、自由ななかにも規律があり、互いの価値観を尊重しあう校風のもと、一人ひとりの個性や自主性が発揮されています。

学習意欲を引きだすカリキュラム

学習意欲を引きだす独自のカリキュラムに基づき、思考力や創造性、感受性を育成しています。授業では、生徒の知的好奇心を刺激させる内容を数多く取り入れているのが特長です。主要科目は時間数を多くとり、ハイレベルな教材を使用しています。

国語では、調べ学習や小論文、レポート指導などを重視し、幅広く知識を身につけます。理科では実験を多く取り入れ、こちらもレポート指導に力を入れています。英会話では、クラスを2分割し、日本人とネイティブの先生による少人数授業を行っています。また、数学と英語では週1回の補習を実施します。

高2から文系・理系・芸術系と、進路別にクラスが分かれ、英語や理数系科目では習熟度別授業も行い、進路達成をはかります。

また、進学指導では、生徒が自分自身と向きあい、自分にふさわしい生き方を見出すことができるようなプログラムが組まれていることも特長です。

中学では、「進路・生き方に関するプログラム」を組み、人間としてどう生きるかを見つめ、将来像を掘り起こす指導をしています。

高校では、各学年ごとに綿密な進路指導を実施。目標とする職業の設定から学部・学科の選択、そして第1志望の決定まで、進路ガイダンスを中心に指導します。

SCHOOL DATA

◇ 東京都武蔵野市吉祥寺東町4-12-20
◇ JR線「西荻窪」徒歩8分
◇ 女子のみ833名
◇ 0422-22-8117
◇ http://www.kichijo-joshi.ed.jp/

東京

神奈川

千葉

埼玉

茨城

寮制

共栄学園中学校

文武両道 ～東大現役合格など最高の進学実績～

1947年（昭和22年）、学識の高揚と礼節・徳操の滋養をめざし、知・徳・体が調和した全人的な人間の育成を基本理念として設立された、共栄学園中学校・高等学校。

21世紀の国際社会で活躍する人材育成をめざし、自発性・創造性を大切にしながら新しい時代に即した教養と実践力で、豊かな人間性と困難な課題をやりぬく力を育成しています。

3ランクアップの進路実現

共栄学園では、特進クラスと進学クラスの2コースで募集が行われます。

中3までは、「特進クラス」では発展的な問題の研究を積極的に取り入れ、「進学クラス」では基礎学力の徹底を主眼に授業を進めます。

中2・中3・高校課程進級時には、本人の希望と学力適性により、クラスを変わることもできます。

入学時の学力から6年間で「3ランク」上の大学へ現役合格することを目標に、教科・進学指導が行われています。

高3では、入試科目を中心にした授業を展開し、受験へ備えます。

また、「特進コース」の高1・高2は夏休みに2泊3日の勉強合宿を実施し、大学入試に向けて集中学習を行っています。

多彩なプログラムで生徒をサポート

外国人教師が、学習時間だけでなく3食ともに生徒と過ごす国内滞在型のイングリッシュキャンプ、「共栄スペシャルイングリッシュプログラム」をはじめ、長期休暇中に行われる「特訓講習」、朝学習で実施される「新聞を読もう」、希望者を対象とした「カナダへの海外研修」など、授業以外にも生徒をサポートする独自のプログラムが多数用意されているのも、共栄学園中学校・高等学校の魅力です。

SCHOOL DATA

◇ 東京都葛飾区お花茶屋2-6-1
◇ 京成本線「お花茶屋」徒歩3分
◇ 男子110名、女子181名
◇ 03-3601-7136
◇ http://www.kyoei-g.ed.jp/

あ行

か行

さ行

た行

な行

は行

ま行

や行

ら行

わ行

暁星中学校

東京 千代田区 男子校

教育理念は「キリスト教の愛の理念」

1888年（明治21年）、カトリックの男子修道会マリア会によって創立された暁星中学校。その教育理念は「キリスト教の愛の理念」そのものです。

暁星では、生活指導をとおして、①厳しさに耐えられる人間、②けじめのある生活のできる人間、③他人を愛することのできる人間、④つねに感謝の気持ちを持つことのできる人間づくりをめざしています。

英語とフランス語が必修

中高6カ年一貫教育を行う暁星では、一貫したカリキュラムに則って授業を展開しています。中学では基礎学力の充実をめざし、習熟度別授業や先取り授業も実施しています。

高2からは文系・理系に分かれ、さらに高3では志望コース別に分かれます。

教育効果をあげる習熟度別授業や、それぞれの進路に応じたクラス編成を実施しているだけでなく、中・高一貫教育の利点を最大限にいかすため、学校独自の教材を数多く用意し、カリキュラムに基づいた授業が行われています。

少人数による授業や、課外指導、添削指導は確実に効果をあげています。また、定期試験のみならず、中1から高3までの学力の推移を相対的にはかるため実力試験を実施し、中だるみや苦手科目の発見、克服に役立てています。

暁星は、語学教育にも特色があり、中1から英語とフランス語の2カ国語を履修します。もちろん、外国人教師による生きた言葉を直接学ぶことが可能です。また、英語とフランス語ともに、ホームステイを含む海外での語学研修の機会が高1で設けられ、語学力を大きく伸ばす体制が整っています。

きめ細かな進学指導にも定評があり、毎年東京大をはじめとした国公立大学や、早稲田大、慶應義塾大などの難関私立大学へ多くの卒業生を送りだしています。

SCHOOL DATA

◇ 東京都千代田区富士見1-2-5
◇ 地下鉄東西線ほか「九段下」徒歩5分、JR線・地下鉄有楽町線ほか「飯田橋」徒歩8分
◇ 男子のみ527名
◇ 03-3262-3291
◇ http://www.gyosei-h.ed.jp/

共立女子中学校

時代を超えて "輝き、翔く女性" を育成

共立女子は、創立以来、社会の第一線で活躍できる女性の育成をめざし、時代の歩みとともに進化をつづけてきました。「誠実・勤勉・友愛」を校訓とした教育は、長年培った伝統をしっかりと継承しながら、高貴なリベラリズムへと昇華されてきたのです。

4＋2体制によるカリキュラム

共立女子の中高一貫カリキュラムでは、どの教科にも相当の時間数を割き、学習の幅を広げることにより、発展性のある確かな基礎学力をつくりあげます。

英語では中1から少人数授業を、さらに数学が中2、古典が中3から習熟度別授業を実施するなど、きめ細かな対応が行われています。そして美術や音楽も含めたすべての授業を大切にすることで、深みのある知性を身につけていきます。

また、机上の勉強だけでなく、学校生活全般に一生懸命さを求めているのが共立女子の教育の特徴です。たとえば新入生歓迎会、中1・中2の校外オリエンテーション、3回の旅行、企画から運営まで生徒たちで行う共立祭など、多彩な行事に取り組むなかから得られることは、大きな財産となっています。こうして中1～高1の4年間で培った力をいかし、大学受験に向けた実践力養成の2年間へと移行します。

気品ある女性をつくる

きちんとしたマナーのかたちを知り、自然で美しい振る舞いを身につけることを大切にする共立女子。隔週で3年間、礼法の指導者から正式な小笠原流礼法を学びます。

中1では基本動作、中2では日常生活での作法、中3では伝統的なしきたりとしての作法というように、日本女性として身につけておきたい作法をひととおり学習し、礼を学ぶことをつうじて思いやりのある豊かな心を育んでいきます。

SCHOOL DATA

◇ 東京都千代田区一ツ橋2-2-1
◇ 都営三田線・新宿線・地下鉄半蔵門線「神保町」徒歩0分、地下鉄東西線「竹橋」徒歩5分
◇ 女子のみ1000名
◇ 03-3237-2744
◇ http://www.kyoritsu-wu.ac.jp/chukou/

共立女子第二中学校

10年後、20年後に活躍できる女性を育てる

めざす3つの女性像

八王子の丘陵「月夜峰」に立地する共立女子第二中学校高等学校。共立女子学園の建学の精神は「女性の自立」、校訓は「誠実・勤勉・友愛」です。

共立女子第二では、校訓から導き出された3つの女性像「真の美しさを身につけた女性」「自ら考え、発信できる女性」「他者を理解し、共生できる女性」を掲げ、大学付属校の利点である進学システムを土台に、充実した施設・設備と豊かな自然環境をいかし、社会で活躍できる自立した女性を育てます。

新カリキュラム・新校舎・新制服

2011年度（平成23年度）にはカリキュラムや教育制度を改革。中高一貫教育の実施による先取り学習導入と進学指導の強化、中学での主要教科単位と中高での年間授業日数の増加など、基礎学力の習得ときめ細かい受験指導が可能となりました。

なお、中学3年と高校1年では、外部難関大受験をめざすAPクラスと、多様な進路をめざすSクラスに分かれ、高校2年以降のコース制に効果的につなげていける体制を整えました。

同じく2011年には、新校舎に移転。少人数授業に対応する小教室の多数設置、生徒の憩いの場となるオープンスペースの各階への設置、食育の場となる食堂の設置など、伸びのびと学べる環境が整備されました。

2012年度（平成24年度）からは制服も一新。デザイナーズブランド「ELLE」とのコラボレートによるおしゃれでかわいらしい制服となりました。

社会のニーズに応えさまざまな改革を行い、豊かな感性と情操を育む共立女子第二。恵まれた自然環境のもとで送る中高6年間の伸びやかな学園生活は、明るく優しい生徒を育てています。

SCHOOL DATA

◇ 東京都八王子市元八王子町1-710
◇ JR線「八王子」スクールバス20分、JR線・京王線「高尾」スクールバス10分
◇ 女子のみ200名
◇ 042-661-9952
◇ http://www.kyoritsu-wu.ac.jp/nichukou/

国本女子中学校

6年間の一貫教育で　志の高い女性を育てる

　国本女子は、少人数・週6日制の女子中高一貫校です。やがて社会の一員として力を発揮する日に向けて、英語使用の能力、自分の意見を発信する力の育成を重視し、社会貢献の意欲をもった志の高い女性を育てます。

国本女子中学はActiveに変身中！

　「使う　考える　学ぶ」これが国本女子の英語教育です。入学後まず、英語独特のリズムや言い回しをチャンツや歌をとおして体感しながら自然に英語と仲よくなることを大事にします。週6時間の英語の授業では、多読・多聴をとおして本物の英語に触れたり、自分自身の考えを英語で発信する機会を設けたり、それを作文し、英語表現における論理構成を学びます。1・2年次の国内でのイングリッシュ・キャンプ、3年次の2週間の海外語学研修は、中学英語学習の実践の場です。10月の記念祭では、中学校全学年で歌と語りでつづるショートプレイを発表し、英語でのコミュニケーションの楽しさを体験します。

放課後の学習システムも充実

　After school講座での復習や発展学習、女子東大生チューターによる学習支援、自習室の活用など、主体的に学ぶ姿勢や意欲につなげます。

　また、情操教育の充実を指導の重点におき、創造的な思考や主体的な生活態度の基礎を培い「豊かな人間性」を育てます。笑顔とともに立ち止まってのあいさつ、一所懸命に磨く素直さと真面目さ、などは校訓に基づく「内面を磨く指導」の成果であり伝統です。

高校生といっしょの楽しい部活動

　中学生だけの部活動もありますが、ラクロス・吹奏楽・美術・料理・茶道などは高校生といっしょに活動します。高校生との活動は、将来をかいま見ることにつながり、多くのことを学べる機会です。

SCHOOL DATA

◇ 東京都世田谷区喜多見8-15-33
◇ 小田急線「喜多見」徒歩2分
◇ 女子のみ23名
◇ 03-3416-4722
◇ http://www.kunimoto.ed.jp/

慶應義塾中等部

「独立自尊」の思想を重視

　慶應義塾大学三田キャンパスの西隣に、慶應義塾中等部はあります。1947年（昭和22年）に設立、福澤諭吉が提唱した「独立自尊」「気品の泉源」「智徳の模範」の建学の精神に則って、誇り高き校風を形成してきました。とくに重視されるのが独立自尊の思想です。「自ら考え、自ら判断し、自ら行動する」と現代風に言いかえられ、教育理念の要ともなっています。

　それを端的に表すのが、禁止事項の少なさです。服装は、基準服は定められていますが、制服はありません。中学生にふさわしい服装とはどんなものかを自ら判断する自発性と主体性が求められます。

　校則でしばらず、生徒の自主的な判断にまかせるという教育により、伸びやかでしなやかな自立の精神を学んでいきます。

私学の雄へのパスポート

　慶應義塾大学を頂点とする進学コースのなかで、中等部を卒業すればほぼ全員が慶應義塾内の高等学校に推薦により進学し、さらに大学へと道が開かれています。慶應義塾内でのきずなは強く、六大学野球の慶早戦の応援など、多彩な行事が用意されています。

　創立以来の伝統ある共学教育により、数多くの人材の輩出をもたらしています。幼稚舎（小学校）からの進学者を合わせ、1学年は約250名。男女比は2対1となっていますが、人数の少ない女子の元気さもめだちます。

　オールラウンドに学ぶ姿勢が強調され、学科や科目に偏りをなくし、さまざまな学問の基礎を身につけることが求められます。そこには、自らの可能性を発見するために、多くの経験を積ませたいという学校の想いもうかがえるのです。

　学校行事やクラブ活動もさかんで、生徒たちも熱心に取り組んでいます。慶應義塾中等部での体験は、きっと人生の財産となっていくことでしょう。

SCHOOL DATA

◇ 東京都港区三田2-17-10
◇ JR線「田町」、都営浅草線・三田線「三田」、地下鉄南北線「麻布十番」徒歩10分、都営大江戸線「赤羽橋」徒歩15分
◇ 男子469名、女子288名
◇ 03-5427-1677
◇ http://www.kgc.keio.ac.jp/

京華中学校

ネバーダイの精神で未来をたくましく

110年を超す歴史と伝統をいしずえに、「今を超える」教育を展開し、建学の精神「英才教育」と校訓「ネバーダイ」「ヤングジェントルマン」の精神に基づく教育を実践する京華中学校・高等学校。教育のテーマにつぎの3つを掲げています。

ひとつ目は「自立と自律の心を持ち、自らを見つめる力を持つ豊かな人間性を形成する」こと。ふたつ目は「将来の夢や進路希望の実現に向け、勉学の意欲を高める徹底した進路教育を実践する」こと。3つ目は「多様化する社会に対応する、自己表現力とコミュニケーション能力を育成する」ことです。

無限大の未来を実現する教育

京華では、進学校として、生徒一人ひとりの志望に応じた指導を行っています。生徒の可能性を引きだし、育てるさまざまな教育システムが整っています。

中学では主要教科を徹底指導。標準単位よりも多くの授業時間を設定し、じっくりと学習できる環境を整えています。

効率のよい学習を支援するコース制プログラムでは、入学時より「特別選抜クラス」と「中高一貫クラス」の2つのコースに分かれ、高1からは「S特進コース」「特進コース」「進学コース」へ分かれます。

学力・志望に応じたきめ細かい指導は、数学と英語の2分割授業でもみられます。

数学では、実践的な問題演習の「アドバンスゼミ」と、基礎的なトレーニングをする「マスターゼミ」を実施。英語では、「イングリッシュ・コミュニケーション」として、2名の外国人講師と英語教員による少人数の英会話・リスニング・ライティングの演習を行います。

そのほかにも、「放課後キャッチアップ講座」や「検定試験対策講座」「ティーチングサポート」「Z会添削＋東大生学習サポーター制度」など、京華独自の教育が光ります。

SCHOOL DATA

- ◇ 東京都文京区白山5-6-6
- ◇ 都営三田線「白山」徒歩3分、地下鉄南北線「本駒込」徒歩8分
- ◇ 男子のみ296名
- ◇ 03-3946-4451
- ◇ http://www.keika.ed.jp/

京華女子中学校

Women of Wisdom ～深い知識と豊かな心を育む～

東京の文教地区・白山に位置する京華女子中学校・高等学校は、1909年（明治42年）に現在の地に誕生しました。

京華女子では、「自ら考える力の基礎となる学習の充実、コミュニケーション能力を高める積極的なクラブ活動、人間尊重の規律ある生活態度」を教育理念とし、生徒一人ひとりの無限の可能性を引き出す教育を推進しています。創立当時の理念は、1世紀を経た現在も継承されつづけています。

きめ細やかな手づくりの教育

京華女子では、つぎの3つを教育方針として掲げています。

「EHD（Education for Human Development）」は、体験学習を中心とした独自の教育プログラムです。毎朝10分間の朝読書をはじめ、中学では土曜日を「EHDの日」と定め、ボランティア体験学習、箏曲、茶道・華道・礼法などを学ぶ伝統文化学習、国際・情報・環境を考える総合学習などを行っています。

ふたつ目は「英語と国際理解教育」で、英語を重視したカリキュラムが組まれています。英語の授業は週6日行い、英会話はネイティブスピーカーが担当します。中1の「八ヶ岳英会話基礎教室」、中3の「カナダ海外修学旅行」、高1の「語学研修疑似留学体験」など、異文化体験プログラムも豊富に用意されています。

3つ目は「ICT」です。マルチメディアラボには最新のパソコンを設置し、自由に使うことができます。情報の授業ではパソコンの使い方と活用方法を学び、自ら発表・発信できるツールとしてのスキルを養います。

京華女子でのこうした学びは、国際感覚や人間愛を身につけた、自ら考える力を持つ21世紀を支える真に賢い女性を育てています。

小規模校であるからこそできるきめ細やかな授業と、一人ひとりに目を向けた進路指導・教育相談などを実践している注目校です。

SCHOOL DATA

- ◇ 東京都文京区白山5-13-5
- ◇ 都営三田線「千石」徒歩5分、都営三田線「白山」徒歩7分、地下鉄南北線「本駒込」徒歩8分
- ◇ 女子のみ107名
- ◇ 03-3946-4434
- ◇ http://www.keika-g.ed.jp/

恵泉女学園中学校

東京
世田谷区
女子校

自ら考え、発信する力を養う

恵泉女学園は、キリスト教信仰に基づき、自立した女性、自然を慈しむ女性、広く世界に心を開き、平和をつくりだすために力を尽くす女性を育てるという創立者河井道の願いのもとにつくられた学校です。

かつてない変化のなかにある現代にこそ求められるのは、個を確立し、はるかな理想に向けてくじけず歩みつづける姿勢です。そのための基礎として、恵泉女学園では、思考力と発信力の育成に力をそそいでいます。

中高一貫のカリキュラムを編成し、中学では一部先取り学習を行っています。週5日制で、7時間授業の日が週3日あります。土曜日はクラブ、特別講座、補習などがあります。高2から豊富な選択科目があり、自分の進路に合ったカリキュラムを組んでいきます。

「考える恵泉」を支える施設設備と「英語の恵泉」

メディアセンターは生徒の自立的学習を支える情報センターです。図書館の機能のほかに、コンピュータ教室、学習室などを含み、蔵書数は9万冊を超えます。理科では6つの理科教室を使い、実験を重視した授業を行っています。中1・高1で必修の「園芸」は、「畑を耕すことは自分の心を耕すこと」として、創立以来受け継がれてきた科目です。校内と近隣にある畑で、草花や野菜を栽培し、綿紡ぎやジャムづくりなどにも取り組みます。

英語の指導は中身が濃く、少人数授業、小テスト、直しノート、指名補習など、きめ細かい指導を行っています。検定教科書に自主教材を組みあわせ、基礎を着実に積みあげます。さらに、ネイティブによる英会話の授業、高校での習熟度別授業や入試問題演習（選択）で応用力をつけます。「英語スピーチコンテスト」は今年で40回目。夏には高1・高2対象の有志参加の海外短期留学プログラム（アメリカ・カリフォルニア州ユリーカ、オーストラリア・ブリスベン）があります。2015年度より1年留学制度も始まりました。

SCHOOL DATA

◇ 東京都世田谷区船橋5-8-1
◇ 小田急線「経堂」・「千歳船橋」徒歩12分
◇ 女子のみ606名
◇ 03-3303-2115
◇ http://www.keisen.jp/

啓明学園中学校

東京
昭島市
共学校

「真の世界市民」を育てます

啓明学園は1940年に帰国子女のための学校として創立されました。現在でも帰国生・外国籍生徒が約4割を占めており、教育理念「広い視野のもと、豊かな人間性と独自の見識を持ち、世界を心に入れた人を育てる」に基づき、キリストの教えをベースに世界で平和を作るために雄飛する者、すなわち「真の世界市民」を育てています。併設の高校が2014年度に文科省のスーパーグローバルハイスクール（SGH）アソシエイト校に選ばれ、2015年度からの5年間も同様の認定を得ています。共に生きるLiving togetherの時代にあって、共生のための学び（Learning to live together）と、人であるための学び（Learning to be）を実現する学校として、世界に羽ばたきます。

学校の特色

異なる社会で育ち、異なる習慣を持った生徒が身近に触れあう環境は、啓明学園の大きな特色です。国際社会で求められる「世界市民」としての資質とマナーをふだんの学園生活のなかで身につけられるのです。多感な発達段階を迎える中学校の時代に、多様な生活経験を持つ友人と接しつつ、互いに刺激を受けて成長することは、将来世界に貢献する人材が育つ土壌となり、選択の幅を広げる好機となります。日本生まれ・日本育ちの生徒にとっても希有な教育環境となっています。

授業の特色

始業前の「朝学習」のほか、中学では毎週、漢字・英単語テストを実施し、定期的なノートチェックや放課後補習など、基礎学力を身につけるようにサポートします。また中3からは本人の成績や意欲をもとに、「学力上位者クラス」を開設し、難関大をめざす進路指導を行います。夏季等の休暇中には「特別学習（希望者対象）」で基礎学力を確立させ、進路実現のための学力を養成しています。

SCHOOL DATA

◇ 東京都昭島市拝島町5-11-15
◇ JR線・西武拝島線「拝島」徒歩20分・スクールバス、JR線・京王線「八王子」スクールバス、JR線「立川」バス
◇ 男子70名、女子74名
◇ 042-541-1003
◇ http://www.keimei.ac.jp/

光塩女子学院中等科

こうえんじょしがくいん

東京
杉並区　女子校

「キリスト教の人間観・世界観」を基盤に

光塩女子学院中等科・高等科の「光塩」とは、聖書の「あなたがたは世の光、あなたがたは地の塩」という、「人は誰でも、ありのままで神さまから愛されており、一人ひとりはそのままで世を照らす光であり、地に味をつける塩である」ことを表す言葉から生まれました。光塩では、この精神のもと、日々の教育が行われています。

一人ひとりを温かく見守る

生徒は、学校生活をとおしてさまざまな人とのかかわりを経験し、自分自身も他者ともにかけがえのない存在であること、多様な人との共存が相互の豊かさとなることを体験的に学んでいます。

一人ひとりを大切にする光塩では、1学年4クラス全体を6人ほどの先生で受け持つ、独自の「共同担任制」を取り入れています。多角的な視点で生徒一人ひとりを指導し、個性を伸ばすなかで、生徒も多くの教師とかかわる豊かさを体験します。

生徒や保護者との個人面談が学期ごとに行われるなど、生徒と教師のかかわりを大切にしているのも光塩の大きな魅力です。

理解度に応じた教科指導

例年多くの生徒が難関大へ進学している光塩では、教師がそれぞれの生徒の現状に合わせてきめ細かく学習指導を行っています。

また、中等科では英・数、高校では英・数・理・選択国語などで習熟度別授業を取り入れ、手づくりの教材を活用し、生徒の理解度に合わせた指導が効果をあげています。

全学年で週1時間の「倫理」の授業があるのも特色です。中等科では、「人間、そしてあらゆる生命」をテーマに、他者も自分も同様にかけがえのない存在であることを認め、共生していくことの大切さを学んでいきます。人間として成長することを重視し、生徒を温かく見守る光塩女子学院中等科・高等科です。

SCHOOL DATA

◇ 東京都杉並区高円寺南2-33-28
◇ 地下鉄丸ノ内線「東高円寺」徒歩7分、「新高円寺」徒歩10分、JR線「高円寺」徒歩12分
◇ 女子のみ451名
◇ 03-3315-1911
◇ http://www.koen-ejh.ed.jp/

晃華学園中学校

こうかがくえん

東京
調布市　女子校

カトリック精神に基づく全人教育

1949年（昭和24年）、カトリックの汚れなきマリア修道会を母体として設立された晃華学園。カトリック精神に基づく全人格教育、ならびに、語学教育重視の教育方針のもと、学力、品格、および豊かな国際性を備え、世界に貢献できる女性の育成をめざした教育を実践しています。

学校生活では多くの学年行事を設け、リーダーシップと協調性を育み、コミュニケーション能力を高める工夫を行っています。

世界に通用する英語力を育成

晃華学園では、使える英語の習得をめざした語学教育をとくに重視しています。

授業は週6時間、高い教授力の外国人専任教師3名による実践的な英会話の場を数多く設置しています。とくに中3から始まる外国人による授業は、週2時間を使ってさまざまな文章をあつかうレベルの高いもの。高1ではクラスを分割した少人数制でリスニングとスピーキングの授業を行っています。高2・3は外国人によるハイレベルのライティングが週2時間行われています。

進路別選択で進路対策も万全

晃華学園では、中1～高1までは、高1の芸術を除いてすべて必修科目です。内容は、将来の受験に備えてかなり難度の高いものになっています。高2では主要5教科で進路に応じた授業選択が可能となり、高3では全授業時間数の半分以上が受験選択となります。一人ひとりにていねいに対応する進路対策指導が特徴で、毎年多くの生徒が、国公立大学や難関私立大学へ進学しています。

とくに近年めだつのが理系の進路をめざす生徒の増加で、学年の文理の比率は5：5、理系が半数を超える年もあります。晃華学園の理科教育は6年間で140以上の実験を行う実践的なもので、文理を問わず理科好きな生徒が多くなっています。

SCHOOL DATA

◇ 東京都調布市佐須町5-28-1
◇ 京王線「つつじヶ丘」・「調布」・JR線「三鷹」バス・京王線「国領」スクールバス
◇ 女子のみ465名
◇ 042-482-8952
◇ http://www.kokagakuen.ac.jp/

工学院大学附属中学校

こうがくいんだいがくふぞく

東京
八王子市　共学校

国際社会に羽ばたくＩＢ型思考力を育成

工学院大学附属中学校・高等学校は、3つの教育方針を実施しています。

1つ目は「グローバル教育により語学力と表現力を向上させること」、2つ目は「21世紀型の授業で自ら考え解決する力を養うこと」、そして3つ目は「サイエンス教育から科学的思考力を育むこと」。

この方針に基づく多様な学びをとおして、国際社会で必要になるさまざまな力を育んでいます。

生徒たちに勇気を与え、創造する楽しさに目覚めさせ、実社会に"Design & Action"する人材の育成に尽力している学校です。

2015年より新たなクラスがスタート

21世紀の国際社会に羽ばたく人材を育成。海外研修や短期留学などで英語力を強化、ICTの充実、工学院大との連携により、次世代に活躍できる力を高めます。2015年（平成27年）4月より、一貫コースでは特色を持っ

た3つのクラスがスタートしました。

＊ハイブリッドインターナショナルクラス
（英語・数学・理科を英語イマージョン）

＊ハイブリッド特進クラス
（文理融合型リベラルアーツ）

＊ハイブリッド特進理数クラス
（実験とICTを強化）

英語運用力の強化として中3ではオーストラリア異文化研修、高1・高2はオーストラリア・アメリカなどへの留学制度を実施しています。「ハイブリッドインタークラス」は中1よりイマージョン教育を導入します。ICTの活用として電子黒板、タブレット端末を導入、大学と連携し、大学研究室の見学・実習への参加、第一線で活躍する研究者によるキャリア教育なども実施します。

また、国公立大や難関私立大などへの進学をめざして行われる、ていねいな進学指導も特徴。充実した教育の展開により、さらなる進化が期待されている工学院大学附属です。

SCHOOL DATA

◇ 東京都八王子市中野町2647-2
◇ JR線「八王子」、JR線・西武拝島線「拝島」、京王線「北野」スクールバス
◇ 男子207名、女子85名
◇ 042-628-4914
◇ http://www.js.kogakuin.ac.jp/junior/

攻玉社中学校

こうぎょくしゃ

東京
品川区　男子校

創立152年を迎えた男子名門進学校

難関大へ毎年多くの合格者を輩出し、創立152年の歴史と伝統を持つ名門進学校、攻玉社中学校・高等学校。校名「攻玉」は、詩経の「他山の石以って玉を攻（みが）くべし」から取られ、攻玉社の建学の精神となっています。大きな志を持ち、明日の日本や世界に飛躍する人材を育成しています。

6年一貫の英才教育

攻玉社では、つぎの4点の教育目標を掲げて教育を実践しています。

① ［6年間一貫英才開発教育を推進］

6年間を2年ごとにステージ1、ステージ2、ステージ3に分けています。ステージ1では学習の習慣づけに努めて基礎学力を養い、ステージ2では自主的学習態度の確立と基礎学力の充実強化をはかり、ステージ3では進学目標の確立と学力の向上強化によって進学目標を達成させることをめざしています。

② ［道徳教育を教育の基礎と考え、その充実

のために努力する］

あらゆる教育活動をとおして「誠意・礼譲・質実剛健」の校訓の具体的実践をはかり、徳性を養います。

③ ［生徒の自主性を尊重し、自由な創造活動を重視して、これを促進する］

学習活動や部活動等で生徒の自主性と創造的活動を重んじています。

④ ［強健の体力、旺盛な気力を養う］

体育的諸行事、授業、保健活動を中心にあらゆる活動をとおしてこれを養います。

また、国際教育にも力が入れられています。中1から外国人教師による英会話の授業を展開、中3では希望者によるオーストラリアでのホームステイも実施しています。

さらに、ふだんの授業のほかに、特別授業や補習授業を実施。学習意欲を持たせ、より高いレベルの大学をめざせる学力と気力を育むことで、合格への道を築く攻玉社中学校・高等学校です。

SCHOOL DATA

◇ 東京都品川区西五反田5-14-2
◇ 東急目黒線「不動前」徒歩2分
◇ 男子のみ788名
◇ 03-3493-0331
◇ http://www.kogyokusha.ed.jp/

麹町学園女子中学校

国際社会に貢献できる自立した女性を育成

都心にありながら緑が多く落ちついた環境に、麹町学園女子中学校高等学校はあります。「聡明・端正」の校訓のもと、豊かな人生を自らデザインでき、かつ国際社会に貢献できる自立した女性の育成をめざし、完全中高一貫校として、6年間を見据えたきめ細かな教育を行う、「ぬくもり」に満ちた校風です。

中1・中2では、ふたりの教員が正担任（男女ペア）として、多角的に生徒のようすを見守り、ていねいなフォローをしていきます。

学習面では、6年間を3つに区切り、それぞれの段階に合った教育を行っています。

中1・中2の基礎期は、基本的な生活習慣や学習習慣を身につけます。数・英で少人数の授業が行われ、基礎学力を確実に養います。

中3・高1の充実期は、自立につながる問題解決能力を育みます。中3から、選抜クラスを1クラス設置するのが特徴です。

高2・高3の発展期では文系・理系に分かれ、自信をもって社会に羽ばたく準備を進め、志望する大学に現役合格するための突破力を養います。英語教育や国際理解の深化にも力を入れており、英語ネイティブスピーカーと会話できる部屋を新設。語学研修、3カ月留学制度（いずれも希望者対象）なども実施されています。

独自の「みらい科」プログラム

麹町学園女子ならではのオリジナルのキャリア教育として、「みらい科」があります。6年間かけてじっくりと自分の「みらい」と向きあい、「豊かな人生を自らデザインできる力」を養っていきます。校内で大学進学フェアや複数の進路ガイダンスを実施してモチベーションを高め、中3・高1では、自分の関心のあるテーマについて研究し、論文にまとめる「みらい論文」（ゼミナアル形式・原稿用紙25枚）に取り組みます。その作成をとおして、問題解決能力を高め、自らの将来に必要となる総合力に磨きをかけます。

SCHOOL DATA

◇ 東京都千代田区麹町3-8
◇ 地下鉄有楽町線「麹町」徒歩1分、地下鉄半蔵門線「半蔵門」徒歩2分、JR線ほか「市ケ谷」、JR線ほか「四ツ谷」徒歩10分
⌂ 女子のみ252名
◇ 03-3263-3011
◇ http://www.kojimachi.ed.jp/

佼成学園中学校

平和な社会繁栄に役立つ若者を育成

1954年（昭和29年）の創立以来、佼成学園では、生徒と教師のコミュニケーションを大切にしながら、感謝の心、思いやりの心を持った生徒の育成を行っています。

校訓の「行学二道」は、「行い」と「学び」両方そろってこそ真価が発揮できるというもので、勉強はもちろん、毎日正しい行いによって人間を磨いてほしいという願いがこめられた言葉です。

目的意識に沿った知を育む

中学校では、英語の1クラス2分割授業や、数学のチーム・ティーチングによる演習の授業、理科の2時間続きで行われる実験・観察中心の授業など、「面倒見がよい」と評判のていねいな教科指導を行います。

高校では、朝7時から夜8時まで、ほぼ年中無休で自習室が開室しているなど、学校内に充実した学習環境が整っています。放課後や長期休業中の講習も充実、3年生になると放課後の講習が2時間、夏期講習は30日以上開講されるなど、まさに予備校いらずの進学指導を実現しています。

希望者には、中2・中3でオーストラリアへのホームステイ、高1・高2でイギリスへの語学研修を実施しています。フィリピンセブ島の英語留学を選択することもできます。

教室には電子黒板機能つきのプロジェクターを設置して、最先端のICT教育を行い新しい時代を生き抜く力を身につけます。

活発なクラブ活動と勉強の両立

佼成学園では、クラブ活動は充実した学校生活のために不可欠なものと考えられており、15の運動部と12の文化部が活発に活動しています。

週1日は、全クラブの活動休止日を設けて英語を中心とした補習を開講し、勉強もクラブもがんばりたいという生徒が両立できるような環境を用意しています。

SCHOOL DATA

◇ 東京都杉並区和田2-6-29
◇ 地下鉄丸ノ内線「方南町」徒歩5分
◇ 男子のみ305名
◇ 03-3381-7227
◇ http://www.kosei.ac.jp/kosei_danshi/

佼成学園女子中学校

こうせいがくえんじょし

東京 世田谷区 女子校

生徒の成長につながる充実の英語教育

佼成学園女子中学校は、「茶道」や「書写」などの授業により豊かな感性を育てるとともに、英語教育に力を入れています。その教育が評価され、高等学校が2014年度（平成26年度）より文部科学省からスーパーグローバルハイスクール（SGH）に指定されました。

豊かな英語学習環境

佼成学園女子の英語教育では、音楽や美術の指導を外国人教員が行う「KALIP」という、一歩進んだイマージョンプログラムが実施されています。英語の授業では習熟度別クラスを展開し、親身な指導がなされます。さらに、ハロウィンなどのイベントや、英語漬けの2日間を過ごすキャンプなども用意され、豊かな英語学習環境が魅力です。また、学校全体で英検に取り組むことで英検合格者を飛躍的に伸ばしています。KALIPの集大成としては、中3でニュージーランド修学旅行を体験します。希望者は修学旅行終了後も引き続き現地に残り、ホームステイをしながら学校に約3カ月間通う中期留学プログラムがあります。

中学の学びを伸ばす3つのコース制

高校に進むと3つのコースに分かれます。「特進留学コース」は、高1～高2の1年間、全員がニュージーランドで留学生活を送り、英語力と国際感覚を磨きます。

「特進文理コース」は、国公立・難関私立大学をめざすコースで、文理クラス、メディカルクラス、スーパーグローバルクラスに分かれます。

「進学コース」は、生徒会活動やクラブ活動と学習を両立させながら主要3教科を中心に学び、希望進路の実現をめざします。

丁寧な指導により身についた英語力が生徒の自信につながり、ほかの教科の学力も向上させ、近年難関大学への合格実績を伸ばしている佼成学園女子中学高等学校。SGH指定により、さらなる活躍が期待されます。

SCHOOL DATA

◇ 東京都世田谷区給田2-1-1
◇ 京王線「千歳烏山」徒歩6分、小田急線「千歳船橋」「成城学園前」バス
◇ 女子のみ122名
◇ 03-3300-2351
◇ http://www.girls.kosei.ac.jp/

香蘭女学校中等科

こうらんじょがっこう

東京 品川区 女子校

ミッションスクールとしての「心の教育」

1888年（明治21年）、英国国教会の伝道団が、弱い者小さい者に寄り添おうとするさまざまな活動のひとつとして、香蘭女学校を創立しました。日本の婦人が持っている固有の道徳と「日本文化」のすばらしさをさらにキリスト教の信仰によって高めようと考え、「キリスト教による全人教育」を目標に教育にあたってきました。

このように、東西文化の粋に着眼し、独特の校風を培ってきたのが香蘭女学校の特徴です。現在も礼法が必修科目であり、茶道・華道・箏曲なども中等科のSE学習という自己啓発学習の授業に取り入れられています。

香蘭女学校には、キリスト教の他者に対する「愛」の教えと、礼法の「もてなしの心」に共通する謙虚な心で他者のために働こうとする精神が流れているのです。

一人ひとりを大切にする教育

香蘭女学校では、「生徒一人ひとりを大切にする教育」を重んじています。生徒の人格を尊重し、それぞれの資質を学業と人格の両面で伸ばすことをめざしています。知識教育に偏ることなく、生徒の主体性と自主性を重んじる生活指導、宗教教育、情操教育を6年間一貫して行うことで、人を愛する優しい思いやりの心を育て、人生を真実に生き、他者と協働することのできる女性を育成します。

創立以来最も重視してきた英語教育は、現在も香蘭女学校のカリキュラムの柱です。ハーフクラスの少人数授業が効果的に取り入れられ、ネイティブによる英会話は中1から高3まで行われています。

また、イギリス伝統のパブリックスクールでの語学研修や、アメリカのキリスト教学校との交換留学、カナダのプリンス・エドワード島での語学研修などに参加することもできます。さらに、韓国の女子校との交流や立教英国学院への長期留学など、国際理解教育が活発に行われています。

SCHOOL DATA

◇ 東京都品川区旗の台6-22-21
◇ 東急池上線・大井町線「旗の台」徒歩5分
◇ 女子のみ515名
◇ 03-3786-1136
◇ http://www.koran.ed.jp/

国学院大学久我山中学校

明日の日本を担う青少年の育成

国学院大学久我山中学校・高等学校では、毎年東京大、一橋大をはじめとする国公立大や、早稲田大、慶應義塾大、上智大などの難関私立大へ多数の合格者をだしています。

教育理念の根幹をなすのは、「忠君孝親」「明朗剛健」「研学練能」の3つです。それらを基に、「規律を守り誇りと勇気を持って責任を果たそう」、「たがいに感謝の心をいだき明るいきずなを作ろう」、「たゆまざる努力に自らを鍛えたくましく生きよう」を実践目標に据え、教育を発展させています。

男女別学教育の魅力

国学院久我山は成長期の中高時代だからこそ、男女それぞれの特性をいかした学校生活を営むべきという方針から、男女別学制を採用しています。校舎と授業は男女別々ですが、そのほかの行事、部活動、校外学習などはいっしょに行います。

特徴的な取り組みとして、男子部では中学の3年間をとおして柔道や剣道などの武道に親しみ、精神をきたえます。女子部では華道・茶道や能楽講座・日本舞踊などをとおして日本人としての教養と精神を身につけます。

また、男子と女子では将来の職業観にもそれぞれ特性があることから、女子は中2から、男子は中3からキャリア教育を行います。

それぞれの個性と男女の特性をいかした、互いが尊重しあう環境が整っています。

カリキュラムは国公立大に対応して組まれており、6年間を3つの時期に分けています。前期過程の中1・中2では、先取り学習により基礎を固めます。中期過程となる中3からは少人数制授業も実施され、個に応じた指導が光ります。個々の特性を発見し、具体的な職業意識を持ち、後期課程の高2から文理にコース分けが行われます。

また高2からは、正規の授業に加え「選択演習」の講座を多く設け、大学入試センター試験に万全の態勢でのぞむことができます。

SCHOOL DATA
◇ 東京都杉並区久我山1-9-1
◇ 京王井の頭線「久我山」徒歩12分、京王線「千歳烏山」バス
◇ 男子654名、女子408名
◇ 03-3334-1151
◇ http://www.kugayama-h.ed.jp/

国士舘中学校

東京 世田谷区　共学校

「これからの力」を養う6年間

国士舘中学校は、東急世田谷線「松陰神社前」駅から歩いてすぐのところに、系列の国士舘大に寄り添うように位置しています。

国士舘中が最も重視しているのは「考える力」の養成です。考える力―それは、すべての基本となるものです。知識の吸収に偏ることなく、総合的にものごとを判断・思考できる「考える力」を養うことを目標に、中高6年間の学校生活における多彩な経験と学習機会をつうじて自らの適性を見出し、その可能性に磨きをかけながら将来を切りひらくための実力を身につけさせる、それが国士舘中学校の教育です。

指導面では、生徒一人ひとりの個性と可能性を第一に考え、多様な方向性に対応し、希望する道を実現できるよう取り組んでいます。

さらに、ゆとりある教育環境を整えることで、生徒が個性と学力、可能性、そして「生きる力」を伸ばし、育めるよう万全の態勢で教育に取り組んでいます。

生徒の個性や可能性をサポート

中学校の3年間では、基礎学力の向上と情操教育を視野に入れたカリキュラムを編成しています。

道徳の時間や特別活動の時間を有効に活用するとともに、国語の授業とは別に習字（書道）を取り入れ、週1回ずつ2年間学びます。また、武道（柔道・剣道）も1年次より導入しています。

さらに、国際化に対応するための英語力の養成として、ネイティブスピーカーの講師による英会話の授業を設け、実践で役立つ会話力を身につけるとともに、卒業までに英検準2級の取得を目標としています。

2年・3年次には国語・数学・英語の習熟度別授業を導入。生徒一人ひとりの能力に応じて理解を深められるような工夫がなされています。

SCHOOL DATA
◇ 東京都世田谷区若林4-32-1
◇ 東急世田谷線「松陰神社前」徒歩6分、小田急線「梅ヶ丘」徒歩13分
◇ 男子84名、女子34名
◇ 03-5481-3114
◇ http://jhs.kokushikan.ed.jp/

駒込中学校

東京 文京区 / 共学校

子どもたちの未来を支える教育理念「一隅を照らす」

グローバル化など社会構造の大きな変化により、大卒の肩書きや終身雇用による安心、安定がなくなってしまった現代社会で、生徒たちが希望をもって力強く生きていけることはだれもが願うところです。

したがって、中学校・高等学校は、たんに将来の大学進学に備えるためではなく、その先にある真の目的に向かう、きわめて重要な一歩をふみだすために選ばれるべきだと駒込では考えています。

時間を正確に知る目的では1万円の時計も50万円の時計も変わらないはずなのに、後者を手にする人がいるのは、そのなかにある付加価値を見抜くからにほかなりません。

「一隅を照らす」人材の輩出を建学の精神に掲げて330年あまり、つねに先の時代を見つめながら、仏教的人間教育を行っています。

考える力、行動できる高度な学力、他者のために貢献できる心力、そして多彩なプログラムによる国際感覚力のそれぞれを高いレベルで結実させて、付加価値の高い、駒込ならではの独自性のある教育を行っています。

国際化教育を環太平洋地域におく

駒込では、自国の風土をよく知り、その文化思想をしっかり学んだうえで世界貢献すべきだと考えています。

駒込の併設型中高一貫の国際理解教育が、アジアを含む環太平洋地域に展開している点もここにあります。海外への語学研修、留学制度、修学旅行などをとおして、共通語である英語の習得がたんなる語学を超えて、コミュニケーションの道具としての力を養います。

学習面では、スーパーアドバンスコースを筆頭にして、6年というじゅうぶんな時間を利用して、シラバスに則り、ICTも取り入れた先取り教育を実践しています。そして、「英語特別枠入試」を実施して、英語力を伸ばしたいチャレンジャーを受け入れます。

SCHOOL DATA

◇ 東京都文京区千駄木5-6-25
◇ 地下鉄南北線「本駒込」徒歩5分、地下鉄千代田線「千駄木」・都営三田線「白山」徒歩7分
◇ 男子176名、女子101名
◇ 03-3828-4141
◇ http://www.komagome.ed.jp/

駒沢学園女子中学校

東京 稲城市 / 女子校

自考自活

駒沢学園女子中学校・高等学校では、道元禅師の教え「正念・行学一如」を建学の精神に仰いでいます。自立に向けて、「自考自活」をモットーにすべての教育活動を実践しています。自分で考え、決定し、自分をいかして、よりよい生き方を追求できる自立した女性の育成をめざしています。

「好きな私」プロジェクトスタート

2015年度（平成27年度）より、「共生」と「創造」をキーワードに「自己をならう」プログラム、創造プログラム、キャリアプログラムで実践からグローバル社会に対応できる人材を養成します。

成長を育むカリキュラム

学ぶ意欲や自己開拓力を備えた「人間としての成長＝生きる力」をバランスよく育むためのカリキュラムが編成されています。

すべての授業で「感じる」「習う」「じっくり考える」「試す・やってみる」の4つの学びのスタイルをバランスよく行い、生徒たちの興味・関心を高めます。

21世紀WSでは中1〜中3の縦割りで7つの講座から選択し教養を磨きます。

「読むこと」をとおして「考えて書くこと」を身につけ、読書に親しみ、中学3年間で100冊以上の本を読むことを目標にする「国語購読」などが行われています。

将来への夢をかなえる

中1からホームルームやガイダンスをとおして自分の将来と向き合い、大学での生活・入試の形態・社会状況・求められる学力・学問と職業などについて、学びながら、生徒それぞれの進路が決定できるようにプログラムされています。

生徒一人ひとりに合わせたきめ細かな学習指導と進路指導の相乗効果により、大学進学率は向上しています。

SCHOOL DATA

◇ 東京都稲城市坂浜238
◇ 京王相模原線「稲城」・小田急線「新百合ヶ丘」バス、東急田園都市線ほか「あざみ野」・JR線「南多摩」スクールバス
◇ 女子のみ55名
◇ 042-350-7123
◇ http://www.komajo.ac.jp/jsh/

駒場東邦中学校

自主独立の気概と科学的精神で次代のリーダーを育てる

都内屈指の大学進学実績を誇る駒場東邦中学校・高等学校。例年、東京大をはじめとする超難関大学へ多くの卒業生を送る学校として知られています。

創立は1957年（昭和32年）、東邦大学によって設立されました。中高6年間を一体化した中等教育の必要性を唱え、「資源のない日本では、頭脳の資源化こそが急務である」という理念から、「科学的精神に支えられた合理的な考え方を培うこと」そして「自主独立の精神を養うこと」を重視しています。

「自分で考え、答えを出す」

駒場東邦の学習方針として、すべての教科において「自分で考え、答えを出す」習慣をつけること、そして早い時期に「文・理」に偏ることなく各教科間でバランスの取れた能力を身につけることを第一に掲げています。

中学時では、自分でつくるレポート提出が多いのが特徴となっています。中1は霧ヶ峰林間学校、中2は志賀高原林間学校、中3は奈良・京都研究旅行でも、事前・事後にレポートを作成します。

英語・数学・理科実験などには分割授業を取り入れ、少数教育による理解と実習の充実がはかられています。また、英・数・国は高2までで高校課程を修了しますが、「文・理」分けは高3からです。

自分の行動に責任を持つ

駒場東邦では、生活指導の基本を生徒による自主的な判断に委ねていることが特色です。それは、「自らの行動に自らが責任を持つことを基本とする」と駒場東邦では考えられているからです。自分の判断に基づき、責任をしっかりと持って行動することが求められています。

生徒会やクラブ活動、文化祭、体育祭なども生徒が主体となり、上級生が下級生を導くよき伝統が受け継がれています。

SCHOOL DATA

◇ 東京都世田谷区池尻4-5-1
◇ 京王井の頭線「駒場東大前」・東急田園都市線「池尻大橋」徒歩10分
◇ 男子のみ715名
℡ 03-3466-8221
◇ http://www.komabajh.toho-u.ac.jp/

桜丘中学校

未来にはばたくための「翼」と「コンパス」

創立から90余年。桜丘中学・高等学校は、大学進学のための学力に加え、生涯学習につながる深い教養と知識、論理的な思考や繊細で豊かな表現力を身につけた真の「自立した個人」の育成をめざしています。

そして、校訓である「勤労」と「創造」をもとに、「たゆまぬ努力と創意・工夫が新しい自分を作る」と考え、さまざまな特色ある取り組みを行っています。

教育の3つの柱

桜丘では、進学教育・英語教育・情報教育を柱として教育を行っています。

独自に考案された「家庭学習帳」と「SSノート（Self-study notes）」は生徒自身が自分に必要な学習を判断し与えられた課題にしっかりと取り組む姿勢を身につけるために、重要な役割を果たします。定期考査前には指名自習が実施され、学校全体で見守ってくれているという安心感があります。

ふたつ目の柱である英語教育では、ネイティブ教員による授業や放課後に行われるアフタースクール・レッスンなどが充実し、3年次にはオーストラリア異文化体験旅行が実施されます。このような取り組みをとおして「本当に使える英語」の習得をめざしています。

そして、最後の柱である情報教育をつうじて、生徒は、情報の収集・取捨選択、論理的な思考力、効果的なプレゼンテーション能力を身につけていきます。書籍・マルチメディア資料・インターネットからの情報収集が可能なSLC（Sakuragaoka Learning Commons）やプレゼンテーションに必要な機器が完備されているSMART Lab.などの施設も充実しています。さらに2014年度（平成26年度）入学生からiPadを学校生活で活用しています。

創意工夫を積み重ねることによって養われる判断力を「コンパス」に、たんなる知識ではない教養を「翼」として、生徒は未来へとはばたいていきます。

SCHOOL DATA

◇ 東京都北区滝野川1-51-12
◇ 都電荒川線「滝野川一丁目」徒歩1分、JR線・地下鉄南北線「王子」・都営三田線「西巣鴨」徒歩8分
◇ 男子93名、女子67名
℡ 03-3910-6161
◇ http://www.sakuragaoka.ac.jp/

実践学園中学校

東京
神奈川
千葉
埼玉
茨城
寮制

さらなる飛躍をめざし、大きな一歩をふみだす

実践学園の教育理念は「豊かな人間味のある人材の育成」であり、「人間性に富み、志が高く倫理観の強い、国際社会でリーダーとして活躍できる人材を育成する」ことです。この理念のもと、「難関大学をめざす指導の徹底」をはかりながら「学習と部活動の支援」・「倫理観・道徳心を養う」ことを教育目標としています。

実践学園独自の教育プログラム

実践学園では、理科（生物分野）のカリキュラムを、学習効果を優先したかたちに編成しています。単元別ではなく一連の流れに沿った学習と、阿部宏喜東大名誉教授による特別授業や実習を組みあわせることにより、理科・環境教育において興味・関心を高める工夫をしています。

さらに英語力向上にも力を入れ、週7～8時間の英語の授業時間を設けています。授業をとおして身につけた英語力に加え、日本文化・歴史学習やブリティッシュヒルズ（中3春）での国内研修を行い、ニュージーランド語学研修（中3夏）につなげます。高校でもハワイへの修学研修旅行や希望者によるオーストラリア語学研修、アメリカ・ニュージーランドへの留学制度があり、生徒の多様な意欲に応えています。

また、明るく開放的な学習空間である自由学習館を「自学自習室」とし、図書室を「読書調べ学習室」、生徒ホールを「予習復習室」として細分化。生徒の学習スタイルに対応する機能的な学びの環境を創造しました。放課後と長期休業中には、授業と連動した進学講習「J・スクール」を実施し、大学現役合格に必要な力を身につけることができます。

このような取り組みとコミュニケーションデザイン科によるコミュニケーション力の育成を有機的に結合することにより、グローバル社会で活躍できる人材を育成する実践学園中学校・高等学校です。

SCHOOL DATA

◇ 東京都中野区中央2-34-2
◇ 地下鉄丸ノ内線・都営大江戸線「中野坂上」徒歩5分、JR線「東中野」徒歩10分
◇ 男子118名、女子105名
◇ 03-3371-5268
◇ http://www.jissengakuen-h.ed.jp/

実践女子学園中学校

あ行
か行
さ行
た行
な行
は行
ま行
や行
ら行
わ行

堅実にして質素、しかも品格ある女性の育成

実践女子学園は、下田歌子先生によって1899年（明治32年）に創立され、「品格　高雅　自立　自営」を建学の精神に、「堅実にして質素、しかも品格ある女性の育成」を教育方針とする中高一貫校です。

伝統の教育理念はそのままに、時代性をふまえて再構築した「3プラス1」の教育体制を推進。教育の3本柱である「キャリア教育」「感性表現教育」「グローバル教育」が「学力改革」の取り組みをしっかりと支える構造により、真の人間力を養成します。

「キャリア教育」は、生徒一人ひとりが自らを見つめ、社会の養成や職業の実際を知り、それらを基に自分のライフデザインを描き、その実現に立ち向かう過程を支援するプログラムです。「感性表現教育」は、日本文化の実習をはじめ、学校行事や部活動など日々の活動をとおして、的確な状況把握力、高いコミュニケーション力、すぐれた判断力を育成する取り組みです。「グローバル教育」は、「日本を学び世界を知る」「学校自体が国際交流の舞台」「海外に行き世界を肌で感じる」というコンセプトのもと、活発な交流プログラムによって真の国際人を育成します。

日本女性としての礼節と品格を重んじつつ、社会の変化や時代の要請に対して明確なビジョンを持って革新をつづけています。

きめ細かな学習指導

国語・数学・英語に多くの授業時間をあて、きめ細かな指導と先取り学習を行っています。この3教科については、補習制度や夏季休暇中の講習も充実しています。

また、正統的な一般学級「SJC（スタンダード実践クラス）」と、国際人としての資質と能力育成を強化した国際学級「GSC（グローバルスタディーズクラス）」のふたつの異なる教育プログラムを設けています。いずれも、きめ細かく手厚い指導により、生徒の自己実現を全面的に支援しています。

SCHOOL DATA

◇ 東京都渋谷区東1-1-11
◇ JR線ほか「渋谷」徒歩10分、地下鉄銀座線・千代田線・半蔵門線「表参道」徒歩12分
◇ 女子のみ816名
◇ 03-3409-1771
◇ http://hs.jissen.ac.jp/

品川女子学院中等部

しながわじょしがくいん

社会で活躍する女性を育てる「28project」

　女子中高一貫教育において「社会で活躍する女性の育成」を実践していることで知られ、文部科学省からスーパーグローバルハイスクールに指定されている品川女子学院。

　「世界をこころに、能動的に人生を創る日本女性として教養を高め、才能を伸ばし、夢を育てる」ことを目標に、積極的な学校改革を推し進め、進学実績を伸ばしています。

　品川女子学院では、中高一貫教育のメリットをいかし、精選したカリキュラムのなか、効果的な学習過程を実現しています。

きめ細かな学習指導

　学習内容については、各学年ごとに詳細なシラバスを発行し、いつでも勉強について的確に把握できるようになっています。

　これからの国際化時代に対応できる人材の育成をめざし、英語教育にも力が入れられています。中学では週7時間の英語授業を実施。中3の3月にはニュージーランドへの修学旅行も実施しており、さまざまな経験をとおして英語力を育むことができます。

将来を見据えた「28project」

　大学進学という18歳のゴールはもちろん大切ですが、品川女子学院では、卒業後の人生を視野に入れた進路指導が展開されています。それが、28歳をイメージし、社会で活躍できる女性を育てる「28project」です。

　たとえば、中3の総合学習の時間には、企業や大学の協力を得た長期間のプログラムが組まれ、大人といっしょに、企画・デザイン・営業・広告などの課題に学年全員が取り組みます。

　また、高等部では起業体験プログラムや大学教授の出張講義などが実施され、多様な人とのかかわりから視野を広げます。

　品川女子学院では、こうした取り組みをとおして将来の夢を明確にし、卒業後の進路選択に役立てることができるのです。

SCHOOL DATA

◇ 東京都品川区北品川3-3-12
◇ 京浜急行「北品川」徒歩2分、JR線・都営浅草線・京浜急行「品川」徒歩12分
◇ 女子のみ660名
◇ 00 0474 4048
◇ http://www.shinagawajoshigakuin.jp/

芝中学校

しば

伸びやかな校風のもと人間力を培う

　芝中学校・高等学校は都心の芝公園を望み、校庭からは東京タワーが間近に見える交通至便の地にあります。そのため、東京、神奈川、千葉、埼玉など広い地域から生徒が通学しています。

　芝中高は、2006年に創立100周年を迎えた伝統ある学校です。学校の基本理念に仏教の教えを有し、「遵法自治」を教訓として生徒の自主性を重んじた教育を行っています。

　校舎は地上8階、地下1階の総合校舎と、地上2階、地下1階の芸術棟からなり、都心の学校らしい洗練された学習環境となっています。

ゆとりある独自のカリキュラム

　男子の中高一貫校として高い進学実績を誇る芝中高は、伸びやかな校風のもと、しっかりとした学力をつけてくれる学校として定評があります。

　進学校ではありますが、勉強一色といった雰囲気はありません。授業だけが学びの場ではないと考えられ、校外学習や学校行事なども大切にされています。また、全校生徒の約8割がいずれかのクラブに参加していることからもわかるように、クラブ活動もさかんに行われ、男子校らしい活発なようすが校内のいたるところで見られます。

　こうした校風を生みだす芝中高独自のゆとりあるカリキュラムは、無理、ムダを省いた精選されたものを完全中高一貫教育のなかで効果的に学習できるように工夫されています。

　注目される高い大学合格実績を支えているのは、すぐれたカリキュラムとともに、全校生徒約1700名に対して専任教員を94名もそろえているという充実した教諭陣の、熱心な指導です。各クラスともに正・副の担任ふたり体制をとり、きめ細かな指導を行っています。伸びやかな校風と親身な学習指導により、生徒の人間力を培う学校です。

SCHOOL DATA

◇ 東京都港区芝公園3-5-37
◇ 地下鉄日比谷線「神谷町」徒歩5分、都営三田線「御成門」徒歩7分
◇ 男子のみ891名
◇ 03-3431-2629
◇ http://www.shiba.ac.jp/

芝浦工業大学中学校

世界で活躍するエンジニアへの夢

芝浦工業大学を併設大学とする、芝浦工業大学中学校・高等学校。

理系志望の生徒が多いことに配慮した、特色あるカリキュラムで生徒の志望に対応しています。

校訓は「敬愛の誠心を深めよう」「正義につく勇気を養おう」「自律の精神で貫こう」です。この校訓に基づき、世界と社会に貢献できる、心身ともに強くたくましい人材の育成をめざしています。

高大連携をいかした教育

学習では、6年間を2年ずつ前期・中期・後期の3段階に分けているのが特徴です。

前期では、男子の特性を考慮し基礎学力の育成に力をそそぎます。

中期からは徹底した学習・進路指導を実施。とりわけ3年生では独自のプログラムであるサイエンス・テクノロジーアワーとランゲージアワーの時間を設け、科学とコミュニケーションの力を培います。

後期からは、一般理系コース（芝浦工大推薦希望を含む）、特別理系コース（他大進学希望）、文系コースに分かれ、大学進学に備えます。

高大連携教育が充実しているのも特徴のひとつ。芝浦工大の併設校である利点をいかした「理系講座」を開講しています。

この「理系講座」は5年生の理系選択者を対象に開講しており、芝浦工大の各学科の教授陣をはじめとする講師のかたがたによる最先端の研究内容を聞くことができます。

また、6年生の希望者は、午前中の授業の終了後、芝浦工大に移動して大学生といっしょに大学の講義を受けることも可能です。中高から芝浦工大へは、例年、推薦出願者の約90%が進学しています。

芝浦工大推薦進学者の最優秀者には、無償で3カ月間の海外留学のチャンスも与えられます。

SCHOOL DATA

◇ 東京都板橋区坂下2-2-1
◇ 都営三田線「志村三丁目」徒歩8分、JR線「浮間舟渡」徒歩15分
◇ 男子のみ519名
◇ 03-5994-0721
◇ http://www.ijh.shibaura-it.ac.jp/

渋谷教育学園渋谷中学校

またたく間に進学名門校の座を獲得

渋谷教育学園渋谷中学校は開校20年目の学校ですが、短期間のうちに進学校としての評価を高め、いまや受験生たちから憧憬を集める対象となっています。

教育理念としては「自調自考」の精神、自分で課題を調べ、自分で解答をだしていく自主性と、自ら学ぶ姿勢が重視されます。

シラバスは渋谷教育学園渋谷で使用されている独自の学習設計図で、学年始めに1年間で学ぶ内容と計画を細かく記した冊子を生徒全員に配ります。特長は、「それぞれの教科の基礎からの学習をなんのために学び、覚えるのか、いま全体のどのあたりを勉強しているのか」をはっきり理解したうえで勉強を進めることができるという点にあります。

これは自分で目標を理解し、自分で取り組み方を決め、自分で自分の力を判断するというもので、渋谷教育学園渋谷の自調自考を授業のなかで実践していくための取り組みです。

効率のよい6年間

進学校として急速に評価を高めた要因には、渋谷教育学園渋谷のすぐれた授業システムがあります。

授業は6年間をA、B、Cの3つのブロックに分け、中1と中2をAブロックの「基礎基本」、中3と高1をBブロックの「自己理解」、そして高2と高3をCブロックの「自己実現」の各期とします。

これは6年間の長いレンジで起きやすい中だるみを防ぐ意味もありますが、3つに分割することで期間ごとのテーマが鮮明になり、生徒の自主性が喚起され、前向きに取り組む姿勢が明確になる利点を持っています。

さらに、効率的な教程を組み、教科内容を錬成工夫することで戦略的な先取り学習を推し進めています。カリキュラムや年間の教育目標も将来の難関大学をめざした主要教科重視型となっています。

SCHOOL DATA

◇ 東京都渋谷区渋谷1-21-18
◇ JR線・東急東横線ほか「渋谷」徒歩7分、地下鉄千代田線・副都心線「明治神宮前」徒歩8分
◇ 男子287名、女子358名
◇ 03-3400-6363
◇ http://www.shibuya-shibuya-jh.ed.jp/

修徳中学校

東京 葛飾区　共学校

笑顔であいさつ　さわやか修徳生

110年を超える歴史と伝統を持つ修徳学園。生徒の可能性や潜在能力を信じ、得意分野や個性的能力を最大限に発揮し、理想の実現に向かって努力できる教育を行います。2014年（平成26年）には第2新校舎、大学受験専用学習棟「プログレス学習センター」が完成しました。

三位一体教育

徳育、知育、体育の3つのバランスがとれた三位一体教育が特徴です。将来を築くにふさわしい体力と知性、それに個性豊かな人間形成「文武一体」を目標に、学校生活をとおして自律心を養う徳育指導を行い人間性を高め、勉学と部活動の一体化を果たしています。

学習プログラムも充実しています。授業は週6日制で、土曜日も正規授業を実施。さらに、「学力定着のためのプログレス学習センター」や「講習・補習制度」を設けています。

また、修徳では「特進クラス」と「普通クラス」を設けています。「特進クラス」は、発展的な学習を取り入れ、大学受験への土台をつくるクラスです。「普通クラス」は、「文武一体」をモットーに、勉強とクラブ活動の一体化を果たし、総合的人間力を高める教育を実践しています。

プログレス学習

修徳では、「授業での集中力」「家庭での学習」を習慣づける独自のシステムとして「プログレス」を実施しています。毎週土曜に1週間の授業のまとめテスト（土曜アウトプット）を配布し、翌週月～土の朝プログレスには集中ミニテストを実施して放課後は毎日30分以上プログレス学習センターで自律学習を行い学習習慣の定着をはかります。そのほか、基礎学力のフォロー講習（学力向上期待者講習）も設けられ、親身な指導がなされています。生徒の目標達成をめざすきめ細かな指導が注目される、修徳中学校です。

SCHOOL DATA
- ◇ 東京都葛飾区青戸8-10-1
- ◇ JR線・地下鉄千代田線「亀有」徒歩12分、京成線「青砥」徒歩17分
- ◇ 男子104名、女子55名
- ◇ 03-3601-0116
- ◇ http://www.shutoku.ac.jp/

十文字中学校

東京 豊島区　女子校

アクティブラーニングなど21世紀型教育を実践

2012年（平成24年）に創立90年を迎えた十文字中学校・高等学校は、創立者・十文字こと先生の「これからの女性は、社会にでて、世の中の役に立つ人にならねばならない」という理念を、現在も受け継いでいます。十文字の1日は、心と身体をリフレッシュする「自彊術体操」から始まります。創立以来つづけられている伝統であり、「自彊」とは「自らを強くきたえる」という意味です。

2014年（平成26年）3月には新館が完成しました。カフェテリア・プールだけではなく、多目的教室や多目的ホールなども充実し、どんな課題にも柔軟に対応できるグローバルな人材を育むステージが整いました。

人生を展望した進路指導

中学では基礎学力の養成に力を入れ、少人数による授業も取り入れています。高校では、習熟度に合わせて総合的な学力を養成し、大学進学に向けた指導を行っています。

最難関国立・私立大、医歯薬学部現役合格をめざす生徒をはじめ個に応じた進路指導を行っています。放課後講習などを活用し、一人ひとりに最もふさわしい大学・学部の選択をサポートする態勢も万全です。

また、ディベートなどのアクティブラーニングや電子黒板を活用したICT教育などをとおして、自分で考えて自分で発信できる力、相手の意見にも耳を傾けられる力を養い、グローバル世界でも通用する人間力を育成しています。

多彩な行事とクラブ活動

十文字では、さまざまな行事があります。演劇やコンサートなど、プロの芸術家の演奏や演技を鑑賞し、芸術に対する感性と教養を深めていきます。クラブ活動もさかんで、昨年マンドリン部が日本一を獲得しました。生徒たちは、日々充実した学校生活を送り、豊かな感性と知性に磨きをかけていきます。

SCHOOL DATA
- ◇ 東京都豊島区北大塚1-10-33
- ◇ JR線・都営三田線「巣鴨」、JR線「大塚」、都電荒川線「大塚駅前」徒歩5分
- ◇ 女子のみ513名
- ◇ 03-3918-0511
- ◇ http://js.jumonji-u.ac.jp/

東京　神奈川　千葉　埼玉　茨城　寮制

あ行　か行　さ行　た行　な行　は行　ま行　や行　ら行　わ行

淑徳中学校

しゅく　とく

東京
板橋区

共学校

淑徳フィロソフィ始まる～新校舎と東大選抜コース～

セレクト

淑徳中学高等学校は、1892年（明治25年）に創立された120年の歴史を誇る伝統校です。

「進み行く世におくれるな、有為な人間になれ」という創立者である尼僧・輪島聞声先生の掲げた理念は「淑徳フィロソフィ」として、現在においてもなお学校に息づいています。高い知性と豊かな人間性をあわせ持つ「カインドリーダー」の育成をめざし、淑徳フィロソフィに基づく教育を展開します。

スーパー特進東大選抜コース始動

2012年（平成24年）新設のスーパー特進東大選抜コースは、東京大や国立大医学部などの最難関大学の合格をめざします。高い知性と自立心、国際感覚に加え、他者とのきずなを大切にするコミュニケーション力を養うことがねらいです。そのため、調べ学習やプレゼンテーション、インタビューなどの能動的授業（アクティブ・ラーニング）を積極的に取り入れています。第1期生は早くも高1

となり、英語やプレゼンを中心に確実な成果が出始めています。

これからの日本の未来に貢献する、心豊かなリーダーを育成するためのカインドリーダープログラムは、東大選抜コースで先鞭をつけ、全コースに展開していきます。

放課後学習や週末課題、家庭学習計画ノートなどを活用し、自学自習の習慣づけまで指導します。

スーパー特進コースでも、きめ細かな手厚い指導で学力をしっかりと伸ばし、難関大学への合格をめざします。

2013年（平成25年）に地下アリーナが登場して校舎のリニューアルはすべて完成。映像設備の充実やガラス黒板、3つの実験室に自習スペースや図書館など、最先端で快適な総合学習ステーションとなっています。

面倒見のよい学習指導と、最適な学習環境が整い、さらに教育の充実度が増した淑徳中学校です。

SCHOOL DATA

◇ 東京都板橋区前野町5-14-1
◇ 東武東上線「ときわ台」・都営三田線「志村三丁目」徒歩13分
◇ 男子222名、女子286名
◇ 03-3969-7411
◇ http://www.shukutoku.ed.jp/

淑徳ＳＣ中等部

しゅく　とく

東京
文京区

女子校

進行形の伝統の女子教育

淑徳ＳＣの歴史は、1892年（明治25年）東京小石川の傳通院に創設された「淑徳女学校」に始まります。校祖輪島聞声先生が説いた「進みゆく世におくれてはならない。おおいに勉強して有為な人間になってほしい」という考えは、女性も時代を先取る精神を備えた自立した存在であるべきという、当時としては大変進歩的なものでした。

「淑徳」を備えた女性の育成という創設以来の理念と伝統を受け継ぎながら社会の変容に対応し、2008年（平成20年）に新校舎が完成すると、校名を淑徳ＳＣとして新しく生まれ変わりました。校名にある「ＳＣ」とは、「サクセスフルキャリア」のことで「よりよく生きる」ことを意味します。学力、向上心、自立心、礼節などを養い、「よりよく生きる」ための地力を身につける教育を実践しています。

よく学び、よく考え、よく生きる

淑徳ＳＣでは、一人ひとりの個性に合った

ていねいな教育が必要であると考えています。そのため、熱意あふれる教師陣が思いやりのある教育を行うことで、生徒が持つ人間性や特質を伸ばし、それぞれの能力を引き出します。

また、基礎学力を高めることはもちろんですが、自ら考え、思考する能力を養うことも重要だと考えています。「疑問を持ち」、それを「解決する」ことも学習であり、論理的な思考力を育てるために課題研究や段階的な小論文の指導を行っています。

独自のプログラムとして、DFL（Design the Future for Ladiesの頭文字をとったもの）で女性の特性を考慮して、女性ならではの人生設計を考えていく講座を6カ年をとおして実施しています。

淑徳ＳＣは、発展段階に応じた継続的・段階的な進路学習により、「理想の自分」を見つけ、その実現をめざしていける学校なのです。

SCHOOL DATA

◇ 東京都文京区小石川3-14-3
◇ 地下鉄丸ノ内線・南北線「後楽園」、都営三田線・大江戸線「春日」徒歩8分
◇ 女子のみ197名
◇ 03-3811-0237
◇ http://ssc.ed.jp/

淑徳巣鴨中学校

高い目標へ一人ひとりをしっかりと引きあげる

淑徳巣鴨は、1919年（大正8年）に社会事業家で浄土宗僧侶の長谷川良信により創立されたのが始まりです。1992年（平成4年）に男女共学化、1996年（平成8年）には中高一貫校となりました。2012年（平成24年）には新制服、新コース制となり、新たなステージが始まっています。

教育方針として「感恩奉仕」を掲げています。すべてのことに感謝することができ、その感謝の気持ちをすべてのことに奉仕していくことのできる人間を育てています。

特色ある教育内容も魅力です。淑徳巣鴨では、学習や生活にメリハリをつけ、より計画的な学校生活を送るため「5学期制」を導入しています。

グローバルランゲージラボ新設

国際教養の育成を重視している淑徳巣鴨では、2015年度（平成27年度）より、グローバルランゲージラボが新たに設置され、注目を集めています。

コミュニケーションクラスルームであるグローバルランゲージラボは、欧米の教室のような明るくポップな雰囲気があります。

ここで行われる授業は、従来型の講義形式ではなく、常駐するネイティブ教員によるコミュニケーション中心の授業形式で行われています。生徒自身の積極的な活動をうながし、ディベート力やプレゼンテーション力を培います。

ICT教育の拡充

また、人は五感のうち、視覚から情報を得る割合が80％を超えるといわれています。ICT教育にも力を入れている淑徳巣鴨では、すべての教室に電子黒板機能のついたプロジェクターが設置され、教科書や資料集に加えてデジタル教材を駆使することで、新たな発見や知識の定着度の向上をはかり、「楽しく学びつづける」ことができます。

SCHOOL DATA

◇ 東京都豊島区西巣鴨2-22-16
◇ 都営三田線「西巣鴨」徒歩3分、都電荒川線「庚申塚」徒歩4分、JR線「板橋」徒歩10分、東武東上線「北池袋」徒歩15分、JR線ほか「池袋」よりバス
◇ 男子143名、女子138名
◇ 03-3918-6451
◇ http://www.shukusu.ed.jp/

順天中学校

理想の未来へと導く一貫教育

順天中学校は、「順天求合」という建学の精神のもと1834年（天保5年）に創立された順天堂塾に始まり、今年で180年の歴史を刻んできました。そんな伝統ある順天中学校の教育理念は「英知を持って国際社会で活躍できる人間を育成する」ことです。知識だけではない、思考力や表現力をそなえた創造的学力を養い、グローバルスタンダードな人間観や世界観を持った国際的な人間性を育てています。

独自の「系統」「探究」「総合」学習

そうした目標を実現するため、6年間を基礎期・養成期・完成期という3つの段階に分け、進路目標を掲げています。

教科学習においては、主要3教科（国語・数学・英語）の授業時間が公立中学校よりも700時間以上も多く設定された独自のプログラムが行われています。

これまで以上に十分な時間をかけた「系統学習」として、体系的な学習を重視し、基礎から応用までらせん状に繰り返し、完全習得をめざします。中1では3学級4講座の習熟度別授業が行われ、中2以降は選抜クラスと特進クラスに分かれます。

社会・理科は、体系的な教科学習に加えて、問題を発見し解決していこうという「探究学習」が行われています。

そのほかの、芸術・技術家庭・保健体育・道徳の実践的な4教科は、合科（クロスカリキュラム）を展開する「総合学習」と位置づけています。

すべての教科に体験的な課外活動を組み入れ、豊かな表現力やコミュニケーション力を育て、フィールドワークやワークショップをとおして、自分の進路選択を考えていきます。

こうした取り組みにより、生徒たちは、「より高みの自分」へと意識をシフトしていき、それが進学校として確かな実績を残すことにつながっています。

SCHOOL DATA

◇ 東京都北区王子本町1-17-13
◇ JR線・地下鉄南北線「王子」、都電荒川線「王子駅前」徒歩3分
◇ 男子151名、女子119名
◇ 03-3908-2966
◇ http://www.junten.ed.jp/

頌栄女子学院中学校

東京
港区
女子校

キリスト教に基づき理想の女子教育を行う

頌栄女子学院中学校・高等学校は、キリスト教の学校で、聖書の教えを徳育の基礎においています。

校名「頌栄」は神の栄光をほめたたえるという意味で、学院の特色を表します。

また、土曜日を休日にして日曜日には教会の礼拝に参加することを奨励しているほか、入学式・卒業式などの学校行事は礼拝で始まり、週日にも毎朝礼拝があります。

頌栄女子学院の特徴は、聖書の時間があることと、数学・英語の授業時数が標準よりも多いことです。数学と英語（一部学年）の授業は、中・高とも少人数習熟度別の特別クラス編成で行います。

また、コース制を採用し、高2からは文科コースと理科コースに、さらに高3では理科コースがふたつに分けられます。高3では、コース別の授業のほかに主要科目を中心とした受験講習があり、進路に合わせて自由に選択することが可能です。

多彩な英語教育と高い進学実績

英語の授業は中1〜高1では週6時間を配当し、各学級を2分割して少人数制による授業を行っています。高2・高3では、学年を習熟度別に7クラスに分け、個々の到達度に応じた効果的な学習指導を実施しています。また、高校卒業までに英検2級以上を取得することを目標としています。

そのほか、語学修養の機会として中学では軽井沢での英会話研修およびカナダ語学研修、高校ではイギリス語学研修を希望者のために設けています。

大学進学実績では、長期の計画に基づいて中3より進路指導を行っています。このほか説明会や卒業生の体験談を聞く会などを設けています。こうした取り組みの結果、難関大学進学者が着実に増加し、卒業生の半数程度が現役で国公立大や早稲田大・慶應義塾大・上智大など難関私立大へ進学しています。

SCHOOL DATA

◇ 東京都港区白金台2-26-5
◇ 都営浅草線「高輪台」徒歩1分、JR線・東急池上線「五反田」地下鉄南北線・都営三田線「白金台」徒歩10分、JR線・京浜急行線「品川」徒歩12分
◇ 女子のみ680名
◇ 03-3441-2005
◇ http://www.shoei.ed.jp/

城西大学附属城西中学校

東京
豊島区
共学校

自由な校風のもと大切にする「報恩感謝」の心

さまざまな個性が共生する城西教育

城西大学附属城西中学・高等学校が所属する城西学園は、1918年（大正7年）、大正デモクラシーを背景とした自由主義教育の私学として誕生しました。そのため、創立当初からつづく自由な校風のもと「報恩感謝」を校訓とし、子どもたちの「豊かな人間性」「自主・自立の精神」の育成に努めてきました。

さまざまな個性が共生しあう環境が形成されるなかからすぐれた人間性を育むために、学校生活の基本となるホームルームを学力で分けることはしません。生徒たちは互いに学びあい、助けあうことで、ちがいを認め、自然と「共生」の感覚を身につけていきます。

カリキュラムは、中学では基礎基本の徹底と、先取り教育をあわせながら、学力差がでやすい数学と英語について習熟度別授業を実施し、個人の実力を養成していきます。高校では希望進路により、2年次より文理のクラス分けがされ、3年次より志望学部に合わせた学部系統別のクラス分けとなります。

国際理解教育の新たな展開

2016年度（平成28年度）入学生よりGA（グローバルアーツ）クラスと普通クラスを統合して新たな「普通クラス」を展開します。いままでGAクラスだけで実践してきた体験型プログラムなどを全クラスで行い、21世紀の教育に求められる主体的に考える力、他を受け入れ協調していく力を伸ばす教育に学校全体で取り組んでいきます。

また、帰国子女対象の入試を複数回実施するため、各々の帰国時期に合わせた受験が可能です。新しいクラスではグローバル教育の一環として多くの生徒が帰国生と生活の場をともにできる環境をつくります。さらにアメリカ、オーストラリアなどにある姉妹校への留学やその他海外研修プログラムもいっそう充実していきます。

SCHOOL DATA

◇ 東京都豊島区千早1-10-26
◇ 地下鉄有楽町線・副都心線「要町」徒歩6分、西武池袋線「椎名町」徒歩7分
◇ 男子119名、女子93名
◇ 03-3973-6331
◇ http://josaigakuen.ac.jp/

聖徳学園中学校

ICT×Global×Active Learning

■学校の特色

聖徳太子の「和」の教えをもとに、生徒の「個性」「創造性」「国際性」の育成を教育方針とします。教師と生徒の距離が近いアットホームな校風のもと、中１・中２では２名クラス担任制、また英・数の習熟度別分割授業など、一人ひとりを大切にするきめ細かな教育を行い、６年間で生徒の学力を伸ばします。

■グローバル教育

英語教育に力を入れるのみならず、思考力の育成にも取り組んでいます。多角的に脳を刺激して問題解決能力を養う中１・中２の「知能開発」から、高２のクリティカル・シンキングまで一貫して「考える力」を伸ばす授業を行っています。また、新潟県での農家民泊（中１）・関西文化研修（中２）などをとおして日本を知ることから始まり、希望制でアメリカやニュージーランド、イギリスの語学研修へと段階を追って世界を広げる機会が用意されています。また、杏林大の協力により課題研究を行うグローバルセミナーも行われています。

■ICT教育

中学１年生全員がiPadを持って入学。iPadを使ったアクティブな授業が行われています。また、さまざまな機会をつうじて生徒のプレゼンテーション能力を高めています。

■進学セミナー

各学年に選抜クラスを設置し、学習意欲の高い生徒に進度・深度に負荷をかけた授業を行い、さらに中学で教養セミナー、高校では進学セミナーという課外授業に参加し学力向上をめざすプログラムも用意されています。

難関大学にチャレンジ

2015年度は、188名の卒業生に対し、国公立に11名（現役９名）、早慶上理に37名（現役30名）、GMARCHに91名（現役78名）の合格者をだし、「入学時に比べて卒業時に学力が伸びる学校」としての評価を受けています。

SCHOOL DATA

◇ 東京都武蔵野市境南町2-11-8
◇ JR線・西武多摩川線「武蔵境」徒歩３分
◇ 男子173名、女子85名
◇ 0422-31-5121
◇ http://www.shotoku.ed.jp/

城北中学校

教育目標「人間形成と大学進学」を具現化

城北中学校・高等学校の教育目標は「人間形成と大学進学」です。創立者・深井鑑一郎先生は、儒学に裏づけされた規律正しい生活習慣や礼儀、厳しい態度で公正を守る「質実厳正」の教えを教育の根底にすえており、その精神は現在も受け継がれています。

城北の考える人間形成とは「社会に有為な人間を育成する」ということです。社会を支え導くリーダーを育てるために、クラブ活動や行事も大切に考え、コミュニケーション能力や統率力などの力を培っています。

発達段階に合わせた理想の「三期体制」

城北では、６年間を「基礎期」「錬成期」「習熟期」と２年ずつ３期に分け、生徒の発達・変化に応じた指導を行っています。

中１・中２の「基礎期」は、基本的な生活習慣、各教科の基礎を身につけます。小テストや個別指導、補習を行うことで、確実に基礎力を養っていきます。原則的に中学校の内容はこの基礎期で修了します。

中３・高１の「錬成期」は自立的・自主的な学習生活の確立をめざします。中２までの先取り教育によって中３以降は時間に余裕がうまれるので、高校の内容をていねいに学んでいくことができます。また、自分に合った進路を見つけていく期間でもあります。

そして、高２・高３の「習熟期」は、より高い学力と豊かな教養を身につけ、進学への意識を高めていきます。さらに、高２から進路別にコースに分かれます。

こうした教育の結果、毎年難関大に多くの合格者を輩出しています。2015年度（平成27年度）も難関４大学（東京大・京都大・東京工大・一橋大）に32名、その他の国公立大に73名、早稲田大・慶應義塾大・上智大は193名という実績をあげました。

城北中学校・高等学校は、建学の精神を具現化し、豊かな人間性と確かな学力を身につけるための教育を行っています。

SCHOOL DATA

◇ 東京都板橋区東新町2-28-1
◇ 東武東上線「上板橋」徒歩10分、地下鉄有楽町線・副都心線「小竹向原」徒歩20分
◇ 男子のみ919名
◇ 03-3956-3157
◇ http://www.johoku.ac.jp/

昭和女子大学附属昭和中学校

東京
世田谷区

女子校

「世の光となろう」を目標としてグローバル社会で輝く

豊かな人間性としっかりとした学力を

創立者・人見圓吉、緑夫妻は、偉大な教育者でもあったロシアの文豪トルストイのヒューマニズムに満ちた教育観に共鳴し、1920年（大正9年）、学校を創立しました。その誠実で自立心に富み、自己実現をめざしながら社会に貢献できる人間を育成する姿勢は、学校目標「世の光となろう」という言葉にしめされています。

知識だけでなく、知育・徳育・体育の面でバランスのとれた人間を育む全人教育を実践してきました。そのうえに2016年、昭和女子大学附属昭和は、次のステージへあがります。昨年度からスーパーグローバルハイスクール（SGH）に指定されたことを受けて、思考力、プレゼンテーション能力など「知識や技能を活用する能力」とグローバルマインドをバランスよく磨き、チャレンジ精神旺盛で、人のために尽くせる女性を育てる新しい中高一貫プログラムをスタートさせます。

全コースで一歩進んだグローバル教育を実践し、充実した語学力と確かなグローバルマインドを身につけます。また1年間の海外留学が必修となり、高度な語学力とコミュニケーション力を養うグローバル留学コースも設置されます。

6年間を縦割りにした年齢の異なる集団活動「朋友班」は、伝統的に継承され、レクリエーションや環境美化などに取り組みます。上級生が責任を持ってグループをまとめ、下級生は上級生を見習うなど、校内にはたくさんの「姉妹」が誕生しています。まるで家族のような雰囲気のなか、協調性や自主性を身につけ、生徒の個性と人間性を育みます。

昭和女子大へは成績や人物などを総合的に判断し、学校長の推薦により進学します。この推薦を得ながら、他大学を受験することもできます。こうした制度で生徒の可能性への挑戦を応援しています。

SCHOOL DATA

◇ 東京都世田谷区太子堂1-7-57
◇ 東急田園都市線・世田谷線「三軒茶屋」徒歩7分
◇ 女子のみ669名
◇ 03-3411-5115
◇ http://jhs.swu.ac.jp/

女子学院中学校

東京
千代田区

女子校

自主性を尊重した明るく自由な校風

創立は1870年（明治3年）。140年以上という長い歴史に育まれた女子学院は、キリスト教主義を教育理念として、独特の校風を培ってきました。学校の規則はほとんどなく、制服もありません。

こうした自由な雰囲気のなかで、生徒たちは自主性を持った生活をしています。ほんとうの意味で自立した女性の育成をめざす女子学院の教育は、多くの保護者や生徒たちから高い支持を集めています。

完全中高一貫教育で洗練された授業

多くの生徒が難関大学への入学をめざしていますが、学校の授業はとくに大学入試だけを目的にしたものではありません。じっくり考え、ものごとへの興味と関心を養う授業が基本となっています。

前後期の2期制で、授業は週5日・30時間で行われます。中高6年間の一貫教育の利点をいかし、教科間の重なりを整理した効率のよいものになっています。科目によってはクラスを分割した授業も行われています。

また、実験・観察と考察、レポート、作文、作品制作なども多く、学習の仕方を体得していきます。

女子学院独自の科目として、各学年に「聖書」の授業がおかれています。高校では「近現代史」、「キリスト教音楽」の授業があります。

また、高2までは基本的な学力の育成と心身のバランスのとれた成長をめざし、全科目を共通に学んでいます。高3では、一人ひとりの個性や可能性に応じた選択科目を用意しています。

総合的な学習の時間も6年間を見通した目標を立て、学校行事を中心にその準備活動やまとめを組み合わせて行うことで生徒の成長へとつなげています。

女子学院では、こうした教育体制により、自主的に勉強に向かう姿勢が養われ、高い大学合格実績につながっています。

SCHOOL DATA

◇ 東京都千代田区一番町22-10
◇ 地下鉄有楽町線「麹町」徒歩3分、地下鉄半蔵門線「半蔵門」徒歩6分、JR線・都営新宿線「市ヶ谷」徒歩8分
◇ 女子のみ689名
◇ 03-3263-1711
◇ http://www.joshigakuin.ed.jp/

女子聖学院中学校

英語教育をバージョンアップ

女子聖学院は1905年（明治38年）に創立されたミッションスクールです。初代院長バーサ・クローソンはアメリカのプロテスタント教会から派遣された宣教師でした。

教育の基盤はキリスト教に基づく人間教育です。毎朝行う15分の礼拝は、チャペルで心静かに祈る大切な時間です。そのほか「人間教育プログラム」として、中1で「いのち・賜物」を主題とする「翠の学校」、中2で「自己啓発」を目標に遠足や講習会を実施。中3では北海道修学旅行、ライフプランニングなどをとおし「社会の中の自分」を見つめます。

英語教育・進路教育

主要5教科の授業時間数をじゅうぶん確保して基礎学力の充実に力をそそいでいます。英語教育を重視し、中学では少人数習熟度別クラス制を実施。英会話のほかにも上級者向けには週1時間オールイングリッシュ授業を行っています。高校ではさまざまな選択科目

も用意され、高2、高3ではクリエイティブ・ライティング（上級者向けの英作文）が選択でき、ネイティブ教師の指導で英文エッセイを書きます。

女子聖学院の国際理解教育は、文化や言語のちがいを越えて世界の人々と共に生きる力を養う土台をつくることを目的としています。中1から高2まで、すべての学年で必修の特別プログラムを実施しています。各学年とも3日間にわたって少人数グループで楽しく英語に浸ることができ、各プログラムの締めくくりには全員が英語でプレゼンテーションを行います。希望者にはホームステイ、ターム留学や年間留学などの海外プログラムも用意されています。卒業後の進路として、海外大学指定校推薦制度（アメリカ、イギリス、オーストラリア、カナダ）もあります。

また、難関大入試やセンター試験の対策から補習まで多彩な学習支援プログラムがあり、有名大へ多数の合格者をだしています。

SCHOOL DATA

◇ 東京都北区中里3-12-2

◇ JR線「駒込」徒歩7分、地下鉄南北線「駒込」徒歩8分、JR線「上中里」徒歩10分

◇ 女子のみ424名

◇ 03-3917-5377（広報室直通）

◇ http://www.joshiseigakuin.ed.jp/

女子美術大学付属中学校

美を柱とする教育で夢にあふれた人間を育成

杉並区の閑静な住宅街にある女子美術大学付属中学校・高等学校。所属する女子美術大学は、1900年（明治33年）に設立許可を受けた、古い歴史を有する大学です。100年を超すその歴史のなかからは、片岡珠子、三岸節子、堀文子など多くの優秀な美術家を世に送りだしてきました。

女子美では、「我が国の文化に貢献する有能な女性の育成」という建学の精神のもと、「智の美、芸（わざ）の美、心の美」を目標に、知性と感性の両面に力を入れた教育を実践しており、将来美術のみならず幅広い分野で活躍できる人材を育成しています。

美術に重点をおいたカリキュラム

中学校のカリキュラムの最大の特徴は、義務教育期間としての学習をきちんとやりながら美術の時間を週4時間確保している点です。そのぶん、学習では日常の朝学習と補習の機会を多く設け、週6日を充実して過ごし

ます。美術は高校・大学への一貫性をふまえ、絵画・デザインのほかに彫刻・陶芸・版画・染織・美術鑑賞も行い、生徒が美術の世界に触れる楽しさを理解することに重点が置かれています。

高校は普通科としての学習を重視しながら美術の時間を週7〜10時間学びます。専門家への道を拓くとともに、人間性豊かで高度な感受性を備えた、調和のとれた人間の育成をめざしています。2年次からは絵画コース、デザインコースのいずれかを選択し、それぞれの分野で専門的に学ぶとともに、デッサンを中心とした基礎実技を3年間行い、確かな実技力を養成します。

「美術が好き」を入口として自己実現の場を模索し、進路は多岐にわたります。毎年約90％が美術系、10％が文系、理系に第一希望で進学します。美術系その他あらゆる希望に応える仕組みがカリキュラムに組みこまれています。

SCHOOL DATA

◇ 東京都杉並区和田1-49-8

◇ 地下鉄丸ノ内線「東高円寺」徒歩8分

◇ 女子のみ420名

◇ 03-5340-4541

◇ http://www.joshibi.ac.jp/fuzoku/

白梅学園清修中高一貫部

気品とフロンティア精神を備えた女性を育成

2006年に開校した白梅学園清修中高一貫部。同じ学園には、伝統ある白梅学園高等学校がありますが、席を異にする新たな女子の中高一貫教育を行う学校です。

校名「清修」は、「厳冬にあっても凛と咲く白梅のような清々しい姿で学び修め、気品とフロンティア精神を兼ね備えた女性に育てる」という熱き思いがこめられています。

特長的な学習プログラム

白梅学園清修の教育は、大学進学をめざした、日々の授業を最も重視する教育が基本です。全教室に電子ボードを導入し、視覚により訴えかける授業を展開しています。建物中央に吹き抜けがある校舎は、開放的で明るい空間です。

毎日の授業前には、学年ごとに設定した課題に取り組む朝学習の時間があります。この積み重ねは、高校2年時に全員が行う5000字の論文で実を結ぶこととなります。

また、従来の部活動にかわるものとして「エリアコラボレーション」があります。これは、近隣の専門家を招き、指導してもらう取り組みです。ダンス、テニスなどの運動系はもちろん、弦楽器、茶道、演劇、鉄道模型などの文芸系もあります。曜日ごとに活動が異なり、複数の活動への参加も可能です。

国際感覚を持ち、社会の一線で活躍できる人材の育成をめざしている白梅学園清修では、6年間でふたつの「海外研修」を体験します。

まずは、中学課程でイギリスへ行き、英語の授業を各国の生徒といっしょに学び、寮生活も体験します。また、中学では英語授業の大半をネイティブ教員が担当するため、研修前の準備だけではなく、研修後にもより英語力を伸ばすことができます。そして、高校課程では、フランスを拠点にヨーロッパを巡り、文化的・歴史的な遺産に触れながら視野を広げる経験をします。

SCHOOL DATA

- ◇ 東京都小平市小川町1-830
- ◇ 西武国分寺線「鷹の台」徒歩13分
- ◇ 女子のみ65名
- ◇ 042-346-5129
- ◇ http://seishu.shiraume.ac.jp/

白百合学園中学校

キリストの愛の教えに基づく全人教育

白百合学園の設立母体は、17世紀に誕生したシャルトル聖パウロ修道女会です。1878年（明治11年）、函館に上陸した3人のフランス人修道女により日本での活動が始まりました。1881年（明治14年）に東京に学校が設立されて以来130年以上にわたって、誠実さと愛をもって社会に貢献できる子女の育成をめざし、「キリストの愛の教え」に基づく全人教育を行っています。

白百合学園では、週5日制のゆとりあるカリキュラムのもと、家庭との連絡を密にしながら、一人ひとりに与えられた能力を豊かに開花させるためのきめ細やかな指導を行っています。宗教教育を基盤とする学園生活のあらゆる場面で、生徒たちは「愛と奉仕」の心を学び成長していきます。

中学1～2年生は基礎的な学力・体力を養成し、ものごとへの意欲と豊かな感性を身につけることが目標です。中学3年生～高校1年生では基礎・基本の定着に重点をおき、自己の確立と個性の発見に努めます。

高校2～3年生は確立した基礎力の上に、自己実現に向けた発展的な学力開発をめざす2年間です。高校2年生から進路（文・理・芸術）に合わせた科目を選択し、高校3年生では大学卒業後の将来像を見つめたうえで具体的な「進路」を決定します。つねに「授業を大切に」という指導を行い、生徒もそれに応えています。

中学からフランス語の学習

白百合学園の教育の大きな特色のひとつとして、外国語教育があげられます。中学3年間は英語とフランス語を平行して学びます。少人数クラスでコミュニケーション能力を養い、2カ国語を学ぶことで豊かな国際感覚の育成を目標としています。高校では一方を第1外国語として集中的に学び、応用力と実践力を養います。スピーチや劇の発表など外国語で自己表現する機会も多く設けています。

SCHOOL DATA

- ◇ 東京都千代田区九段北2-4-1
- ◇ JR線・地下鉄東西線・有楽町線・南北線・都営大江戸線「飯田橋」、地下鉄東西線・半蔵門線・都営新宿線「九段下」徒歩10分
- ◇ 女子のみ579名
- ◇ 03-3234-6661
- ◇ http://www.shirayuri.ed.jp/

巣鴨中学校

東京 豊島区　男子校

少年を伸ばす「努力主義」の教育を実践

日々の努力が真のエリートを生む

巣鴨中学校・高等学校の歴史は、1910年（明治43年）に、遠藤隆吉博士が男子英才教育と人間研究の実践をめざして創立した私塾「巣園学舎」に始まります。

以来、創立者の「建学の趣旨」と「教育の根本理念」（＝努力主義と英才早教育）を中核として今日まで10代の少年たちの教育にあたってきました。

巣鴨中学校の「努力主義」とは、勉強を中心としたすべての面で、そのときどきに必要なことを能力に応じてこなしていくことによって、心身を成長させていこうとするものです。現在の力では少しだけむずかしいことが課されるかもしれません。しかし、だからこそ巣鴨では、がんばらなければできなかった、努力したからできたという達成感を、先生や級友たちとの学校生活のなかで日々味わえるはずです。その積み重ねが、高い能力と「万人に通ずる真にやさしい心」とをあわせ持った「真のエリート」を生みだしていくのです。

6年一貫のカリキュラムは、中1でも高校生用教科書を使用するなどの先取り学習を含みながらも、全教科の内容を無理なく深く身につけられるように工夫してあります。

また、「全校有段者主義」を掲げて中学生は剣道を必修とし（高校生は柔道または剣道を必修）、卒業時までには半数以上の生徒が有段者になっています。

さらに、大菩薩峠越え強歩大会や早朝寒稽古など、巣鴨独自のさまざまな行事を実施しています。

巣鴨では、現在校舎を改築中で、高校は2013年（平成25年）9月から、中学は2014年（平成26年）9月から新校舎での授業が始まっています。

特別教室等のある教室棟は2015年（平成27年）8月に竣工予定で、これにより、全校舎の改築が完了します。

SCHOOL DATA

◇ 東京都豊島区上池袋1-21-1
◇ JR線「大塚」徒歩10分、JR線・私鉄各線・地下鉄丸ノ内線「池袋」徒歩15分ほか
◇ 男子のみ666名
◇ 03-3918-5311
◇ http://www.sugamo.ed.jp/

聖学院中学校

東京 北区　男子校

知識の土台となる基礎学習

聖学院では、生徒に真のゆとりをもたらす教育という観点から、週6日制を維持しています。英語や数学では従来以上の授業時間数を設けています。とくに力を入れているのは「基礎力の養成」です。とくに暗記が必要とされる科目は、そうした能力が豊かな低学年のうちから時間数を厚く充当します。

英語は中1から、数学は中3から習熟度別のクラス編成を実施し、それぞれの理解度に応じた学習ができるように配慮しています。

基本的には中2までで中学の基礎力を養成し、中3の後半からは高校課程を意識した学習へ入ります。さらに、聖学院の人間教育のいしずえとなる毎朝15分間の「礼拝の時間」を組みこみ、キリスト教精神から、自らの行動に責任を持つ意識を芽生えさせ、自学自習できる環境を育んでいきます。

英語の聖学院　一人ひとりが主人公

これからの若者にとっては、世界が活躍のフィールドです。英語はそのために当然必要なツールとなります。「英語の聖学院」と言われる聖学院では、とくに英語教育に力を入れてきました。キーワードは"使える英語"です。

教員と生徒のコミュニケーションを重視して、中1から少人数制の授業を行い、中2からは4グレードの習熟度別のクラス編成を実施しています。教科書は『New Crown』を使用し、授業では電子黒板を利用しています。さらに、英語力の高い生徒たちのために「SSクラス（英検2級以上のレヴェル）」を編成し大きな成果をあげています。

聖学院のモットーは、生徒一人ひとりの将来を見つめたきめ細かな指導。少人数教育を基本に、6年間で実力を伸ばし、将来につなげる教育を実践しています。

自分だけの夢をドラマに描き、その主人公として生きていく力と自信を身につけること、それが「聖学院のOnly One教育」です。

SCHOOL DATA

◇ 東京都北区中里3-12-1
◇ JR線「駒込」徒歩5分、地下鉄南北線「駒込」徒歩7分、JR線「上中里」徒歩12分
◇ 男子のみ453名
◇ 03-3917-1121
◇ http://www.seig-boys.org/

東京 神奈川 千葉 埼玉 茨城 寮制

あ行 か行 さ行 た行 な行 は行 ま行 や行 ら行 わ行

成蹊中学校

せい けい

バランスのとれた人格形成、多彩な進学先

多彩な生徒たちがともに学ぶ意味

「個性の尊重」「品性の陶冶」「勤労の実践」という建学の理念に基づき、グローバル社会のなかでも知性や品性をバランスよく備え、社会人としての責任を果たすことのできる主体性と社会性に富んだ人格育成をめざしている成蹊中学校。成蹊小学校、海外からの帰国生など多数の入り口より生徒が入学し、多様な背景を持つ個性的な生徒たちがともに学び、偏らないものの見方や、他者を理解し尊重する姿勢を身につけていきます。

とう や

多彩な進路を支える教育システム

文化、科学の根底から学ぶ授業カリキュラムのもと、偏りのない学習をするなかから自らの適性を発見するプロセスが、回り道のようですが最善です。この考え方のもと、高1までは全員が同じ内容を学び、高2で文・理コース選択、高3では進学先に応じた18種類のコースからひとつを選びます。このように、成蹊大へ進学する約3割の生徒と全国の国公私立大へ進む約7割の生徒の両方に対応するよう念入りに計画されたカリキュラムに加え、卒業生の協力を得た進路ガイダンスなどの行事が組みあわされ、医歯薬、芸術分野を含む多彩な進路が実現しています。

多彩な国際理解教育活動

1949年開始の交換留学をはじめ、長期・短期のさまざまな留学機会が用意されています。留学中（1年間）の単位認定や授業料などを半額にする制度を整え、留学を後押ししています。短期留学には、50年余の歴史を持つカウラ高校との交流のほか、ケンブリッジ大学、UC-Davisとの提携プログラムなど、将来の進路選択を見据えた成蹊ならではの特色あるプログラムを実施しています。また、高校では留学生受け入れを常時していますので、日常的に国際交流の機会があります。

SCHOOL DATA

◇ 東京都武蔵野市吉祥寺北町3-10-13
◇ JR線・地下鉄東西線・京王井の頭線「吉祥寺」、西武新宿線「武蔵関」徒歩20分またはバス
◇ 男子415名、女子374名
◇ 0422-37-3818
◇ http://www.seikei.ac.jp/jsh/

成城中学校

せい じょう

グローバル時代のリーダー育成

2015年（平成27年）に創立130周年を迎えた成城中高は林間学校・臨海学校を全国に先駆けて開設した教育界の草分け的学校です。伝統ある校章は「知・仁・勇」を表す三光星。次代を生きる賢明でチームワークを得意とする、チャレンジ精神旺盛なグローバル・リーダーの姿をも象徴しています。

2015年竣工の新校舎

都営大江戸線「牛込柳町駅」西口から徒歩1分、繁華街や大通りがなく安全に通学できます。近県からのアクセスもよく、教育・研究機関に囲まれています。こうした最高の校地に、2015年（平成27年）1月、新校舎が竣工しました。現存の体育館（バレーコート4面）、温水プール、図書館（蔵書3万4千冊）に加え、人工芝のグラウンド・地下体育室・自修館（チューター常駐19時まで開館の自習室）・実験室（物理・化学・生物）など、さまざまな施設が拡充しています。

生徒と教師の距離がとても近い学校

自ら課題を発見し、解決策が見つかるまで考え抜く。志が高く、好奇心の強い生徒が成城生の姿です。

2013年度（平成25年度）から「エンパワーメント・プログラム」（中3・高1・高2希望者対象）を開始しました。カリフォルニア大学の学生を招き、議論・企画・発表をすべて英語で行います。初日には消極的だった生徒も、最終日には自分の意見を物怖じせず発表できるようになります。こうした積極性こそがグローバル・リーダーに求められる姿勢です。

成城は、先生と生徒の距離がとても近い学校です。生徒・教師・家庭の3者が協力し、多少の失敗でもへこたれずに挑戦しつづける青年を育てます。勉強も部活もがんばって、最高の6年間を過ごしたいという欲張りな男の子にうってつけの学校です。

SCHOOL DATA

◇ 東京都新宿区原町3-87
◇ 都営大江戸線「牛込柳町」徒歩1分
◇ 男子のみ764名
◇ 03-3341-6141
◇ http://www.seijogakko.ed.jp/

成城学園中学校

100年の歴史に引き継がれる理念

閑静な成城の住宅街が広がる「成城学園前」駅のすぐ近くに、成城学園中学校・高等学校はあります。

所属する成城学園は、幼稚園から大学・大学院までを擁する総合学園です。教育理念として掲げている「個性尊重の教育」「自然と親しむ教育」「心情の教育」「科学的研究を基とする教育」の4項目は、全学園に一貫して受け継がれています。

中高のキャンパスは大学や短期大学と同じ敷地内にあります。大学生と中高生が混じり合い、歩いている姿はとても自然であり、キャンパスで学園生活を送る中高生は、身近に大学生の存在を感じることで、将来像を具体的に描くことができるようになります。

「自学自習」の姿勢が身につく6年間

中学校での学習は、基礎基本の充実をはかるため、体育や技術家庭だけにとどまらず、英・数・社などの教科でも少人数の分割授業が行われます。その分け方は、習熟度別であったり、男女別、出席番号別など、より効果的な分け方が考えられています。また、中1では1クラス30人編制のきめ細かい指導により、学習習慣・生活習慣を身につけていきます。

中3から英語と数学で習熟度別授業が行われ、高2で生徒それぞれの進路に合わせたコース別のクラス編成となります。

成城大への内部推薦生の他大学併願は、全学部で自由化されており、浪人への不安を抱えることなく希望する進路に向けて果敢にチャレンジすることが可能になっています。毎年、他大学併願の制度を利用したうえで大学受験に挑戦する生徒が多数います。

高2からの一人設定により、生徒の希望進路に対応した授業環境と指導体制が整えられており、しっかりとしたサポートを受けることができます。現在、成城大へは50～60％の生徒が推薦で進学しています。

SCHOOL DATA

◇ 東京都世田谷区成城6-1-20
◇ 小田急線「成城学園前」徒歩5分
◇ 男子327名、女子392名
◇ 03-3482-2105
◇ http://www.seijogakuon.ed.jp/chukou/

聖心女子学院中等科 〈帰国生入試のみ〉

学業をとおしての人間形成

聖心女子学院では、すべての教育活動をとおして、ものごとを深く味わい、他者と共感できる豊かな心を養います。創造性に富む堅実な思考力と正しい判断力を育て、愛を持って、義務を果たす習慣と、責任ある行動力を培います。

社会に役立つ人間の育成をめざしたカリキュラムの重点は、思考力と判断力の養成におかれています。中・高6年間の一貫教育の流れのなかで、発達段階に応じて学習効果を高める工夫をしています。

英語教育では、世界に貢献することをめざして、実践的な英語力を身につけることに主眼をおいています。中1から高3まで、少人数制のクラス編成で、生きた英語に触れ、自分の考えを的確に表現できる力を養うことをめざします。外国人教員による授業やイングリッシュデー（中等科）などの行事も実施しています。また、ニュージーランド姉妹校交流プログラム、オーストラリア語学研修（隔年実施・高等科）では、語学力の向上と異文化体験、姉妹校生徒との交流が経験できます。さらに、スピーチや英作文コンテストなどのコンクールにも積極的に参加し、多くの成果をあげています。

人間性を育てる情報教育

デジタルネイティブと言われる生徒たちも、その有効な利用方法とともに、便利さと表裏一体にある危険性に目を向け、自分も他人も被害者にならない生き方を学ばなければなりません。情報機器をあつかう技術だけでなく、その基盤となる人間性を育てることが求められています。聖心女子学院では総合的な学習の時間をはじめ、さまざまな機会をとおして生徒たちが情報とのかかわり方を考える時間を大切にしています。

社会に貢献する賢明な女性となるために、変容するこの時代の生き方を学び、流行に流されない判断力を身につけます。

SCHOOL DATA

◇ 東京都港区白金4-11-1
◇ 地下鉄南北線・都営三田線「白金台」徒歩11分
◇ 女子のみ368名
◇ 03-3444-7671
◇ http://www.tky-sacred-heart.ed.jp/

星美学園中学校
（せいびがくえん）

東京
北区　女子校

国際社会で貢献できる女性を育む

ミッションスクール、星美学園は一人ひとりの個性を大切にします。個々の生徒の長所に目を向け、自信を持って自分の可能性を広げられる教育が進められています。

星美スタディサポートプログラム

2012年度、星美学園では国際社会で貢献できる女性の育成をめざして「星美スタディサポートプログラム」が始まりました。調和のとれた女性を育む「身心プログラム」、確かな学力を育む「学習プログラム」、世界とつながる力を育む「国際プログラム」が三位一体となって6年間をかけて深く広がっていくプログラムです。

「身心プログラム」では礼儀作法教育、掃除プログラム、着こなし講座などで心・技・体を高めます。「学習プログラム」では星美ノートや学習進路ノートを駆使、職場体験やチューター制の利用で学ぶ意欲が高まります。「国際プログラム」では、カナダ語学研修、英語特別講座、海外研修旅行などで世界とつながる素地をつくります。

授業は少人数校の特性をさらにいかし、一人ひとりに目の届く構成です。数学と英語は中1から3グレードの習熟度別授業、高校からは本人の希望と成績により国公立大・難関私立大対応クラスと有名私立大対応クラスに分かれます。

高2からは多彩な選択教科があり、文系にも理系にも、また、途中からの進路変更にも柔軟に対応できるシステムになっています。

進路選択は自己を見つめることから始め、人のため、社会のためになにができるかという観点から、自分の将来を自らが決められるように、中1から発達段階に応じて保護者や卒業生などから世の中や職業について話を聞く機会を設けています。そのため、進路指導は担任、進路指導部や生徒指導部と密接な連携のもと、一人ひとりの個性と適性、そして成長を見守りながら進められます。

SCHOOL DATA
◇ 東京都北区赤羽台4-2-14
◇ JR線「赤羽」徒歩10分、地下鉄南北線・埼玉高速鉄道「赤羽岩淵」徒歩8分
◇ 女子のみ197名
◇ 03-3906-0054
◇ http://www.jsh.seibi.ac.jp/

成立学園中学校
（せいりつがくえん）

東京
北区　共学校

教育が変化する時代「見えない学力」＝教養を育てます

創立以来90年、成立学園高等学校は、社会の中核を担う人材の育成を掲げ、これまでに2万人を超える卒業生を世の中に送りだしてきました。

中学校は2010年（平成22年）に開校し、今春、1期生が高校3年生になり、中学生から高校生までを含めて、念願の6年一貫体制を確立しました。

「礼節・勤倹・建設」を校訓に、国際社会および地域社会が希求する「グローカル」な人材の育成に向けて、学習面・人間育成面における個性を創造し、伸長をはかる教育を展開しています。

成立学園は、東京都のターミナル駅である赤羽駅からも、東十条駅（JR京浜東北線）からもともに徒歩8分という好アクセスの学園です。

クラブ活動もさかんで、全国大会に4度出場し複数のJリーガーを輩出しているサッカー部や、甲子園出場を果たした硬式野球部を代表とする成立学園は、つねにチャレンジ精神を持ち、話題を発信している学園です。文武両立をめざしていて、その結果として、大学合格実績も続伸中です。

「自分をこえる」ための「見えない学力」育成

成立学園では、自らの意志で学び成長するために、「生涯学びつづけるための基礎力」「問題を見つける力と解決する力」「何事にも挑戦できる柔軟な心」、そして「幅広い教養」が必要だと考え、多彩な授業をつうじて知識と国際感覚を身につけ、多種多様な人間とふれあいながら過ごすことを大切にしています。

主要教科との連携を行い、教養プログラムと食育プログラムがコラボレーションした「アースプロジェクト」や「調べ学習」をバックアップし、「興味をチカラ」へ変えるためのメディアセンターを備え、「自分を超える」環境を準備しています。

SCHOOL DATA
◇ 東京都北区東十条6-9-13
◇ JR線「赤羽」・「東十条」徒歩8分、地下鉄南北線・埼玉高速鉄道「赤羽岩淵」徒歩14分
◇ 男子60名、女子25名
◇ 03-3902-5494
◇ http://www.seiritsu.ac.jp/

青稜中学校
せいりょう

東京 品川区 共学校

週6日制を堅持したていねいな指導

週6日制を堅持し、ていねいな指導を追求しつづける青稜中学校・高等学校。校舎は「下神明」「大井町」「西大井」のいずれの駅からも徒歩10分圏内という、交通至便の地にあります。

教育の根底にあるものは「人間教育」です。どのような社会でも自ら幸せを築いていける人づくりを志し、心の教育を重視しています。教育目標に「意志の教育」「情操の教育」「自己啓発の教育」を掲げています。困難にくじけない強い意志、他人の痛みを思いやる心や感謝する気持ち、美しいものに素直に感動する豊かな心、そして個性と能力を磨きつづけようという前向きな姿勢、このような心の力を育てることを教育の根幹に据えています。

英語学習への取り組み

こうした人間教育のもと、進学校として学力形成に全力をそそぎ、中高6年一貫体制を整えています。通常の授業だけではなく、生徒がじっくり向き合うことのできるさまざまな取り組みが目を引きます。

講習は「放課後講習」や「長期休暇講習」があり、中学では国語・数学・英語のみですが、高校では受験に向けて、もうひとつの学校と呼べるほど多彩な講座を設けています。

また、1年次の夏休みには八ヶ岳にある「青蘭寮」で3泊4日の英会話中心の「語学セミナー」が、2・3年次の夏休みには3週間の「セブ島研修」が実施されます。高校では、「イギリス英語研修」、「海外短期留学」を実施しています。そのほか中学では、「英語早朝学習」、「English Fun Program」もあり、さまざまな角度からの英語学習への取り組みを実施しています。

高校では、国公立・理系大学への進学の対応を強化し、最も効率的に学べるように受験指導体制を整えています。この結果、進学実績が着実に向上し、さらなる伸びが期待されています。

SCHOOL DATA

◇ 東京都品川区二葉1-6-6
◇ 東急大井町線「下神明」徒歩1分、JR線・りんかい線「大井町」徒歩7分、JR線「西大井」徒歩10分
◇ 男子325名、女子115名
◇ 03-3782-1502
◇ http://www.seiryo-js.ed.jp/

東京 神奈川 千葉 埼玉 茨城 寮制

世田谷学園中学校
せたがやがくえん

東京 世田谷区 男子校

Think & Share の精神で教育を実践

「Think & Share」の教育理念を掲げ、優秀な人材を輩出する世田谷学園中学校・高等学校。仏教の禅の教えを基にした人間教育を行うとともに、進学校として独自の教育を展開しています。

世田谷学園の「Think & Share」とは、釈尊の言葉「天上天下唯我独尊」を英訳したものです。「この世界で、私には、私だけが持っているかけがえのない価値がある。それと同じように、私だけではなくすべての人びとにその人だけが持っているかけがえのない価値がある」ことを表します。

この言葉の「Think」とは考える力を極限まで高め、自己の確立をはかるとともに進むべき道を見つけることで、「Share」とはまわりの人々の意見に耳を傾け、お互いに助け尊重しあう大きな心を育てることです。こうして、生徒の学力向上だけではなく、人間的な魅力と社会性を磨いていくことに力をそそいでいます。

志望大学合格のための体系的授業

世田谷学園の6年間は、前・中・後期の3期に分け、志望大学合格のための進路別・学力別のカリキュラムが組まれています。また、「コンパス（各教科の学習指針をしめしたもの）」が学年別に配布されるので、生徒は自主的・計画的に学習することができます。

中2より、東京大をめざす特進クラス1クラスと、学力均等の4クラスの計5クラスを編成しています。特進クラスは固定的ではなく、1年間の成績により、必要に応じて編成替えが行われます。こうして、高2までで高等学校の全課程をほぼ修了し、高3では大学合格に向けた演習中心の授業となります。

綿密な教育システムにより、2015年度（平成27年度）は東京大4名、京都大1名、東京工大5名、一橋大5名、早稲田大79名、慶應義塾大74名、上智大54名と難関大学に多くの合格者を輩出しています。

SCHOOL DATA

◇ 東京都世田谷区三宿1-16-31
◇ 東急田園都市線・世田谷線「三軒茶屋」徒歩10分、京王井の頭線「池の上」徒歩20分、小田急線・京王井の頭線「下北沢」徒歩25分
◇ 男子のみ678名
◇ 03-3411-8661
◇ http://www.setagayagakuen.ac.jp/

あ か さ た な は ま や ら わ

高輪中学校

東京
港区

男子校

高く 大きく 豊かに 深く

「見えるものの奥にある 見えないものを見つめよう」を教育理念とする高輪中学校・高等学校。「なにごとも表面を見るだけでなく、その奥にある本質を探究することが大切」という精神を6年間に学び、さらに本質から得たものを、表現・伝達する方法・手段を身につけていきます。

高輪では、ふたつの教育目標を掲げています。「大学へ進学させるための指導」と「人を育てる指導」です。ほとんどの生徒が大学へ進学するため、生徒が希望した大学に合格するための実力をつけていくということです。そして、社会で活躍し、だれからも信頼される次代を担うリーダーを育てることを目標としています。

本物の実力を養成するカリキュラム

高輪では、全員が大学に進学することを前提にした中高6年間一貫カリキュラムを編成しています。とくに中学の時期には、国・数・英の主要3教科にじゅうぶんな時間をあて、早い時期から基礎力を培っていきます。理・社でも中高での重複学習をさけ、特性に応じて、無理なく学習内容を再編成し、関連した事項について必要なときに必要な内容を重点的に学習することで学習効果の向上をはかっています。

多くの科目で高2までに高校の全カリキュラムを修了し、高3では余裕を持って受験の準備に取り組めるよう配慮しています。

また、中学では中1で国語の作文、英会話の授業を2分割して行うことで、生徒の理解力を高めています。高校では数学で習熟度別授業を実施し、高2からは進路に沿ったコースを選択することで、受験に直結した勉強を行うことができます。

こうした独自のカリキュラムにより、多くの生徒が自分の夢を実現しており、大学合格率は年々上昇し、大学合格実績も高いレベルを維持しています。

SCHOOL DATA

◇ 東京都港区高輪2-1-32
◇ 都営浅草線・京浜急行線「泉岳寺」徒歩3分、地下鉄南北線・都営三田線「白金高輪」徒歩5分
◇ 男子のみ722名
◇ 03-3441-7201
◇ http://www.takanawa.ed.jp/

玉川学園中学部

東京
町田市

共学校

世界標準の中高一貫教育と高大連携

玉川学園は、61万㎡の広大な敷地に幼稚園から大学・大学院、研究施設までが集う総合学園です。「全人教育」を教育理念の中心として、「人生の最も苦しい いやな 辛い 損な場面を 真っ先きに 微笑を以って担当せよ」というモットーを掲げ、自ら困難に立ち向かい、それを担う気概のある人材こそ、次世代のリーダーにふさわしい人間像であるととらえています。

世界からも認められる質の高い教育

①スーパーグローバルハイスクール指定校
②スーパーサイエンスハイスクール指定校
③IBワールドスクール（MYP・DP）認定校
④国際規模の私立学校連盟ラウンドスクエア国内唯一の加盟校

これらの認証評価を得て、教育のクオリティ向上に努めており、高い学力の獲得だけでなく、創造性や探究心、人としての教養や品格を育み、夢の実現をサポートしています。

高度で特色ある学習活動

授業では教科教室制を採用し、各教室に専任教員が常駐しているため、いつでも質問に対応できる環境が整っています。また、数学・英語では習熟度別、社会では少人数制のクラスを編成し、学習効果を高めています。

夢を実現させる充実した施設・設備

生徒の「学びたい」「調べたい」「創りたい」「表現したい」という要求に応えるべく、専門性の高い理科と芸術分野の校舎を別に設置しています。理科専門校舎の「サイテックセンター」では化学・生物・物理など、分野別に教育フロアを用意、デジタルプラネタリウムも併設し、理科への興味を喚起する工夫がされています。また、美術専門校舎の「アートセンター」では、木工・金工・染色・陶芸などの設備を有し、生徒たちの多彩なイメージを表現できる場の提供をしています。

SCHOOL DATA

◇ 東京都町田市玉川学園6-1-1
◇ 小田急線「玉川学園前」徒歩3分（正門まで）、東急田園都市線「青葉台」バス17分
◇ 男子285名、女子371名
◇ 042-739-8931
◇ http://www.tamagawa.jp/academy/

玉川聖学院中等部

キリスト教主義人格教育

キリスト教による心の教育

玉川聖学院中等部・高等部は1950年（昭和25年）、「戦後の新しい時代の青年を教育するにはキリスト教を土台に」と決意した谷口茂寿先生により設立されました。

ミッションスクールである玉川聖学院の教育は、キリスト教の世界観、人間観に基づく人格教育です。人間が最も人間らしく、そして自分が最も自分らしく生きるために、神という存在と向かいあい、そこから学ぶことを大事にしています。

「神に対しては信仰、事に対しては希望、人に対しては愛」をスクールモットーとし、思春期の6年間を発達段階とふまえて、礼拝や聖書の授業、そのほかさまざまな宗教行事などで生徒の心の教育を行っていきます。そして、一人ひとりに生きる意味があるという「かけがえのない私」に気づき、人との関係性のなかで他者とのちがいを受け入れ、「ち

がっているからすばらしということ」を発見し、ほんとうの「自分の可能性、使命」を知ることを教育方針としています。

チームで養う知の教育

玉川聖学院では、教職員だけでなく、保護者、卒業生がチームとなって一人ひとりの生徒の成長を支援するところが特徴です。中等部生がしっかりとした基礎学力をつけられるよう、卒業生によるティーチング・アシスタント制度があるほか、発達段階に応じた補習・補講が開かれています。

英語と数学では、中1から少人数での習熟度別授業が行われます。また、学習状況報告用紙により家庭学習の定着をはかり、自学自習の姿勢を身につけていきます。高校からは古典・理科系科目でも少人数での授業が行われます。平日や土曜日、長期休暇には受験対策講座が開かれるなど、大学受験へのバックアップもしっかりしています。

SCHOOL DATA

◇ 東京都世田谷区奥沢7-11-22
◇ 東急大井町線「九品仏」徒歩3分、東急東横線「自由が丘」徒歩6分
◇ 女子のみ291名
◇ 03-3702-4141
◇ http://www.tamasei.ed.jp/

多摩大学附属聖ヶ丘中学校

丘の上の学舎で、基礎学力に裏打ちされた「考える力」を育てる

教育理念は「自主研鑽・敬愛奉仕・健康明朗」。進学教育を重視しつつも、豊かな思考力や確固たる自主性、高い教養と基礎学力を身につけるとともに、アクティブ・ラーニングに力を入れることで、得意分野を伸ばすことを目標にしています。

各教室には「聖の100冊」が用意され、毎朝の10分間の読書活動を行っています。また、天体観測室、温水プールなど設備も充実しています。

3段階で、基礎学力をつける中高一貫教育

中1〜中2を基礎・基本を習得する段階、中3〜高1を個性と進路適性発見の段階、高2〜高3を応用力をつけ、伸ばす段階と3つのブロックに分けて指導しています。

英語ではデジタル教材を用いながら基本構文の理解と定着をはかると同時に、4技能を確実に伸ばすようプログラムされています。外国人教師による英会話やライティング力も

強化し、イングリッシュ・キャンプを導入して、中3でのニュージーランド修学旅行に結びつけています。数学は、すべての学年で授業→小テスト→「直しノート」（→再テスト）というサイクルで基礎力の定着を徹底。国語は、中1から古典に親しみ、暗唱をとおして古語の美しいリズムを身体で覚えます。論理力や思考力を伸ばすために「書くこと」に力を入れて指導しています。理科では中学3年間で100を超えるテーマを設け、恵まれた環境をいかして自然観察や実験を行っています。社会科では中1で年6回の社会科見学、夏季講習での現地フィールドワーク（希望制）など、調べ学習・課題学習に力点を置いています。

そのほか、入学直後のオリエンテーション合宿、体育祭、文化祭（聖祭）、芸術鑑賞会などをとおして、「本物に触れる教育」から「本質へ迫る教育」へと、新たな課題に向かって授業改革をはかっています。

SCHOOL DATA

◇ 東京都多摩市聖ヶ丘4-1-1
◇ 小田急線・京王線「永山」バス12分・スクールバス10分、京王線「聖蹟桜ヶ丘」バス16分・スクールバス15分
◇ 男子182名、女子147名
◇ 042-372-9393
◇ http://www.hijirigaoka.ed.jp/

多摩大学目黒中学校

東京
目黒区　共学校

夢の実現に向けて妥協のない学校生活

夢の実現のために進化しつづける

多摩大学目黒中学校では、生徒一人ひとりが自分の特性に気づき、個性に合った進路希望を可能なかぎり高いレベルで実現できるように、学力増進のための独自のカリキュラムを編成しています。

中学校では独自教材を使用し、反復練習によって基礎基本を徹底して身につけます。また、週4日の朝テストや、毎日2時間ぶんの宿題がでるので、自然と家庭学習の習慣を身につけることができます。そして高校では、中学時代に養った基礎を土台に、大学受験に即した授業を展開することで、大学合格に結びついた学力を身につけていきます。高2からは理系・文系に分かれ、希望進路に沿った柔軟な選択科目が用意されています。

目黒キャンパスからバスで約50分の場所に、あざみ野セミナーハウスがあります。ここは緑豊かな住宅地にあり、広大な人工芝のグラウンド、冷暖房完備の教室、多目的体育館、テニスコート、宿泊設備などが整っています。部活動での使用はもちろんですが、中学の間は、毎週1日あざみ野セミナーハウスで授業が行われます。いつもとはちがう自然豊かな環境で、心身ともにリフレッシュしながら学ぶことができるのです。

クラブ活動もさかんです。全国に名をとどろかせているサッカー部はもちろん、ダンス部や囲碁部など運動系・文化系にかかわらず、一流の指導者による指導と最高の環境がそろっています。

勉強も、クラブ活動も、大学進学も妥協しないのが多摩大学目黒です。中学生のうちからしっかりとした進学指導が行われることで、多くの生徒が自分の進路目標を定め、希望の大学に合格していきます。近年では難関大学への合格者数も上昇し、国公立・早慶上理・GMARCHの現役合格は111名を達成しました。今後への期待も高まっています。

SCHOOL DATA

◇ 東京都目黒区下目黒4-10-24
◇ JR線・東急目黒線・地下鉄南北線・都営三田線「目黒」徒歩12分
◇ 男子236名、女子86名
◇ 03-3714-2661
◇ http://www.tmh.ac.jp/

中央大学附属中学校

東京
小金井市　共学校

自分で考え、行動する力を身につける3年間

2010年（平成22年）に、中央大との高大一貫教育を進める中央大学附属高等学校のもとに開校した中央大学附属中学校。1期生は今年、附属高校の3年生になりました。

中央大の学風「質実剛健」を基盤に、「明るく、強く、正しく」という校訓を掲げています。高校、大学と連続する一貫教育の特性をいかし、受験勉強にとらわれず、さまざまな活動に積極的に参加できるため、伸びのびとした6年間を送ることができます。

そうした伸びやかさのなかで、知的好奇心を喚起する授業の数々を行っています。クラスは基本的に少人数で、一人ひとりの生徒に対してきめ細かな指導を行い、基礎学力の定着をはかります。

なかでも、英語と理科の「プロジェクト授業」は特徴的です。英語では、ネイティブ・スピーカーの指導のもと、身の回りのさまざまなことがらについて、グループ調査や英語でのプレゼンテーションを行います。理科では、中学で習う範囲に限定せず、科学について幅広く学ぶため、中央大学理工学部の実験室を使っての授業もあります。

さらに、食育にも力を入れており、週に1回、「スクールランチ」を実施しています。日本の郷土料理や世界の料理など、テーマに沿った昼食をクラス全員でとりながら、食に関する問題を考えていきます。

中央大との強い連携

約9割の生徒が中央大へ進むため、進路指導の面でも大学との連携がとられています。

高2で行う「ステップ講座」は、大学教授の専門分野に触れることができる講座です。大学の学問について知ることが、将来を考えるきっかけともなります。

高3の3学期には、大学進学後に対応できるよう、学部別に設定された「特別授業」が用意されています。高校とは異なる大学での勉学に、親しんでもらうことが目的です。

SCHOOL DATA

◇ 東京都小金井市貫井北町3-22-1
◇ JR中央線「武蔵小金井」・西武新宿線「小平」バス
◇ 男子247名、女子272名
◇ 042-381-7651
◇ http://chu-fu.ed.jp/

千代田女学園中学校

新たな学習システムで夢の実現をサポート

1888年（明治21年）の創立以来、学園の心として「叡知・温情・真実・健康・謙虚」を掲げる千代田女学園中学校・高等学校。宗門校としての特性をいかし、命の支えあいを根本に据えた「仏教主義の人間教育」に力を入れ、全学年で宗教の授業を設けています。また、茶道や琴などを学ぶ教養講座を用意し、品位ある女性の育成をめざしています。

さらに充実した中高一貫教育

千代田女学園では2015年度（平成27年度）より新たな学習システムが始まりました。

中学では、ふたつのクラスに分かれます。「アドバンストクラス」は数学・英語における週3回の特別講習や長期休暇の講習により、高い学力を養っていくことが可能です。

「リーディングクラス」は、数学と英語でグレード別授業を実施し、補習で日ごろから生徒の学習をサポートしています。

高校では、個々の進路に合わせた3つのコースが用意されています。

「特進コース」は、国公立大・最難関私立大をめざすコースです。週3回の7時限授業、4泊5日の夏期合宿などで受験に必要な学力を着実に身につけていくことができます。

「グローバルリーダーコース」は、多彩な国際教育プログラムで語学力を磨き、さまざまな国の文化を学びます。ニュージーランド海外研修が必修となっているのも特徴です。

「進学コース」は、クラブ活動や資格取得に積極的に取り組みながら、系列校の武蔵野大、ほかの指定校大学への進学をめざします。

武蔵野大へは、薬学部、看護学部、教育学部など多数の推薦枠があり、推薦を確保したままほかの大学を受験できる優遇制度があります。また、首都圏を中心に500名を越える指定校推薦枠があることも大きな魅力です。

こうした生徒個々の能力に合わせた指導により、千代田女学園中学校・高等学校は生徒の夢の実現をサポートしていきます。

SCHOOL DATA

◇ 東京都千代田区四番町11
◇ 地下鉄有楽町線「麹町」・地下鉄半蔵門線「半蔵門」徒歩5分、JR線「市ヶ谷」「四ツ谷」徒歩8分
◇ 女子のみ68名
◇ 03-3263-6551
◇ http://www.chiyoda-j.ac.jp/

筑波大学附属中学校

智育、徳育、体育のバランスのとれた生徒をめざす

伝統が生んだ独自のカリキュラム

筑波大学附属中学校・高等学校の歴史は古く、首都圏の大学附属校のなかで最も伝統ある学校のひとつです。筑波大附属では、中等普通教育を行うとともに、筑波大における生徒の教育に関する研究に協力し、学生の教育実習の実施にあたる使命を持っています。

「強く、正しく、朗らかに」の校訓のもと、魅力的な授業と、多種多彩な活動をとおして、確かな知性と自主自律の精神の育成をめざしています。

日本の教育の中枢を担ってきた東京高等師範、東京教育大学の歴史と伝統を引き継ぎながら、全人教育をめざし、どの授業も基礎・基本をふまえつつ、より高度で魅力的な学習内容となっており、自分の頭で考え、心で感じ、全身で表現する学習が繰り広げられています。

生徒の自主性と独創性を育てる学校行事もさかんで、運動会や学芸発表会、合唱発表会などはおおいに盛りあがります。また、中1での富浦海浜生活、中2での菅平林間生活と、自然のなかでの共同生活をとおして、「生き方」を学びます。

約80%が併設の高等学校へ

併設の筑波大学附属高等学校へは、およそ160名（約80%）の生徒が進学することができます。高校側の実施する試験を受け、その結果と中学在学中の成績との総合評価で進学が決定します。

多くの生徒が附属高校へ進学することから、受験勉強にあくせくすることなく、中学の3年間を使って将来へ向けて自分を見つめ直すことができます。

なお、高校入試での外部からの募集は男女約80名です。筑波大学附属高校からは、毎年東京大をはじめとする難関大学へ多くの合格者を輩出しています。

SCHOOL DATA

◇ 東京都文京区大塚1-9-1
◇ 地下鉄有楽町線「護国寺」徒歩8分、地下鉄丸ノ内線「茗荷谷」徒歩10分
◇ 男子302名、女子309名
◇ 03-3945-3231
◇ http://www.high-s.tsukuba.ac.jp/

筑波大学附属駒場中学校
（つくばだいがくふぞくこまば）

東京
世田谷区
男子校

抜群の大学合格実績を誇る進学校

筑波大学附属駒場中学校は、首都圏随一の進学校としてその名声は高く、例年併設高校の卒業生の半数近くが東京大に合格しています。2015年度（平成27年度）は東京大に112名（現役81名）、国公立大に22名（現役8名）合格しています。

筑波大学附属駒場は抜群の大学合格実績にもかかわらず、むしろ受験勉強にとらわれることなく、すぐれた資質を有する生徒たちの個性を伸ばそうとする教育姿勢を貫いています。「学業」「学校行事」「クラブ活動」の3つの教育機能を充実させ、心と身体の全面的な人格形成をめざしています。

中学・高校ともに制服はなく、ほとんど校則もない自由な校風のなか、生徒の自覚に基づき、自ら考えて行動することの大切さを体得できる教育を具現化しています。

さまざまなテーマで行う探究活動

筑波大学附属駒場では、教科の学習とは別に、総合学習として、より大きなテーマを設定し、さまざまな角度から学んでいきます。

「水田学習」は同校の前身である駒場農学校時代から伝承されてきた「学校田」で行われます。

中学1年では田植え、稲刈り、脱穀を体験し、そのお米で餅つきをしたり、新入生や卒業生に赤飯として配ります。

また、「地域研究」として、中学2年では東京地区、中学3年で東北地方について、歴史、文化、産業、経済、自然などテーマを設定し、文献にあたって事前調査し、現場でのフィールドワークを行い、レポートにまとめます。さらに中学3年では、高度で専門的な内容を学ぶ「テーマ学習」が用意されています。

原則的に全員が進学する附属高校ではスーパーサイエンスハイスクール（SSH）の認定を受け、理科系分野の高度な研究活動が行われています。

SCHOOL DATA

◇ 東京都世田谷区池尻4-7-1
◇ 京王井の頭線「駒場東大前」徒歩7分、東急田園都市線「池尻大橋」徒歩15分
◇ 男子のみ369名
◇ 03-3411-8521
◇ http://www.komaba-s.tsukuba.ac.jp/home/

帝京中学校
（ていきょう）

東京
板橋区
共学校

平成27年度「一貫特進コース」始動

創立者の遺訓「力むれば必ず達す」を基本に、知・徳・体のバランスの取れた、健全で責任感のある人材の育成をめざします。中学2年次までに中学課程を終える先取りとなっていますが、週6日制でじゅうぶんな授業数を確保しているため、無理なく学習とクラブ活動を両立させることが可能です。

2015年度（平成27年度）からは、中学からの入学生について完全一貫化し、6年間という長いスパンのなかで、広い視野を育てながら、「本当の自分」を発見していくことに力をそそいでいます。

完全一貫化された帝京中は「一貫進学コース」、「一貫特進コース」から成り、「一貫進学コース」が多様な進路目標に対応した教育をめざすのに対して、「一貫特進コース」は目的を明確化し難関校進学をめざします。このコースでは授業・家庭学習・確認テスト・補習・個別指導のサイクルのなかで、「わかるまで、できるまで」サポートしながら学力向上をはかり、6年後には全員が一般入試でMARCH以上に100％合格することを目標に掲げています。

特待生制度は「一貫進学コース」、「一貫特進コース」の両方で設け、学費支援のバックアップを行います。

系列大学への進学は医療系を含め3割程度です。

充実した学習支援

帝京中では夏期・冬期の長期休暇にはあわせて100以上の講座が開講され、普段の授業ではあつかわないハイレベルなものから、趣味や雑学的な講座まで、バリエーションに富んでいます。

先生と生徒の距離が近いのも特徴のひとつです。放課後や昼休み、生徒たちは当たり前のように職員室を訪ね、コミュニケーションがはかられ、生徒からの質問があれば、いつでもその場で補習授業が行われています。

SCHOOL DATA

◇ 東京都板橋区稲荷台27-1
◇ 都営三田線「板橋本町」徒歩8分、JR線「十条」徒歩12分
◇ 男子141名、女子111名
◇ 03-3963-6383
◇ http://www.teikyo.ed.jp/

帝京大学中学校

未来へ、そして夢へはばたく

　緑豊かな多摩丘陵の一角にある帝京大学中学校・高等学校。その建学の精神は、「努力をすべての基とし、偏見を排し、幅広い知識を身につけ、国際的視野に立って判断できる人材を育成する」ことです。この精神に則り、帝京大学中では、心身ともに健やかで創造力と責任感に富む公人を育てることをめざしています。

　生徒一人ひとりの夢の実現をめざす帝京大学中は、生徒に多くの選択肢を持ってもらいたいと考えています。そのため、その中高一貫教育システムは、帝京大の附属校でありながら大学受験を目標においた、希望する大学への進学を実現させるものとなっているのです。

確実にステップアップする6年間

　授業は週6日制で、クラスは約30名で編成されています。中1・中2では基礎学力の充実を目標に、学力均等クラス編成のもと、数学と英語で習熟度別授業が行われています。中3より、難関大学進学をめざし応用力を磨くⅠ類、基礎学力を固めて弱点を克服するⅡ類に分かれます。そして、高2より徹底した進学指導が行われます。5教科必修型カリキュラムを組む「東大・難関国立コース」と志望に応じて科目を選択する「国公立・早慶コース」に分かれ、さらにコース間で文系と理系に分かれます。高3で行われる演習の授業では、志望大学に合わせたオリジナル教材による添削指導と個別指導により、難関大学受験で要求される記述力、表現力を育てていきます。

　こうして各人の大学受験に応じた合理的な指導により、帝京大学中では東京大をはじめとする難関大学へ多くの合格者を輩出しています。併設の帝京大への進学には、無試験入学が可能で、国立大と早稲田大・慶應義塾大・首都大東京を受験する場合には、その特典が2年間有効となっています。

SCHOOL DATA

◇ 東京都八王子市越野322
◇ 小田急線・京王線・多摩都市モノレール「多摩センター」、JR線「豊田」、京王線「平山城址公園」スクールバス
◇ 男子190名、女子138名
◇ 042-676-9511
◇ http://www.teikyo-u.ed.jp/

田園調布学園中等部

自分の力で人生を創るために

　田園調布学園中等部は、多摩川に接する緑濃い田園調布に1926年（大正15年）、「調布女学校」として設立されたのが始まりです。

　「捨我精進」（わがままを捨て、自分の目標に向かって懸命に努力すること）の建学の精神のもと、一人ひとりの生徒の持つ資質を素直に伸ばし、新しい時代にふさわしい教養と豊かな国際性を備えた女性を社会に送り出すことをめざしています。

「21世紀型スキル」を育てる教育活動

　グローバル社会に貢献する人格の「根っこ」を育て、豊かな人生を創る力を磨く、田園調布学園の「21世紀型スキル」。思考力・表現力というふたつの能力と、主体性・社会性のふたつの態度を融合させ未来へつなぐこのスキルを、あらゆる教育活動をとおして培います。

■協同探求型授業（65分授業）…生徒自ら考え、表現するアクティブラーニングを取り入れ、主体性や協同性を持って問題を発見・解決する、独自の授業を展開しています。インプットした知識・情報を用い、思考をめぐらせながら課題を発見・解決します。導き出した成果をアウトプットすることでさらに理解を深めます。

■新しい土曜プログラム…学年ごとに学ぶ「コアプログラム」。さまざまな体験をとおして、思考を深め、それらを発表・表現し、プレゼンテーション力をきたえます。一人ひとりが興味・関心に応じて選択する「マイプログラム」。興味・関心を深め、視野を広げることを目的としています。また、他学年との協働をとおして刺激も受けます。

■体験学習・学習体験旅行…直接の体験を積み重ねながら他者や社会、さらには世界へと視野を広め、どう生きるかを自分自身に問いかけるきっかけとなる宿泊行事です。現地に赴き、対話をとおして直に発信を受け止めながら、創造的な学びへと向かっていきます。

SCHOOL DATA

◇ 東京都世田谷区東玉川2-21-8
◇ 東急東横線・目黒線「田園調布」徒歩8分、東急池上線「雪が谷大塚」徒歩10分
◇ 女子のみ621名
◇ 03-3727-6121
◇ http://www.chofu.ed.jp/

東海大学菅生高等学校中等部

「自然が、教科書だ。」

東海大学菅生中学校は2008年（平成20年）春、東海大学菅生高等学校中等部として名称を新たにスタートしました。これは、所属する東海大が、北海道東海大、九州東海大を統合し、新しい東海大として生まれ変わることにともなうものです。各付属の中学校はそれぞれの高等学校の中等部と名称を変更し、中高大の一貫教育の強化をはかることになったのです。

きめ細かい指導と無理のないカリキュラム

東海大菅生は1クラス30名程度の少人数クラス運営によって、生徒一人ひとりにきめ細かい指導を行っています。中1では1クラスにふたりの担任がおり、さらにきめ細かな指導が可能になっています。

また、中高一貫6年間の教育によって、無理のないカリキュラムが組まれ、勉強やクラブ活動に集中できる環境があります。

授業時間を確保するねらいから、2003年（平成15年）に週6日制・2学期制を採用しました。これにより定期考査がこれまでの4回から5回になり、しかも土曜日に授業時間も確保できたことで学力が向上し、その結果大学進学実績も伸びてきています。

自然のなかで学ぶ

あきる野の高台に広がる5万7000㎡の敷地に6階建ての校舎がそびえ、周りには武蔵野の面影を残す自然環境があり、そのなかでいきいきと学ぶことができます。

まさに自然に抱かれたキャンパスです。この恵まれた環境を存分に活用した環境教育が日常的に行われています。野外体験学習や自然体験学習など、教室を飛びだした授業を多く取り入れているのが特色です。

人間性にあふれた知性と感性を磨き、自分の力で生きていくことができるたくましさを身につけ、これからの21世紀を担える真の創造性を持った生徒たちを育成しています。

SCHOOL DATA

◇ 東京都あきる野市菅生1468

◇ JR線「秋川」・「小作」バス、JR線「八王子」・西東京バス「楢原」スクールバス

◇ 男子174名、女子67名

◇ 042-559-2411

◇ http://www.sugao.ed.jp/jhs/

東海大学付属高輪台高等学校中等部

中高大10年間の一貫教育

2007年（平成19年）、伝統ある東海大学付属高輪台高等学校を母体に、中等部が開校。学内・学外からの「中高大10年間の一貫教育制度を整えてほしい」という強い要望から誕生しました。東海大学の付属校としての特性をフルにいかした、受験勉強にはない、じっくり考える学習を実践しています。

余裕のある学校生活が、学習に対しより深い学習内容や工夫を凝らしたユニークな取り組みを可能にします。

文理融合のハイレベルな教育

中高一貫教育のもと、6年間を有効に使い学習します。受験のための「先取り学習」は行いません。そのかわり、自ら問題を発見・解決する力、自主的に学び続ける態度の育成をめざした授業を行っています。全教室にアクティブボード（電子黒板）が設置され、生徒には650台のタブレットPCが用意されています。これらのICT機器を活用し、アクティブラーニング（能動的な学習）を取り入れた密度の濃い授業を行っています。

また、英語にも力を入れています。1年はネイティブとバスで東京見学（Tokyo Sightseeing Tour）、2年はネイティブとの国内宿泊研修（English Summer Camp）、そして3年はホームステイをともなう海外研修に参加します。ふだんの授業も含め、英語に触れる体験を多く取り入れ、日常に必要な語学力を養います。

母体となる東海大学付属高輪台高等学校は「文部科学省スーパーサイエンスハイスクール（SSH）」指定校に認定されています。こうした環境をいかし、中等部においてはSSHクラスの高校生が中等部生の理科実験で高度な内容を指導する特別授業も設けられています。

東海大学付属高輪台高等学校中等部は、英語教育だけ、理数教育だけといったことではなく、どちらも高いレベルでの「文理融合」をめざした教育が行われています。

SCHOOL DATA

◇ 東京都港区高輪2-2-16

◇ 地下鉄南北線・都営三田線「白金高輪」徒歩6分、都営浅草線「泉岳寺」徒歩7分

◇ 男子144名、女子90名

◇ 03-3448-4011

◇ http://www.takanawadai.tokai.ed.jp/

東京家政学院中学校

生きる力を身につけ、自尊の心を育む

夢を実現する7つのこだわり

東京家政学院では、生徒一人ひとりが多様な夢を描き実現するために、独自のキャリア教育を行っています。

その教育において大切にしていることがつぎの7つです。

①抜群の「環境」…校舎は千代田の高台に位置しています。これは創立者である大江スミ先生のこだわりでした。通学に便利で落ちついた環境は学校生活を送るのに最適です。

②「ごきげんよう！」…校内に響きあう「ごきげんよう！」のあいさつは、相手を思いやり、自分を元気にします。創立以来90年変わらずつづく伝統です。

③「人間力アップ」…「エンカウンター」によりコミュニケーション力を養います。文化祭・体育祭・合唱祭はすべて生徒が企画・運営を行います。集団で共有する感動は、生徒の一生の財産となる最も大事な経験です。

④「THE家政」…創立以来「家庭科教育」に力を入れている東京家政学院ならではの「調理」「被服」「保育」の実習授業が魅力です。

⑤進路の「保証」…「特別進学コース」と「総合進学コース」が用意されています。現役進学率は99％、大学進学率は80％であり、きめ細かい指導が夢の実現をサポートします。

⑥強い「絆」…進路の悩みや勉強とクラブ活動の両立方法など、さまざまなことを卒業生であるチューターに相談できます。親身なアドバイスをしてくれる先輩と強い「絆」で結ばれます。

⑦育む「和の心」…学内には本格的な茶室があります。そこで行う茶道をはじめ、華道・狂言・百人一首など、日本の伝統文化を学ぶことで「和の心」が育まれ、女性らしい品位が身につきます。

このような教育を大切にしながら、生きる力を身につけ、生徒の自尊の心を育む東京家政学院中学校です。

SCHOOL DATA

◇ 東京都千代田区三番町22
◇ JR線ほか「市ヶ谷」徒歩6分、地下鉄半蔵門線「半蔵門」徒歩8分、地下鉄東西線・都営新宿線「九段下」徒歩10分
♤ 女子のみ77名
◇ 03-3262-2559
◇ http://www.kasei-gakuin.ed.jp/

東京家政大学附属女子中学校

中高一貫「新ステージ制」で「自主自律」を実現

今年創立134年を迎える東京家政大学附属女子中学校・高等学校は、豊かな緑に恵まれた東京ドーム2個ぶんの広大なキャンパスにあります。建学の精神「自主自律」のもと、「愛情」「勤勉」「聡明」を生活信条として、一貫して未来志向の女子教育を行ってきました。今年度からは、建学の精神「自主自律」を中核とした新たな中高一貫教育プログラムをスタートし、これからの社会で活躍するために必要な学力と人間力を育成します。また、独自のキャリア教育プログラム「ヴァンサンカン・プラン」で、希望進路を実現するための力をつけていきます。

中高一貫「新教育プログラム」

授業や行事をとおして生徒の自主性を育て、自学自習の習慣を確立するための指導に力を入れています。また、すべての教科で生徒同士の学び合いによって全員が課題をクリアしていくアクティブラーニング（協同学習）を導入しています。主体的に学ぶ力、チームで難しい課題に取り組み解決する力を育てることで、これからの社会や大学入試で求められる総合的な学力を身につけます。

中高一貫の「新ステージ制」と新カリキュラムでは、体系的な理解を重視した先取り学習でより効果的な学習が可能になり、高2までの5年間で学びにおける「自主自律」と確かな学力を身につけて、高3では進路別クラス編成で希望進路を実現します。

ヴァンサンカン・プラン

25歳を目標に理想の未来像を描き、希望進路を実現するために人間力を高めるキャリア教育プログラム「ヴァンサンカン・プラン」では、さまざまな取り組みを行います。キャリア教育と学習指導の充実により、難関大学の合格者数が大きく伸びる一方、併設の東京家政大に昨年度から看護学部と子ども学部が新設され、進路の幅がさらに広がりました。

SCHOOL DATA

◇ 東京都板橋区加賀1-18-1
◇ JR線「十条」徒歩5分、都営三田線「新板橋」徒歩12分、JR線「東十条」徒歩13分
♤ 女子のみ273名
◇ 03-3961-0748
◇ http://www.tokyo-kasei.ed.jp/

東京純心女子中学校

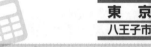

いかなるところでも、なくてはならぬ人になりましょう

東京純心女子中学校・高等学校のキャンパスは、都立滝山自然公園のなだらかな丘陵に位置し、四季折おりの花々が咲き誇る自然豊かな環境となっています。

建学の精神は「叡知の泉 真心の炬火」と歌われる校歌によく表われており、泉のように湧きでる子どもたちの無限の可能性を引き出し、その叡知を人のために用いてほしい。そして、炬火のように周りを明るく照らし、世の光となるような世界で活躍する女性に育ってほしい、という創立者シスター江角ヤスの願いが込められています。

個性を伸ばす「全人教育」

東京純心女子では、2010年度（平成22年度）から新カリキュラム《純心エデュケーショナルデザイン》を導入し、生徒一人ひとりの夢を叶えるため、「知の教育」と「こころの教育」の2つの教育がバランスよく展開されています。「知の教育」の一環として、図書館司書教諭と教科担当教員が連携する「純心オリジナルの探究型学習」を行ったり、生徒の視野を広げるために体験型の校外プログラムを行うなど、生徒の自ら学ぶ姿勢を養うために、さまざまな工夫を凝らしています。

そして、もうひとつの柱が「こころの教育」です。創立以来続いている伝統授業の「労作」では、土に触れながら農作物や草花を育てることで、自然の営みを直接感じることができ、自然とのかかわり方や生命の不思議さを学びます。また、毎週1時間ある「宗教」の時間には、キリスト教の教えに基づき、女性としての賢さと優しさを育んでいきます。

ほかにも、ボランティア活動で自分や他者を大切にすることを学ぶなど、さまざまな活動をつうじて、世のため人のために貢献する女性に成長するよう指導しています。

小規模校の特性をいかし、生徒に親身に寄り添い、個性を伸ばす教育を行っている東京純心女子中学校・高等学校です。

SCHOOL DATA

◇ 東京都八王子市滝山町2-600
◇ JR線「八王子」、京王線「京王八王子」バス10分
◇ 女子のみ246名
◇ 042-691-1345
◇ http://www.t-junshin.ac.jp/jhs/

東京女学館中学校

時代の先端を走る伝統校

広尾の緑豊かな街並みの一角に、東京女学館中学校・高等学校はあります。1888年（明治21年）、「諸外国の人びとと対等に交際できる国際性を備えた、知性豊かな気品ある女性の育成」を目標に設立され、これは現在の教育目標である「高い品性を備え、人と社会に貢献する女性の育成」に受け継がれています。

こうした伝統をさらに継承・発展させるため、中1では「スクールアイデンティティー」という時間を設け、東京女学館で学ぶことの意味を考えてもらいます。その際に行う、卒業して20年以上経つ大先輩を招いての講演後は、学校の今昔について質疑し受け継ぐべき伝統を学びます。

英語教育の充実と多彩な教育活動

東京女学館では創立以来、英語の学習に力を入れています。中1〜高1までの英語すべての時間を分割授業とし、1クラス20名の少人数教育を行うことで、お互いに助けあい、学びあうことで効果をあげています。また、英会話は中1からネイティブスピーカーの教員が行っています。

理科は実験を中心にした授業を行い、他教科においても充実した施設を活用し実習や実験に力を入れています。調理室、被服室、美術室、音楽室、書道室、コンピュータ室など生徒の安全を第一に、ゆとりある空間を重視し設計されています。また、雨天時、グラウンドが使用できない場合でも、体育館が3つあるためかならず体育ができます。

高1では1年間かけて課題研究を行います。教員ひとりが3〜4名の生徒を担当し、テーマは生徒が興味を持った内容を自由に決め、論文形式でまとめリポートを完成させます。

輝かしい青春の一時期を、落ちついた環境のもと、有意義に学校生活を過ごし、大きく成長して羽ばたいていけるよう全力で支援している東京女学館です。

SCHOOL DATA

◇ 東京都渋谷区広尾3-7-16
◇ 地下鉄日比谷線「広尾」徒歩12分、JR線ほか「渋谷」・「恵比寿」バス
◇ 女子のみ753名
◇ 03-3400-0867
◇ http://www.tjk.jp/mh/

東京女子学院中学校

とう　きょう　じょ　し　がく　いん

東　京
練馬区
女子校

社会にでて真価を発揮する3つの力

1936年（昭和11年）、酒井堯先生により創立され、時代を予見し、先駆けとなってきた東京女子学院。創立以来、健全な社会を構成する「気品ある女性の育成」をめざしてきました。受験生が社会にでる10年後を想像すると、知識も技術も環境も高度に変化した社会になっているでしょう。その社会で活躍するための基礎となる3つの力を育てます。

豊かな人間力

グローバル社会の進展は、異文化や多様な価値観の理解、コミュニケーションなど、教養と感性を併せ持った豊かな人間性が求められます。

そのため、英語や第2外国語による異文化理解や、日本文化を習得する礼法・華道授業等をつうじて豊かな人間性を育みます。

学びの力

東京女子学院では「学びの力」を大切にし

ています。学びの力には「知識を知恵に変える力」と「生涯にわたり継続して学ぶ力」があります。知識を記憶として習得するのではなく、必要な知識を獲得し、それを活用して問題や課題に対し結論や結果を導くことで、知識を知恵に変える力をつくります。

知識を知恵に変える喜びが向学心を生みだし、生涯をつうじて学びつづける力を育てます。

カタチにする力

実社会の答えのない問題に立ち向かうために必要となる能力には「思考力」「問題解決能力」「行動力」「チームワーク力」などがあります。

生徒たちが問題や課題を見つけ、聞いたり調べたりして自分としての考えをまとめる、こうしたプロセスをつうじた学びにより、実社会で直面する課題を解決する力を育てます。

SCHOOL DATA

◇ 東京都練馬区関町北4-16-11
◇ 西武新宿線「武蔵関」徒歩3分
◇ 女子のみ59名
◇ 03-3920-5151
◇ http://www.tjg.ac.jp/

東京女子学園中学校

とう　きょう　じょ　し　がく　えん

東　京
港　区
女子校

自分の生き方を見つめ、未来を輝かせる

東京女子学園中学校・高等学校は、「教養と行動力を兼ね備えた女性（ひと）の育成」という建学の精神のもとに、創立者たちの願いでもある「人の中なる人となれ」を教育理念にすえています。英語力を中心に、時代が求める学力を育成するため、カリキュラムや教材、指導法の改善をつづけ、その結果、ここ数年では大学進学実績が着実に上昇し、国公立・私立の難関大学にも多数の合格者を輩出しています。

未来の自分とであう「ライフプランニング」

東京女子学園の教育プログラムは「ライフプランニング」「カリキュラム」「国際理解教育」の3つの大きな柱によって構成されています。それぞれの教育プログラムが融合することで大きな成長を導くことができます。

そのなかでも「ライフプランニング」のキャリア育成プログラムは、生徒たちが将来について幅広い視野を広げるために重要な役割

を果たしています。このプログラムは、漠然と将来像を描かせるものではなく、大学研究や職業研修をとおして、未来に想定されるできごとまでを勘案して具体的な人生設計を行うオリジナルな内容となっています。

その大きな意義は、自分の人生を真剣に考え組みあげてみることと、自らの人生プランを描き、課題をとらえ解消していく能力を養成していくことです。

グループミーティングやディベート、ゲーム形式のワークショップを行いながらキャリアカウンセリングを実施することにより「自他の理解能力」「選択能力」「課題解決能力」「計画実行能力」などのセルフソリューション、セルフ・マネジメントに不可欠なスキルを身につけていきます。

こうした取り組みの成果として、生徒たちは自分の未来に対して明確な目標を持つことにより学習意識も高まり、近年の合格者数の伸びにつながっています。

SCHOOL DATA

◇ 東京都港区芝4-1-30
◇ 都営浅草線・三田線「三田」徒歩2分、JR線「田町」徒歩5分、都営大江戸線「赤羽橋」徒歩10分
◇ 女子のみ145名
◇ 03-3451-0912
◇ http://www.tokyo-joshi.ac.jp/

東京成徳大学中学校

東京
北区

共学校

創造性のある自律できる人間を育成

東京成徳大中高一貫コースの教育のテーマは「創造性と自律」です。6年間の時間のなかで生徒個々の特性を大切にしながら、一人ひとりじっくりと育てていくことを目標としています。そのなかで、不透明な未来にも柔軟に自分を発揮しながら、賢く、たくましい道を切り拓いていける人間力にあふれた人格を養成していきます。

そのために、「自分を深める学習」というオリジナルの心の教育プログラムがあります。「自分とは何か、なぜ学ぶのか、そして、どう生きるのか」をテーマとして、種々の問題を真剣に考え、模索し、そして「自分の生き方」を自分で選び決められるようになるのです。

机上での確かな学びとともに、たんなる自分勝手な学力ではなく実社会で発揮する能力を養うための、豊かな人間関係によるさまざまな学びの経験ができる理想の教育環境があります。

意欲を喚起する6年間

中高6年間という期間の持つ大きな可能性のなかで、学力伸長のために計画的・段階的な学習プログラムにより個々の成長が主体的な意欲をともなったものとなるように展開します。中学3年間で国語・数学・英語の時間を多くとり、無理のないペースで高校レベルの先取り学習が行われます。

とくに、英語力の強化は大学入試はむろんのこと、グローバル社会における必須能力ととらえ、週8時間の授業時間のうち3時間を専任のネイティブ教師によるコミュニケーション能力向上のための時間にあてています。残りの5時間は大学入試にも十分対応できる英語力向上のための時間としています。

高校生になると希望進路により4つのコースに分かれます。長期休暇中には講習や勉強合宿が開かれるなど、生徒の夢の実現に向けて全力でバックアップが行われています。

SCHOOL DATA

◇ 東京都北区豊島8-26-9
◇ 地下鉄南北線「王子神谷」徒歩5分、JR線「東十条」徒歩15分
◇ 男子191名、女子225名
◇ 03-3911-7109
◇ http://www.tokyoseitoku.jp/

東京電機大学中学校

東京
小金井市

共学校

人間らしく生きる

東小金井駅から数分歩くと、斬新なデザインの校舎を有する東京電機大学中学校・高等学校が現れます。

校門を入って正面に見えるのが、教育棟です。この教育棟は吹き抜けになっていて、晴れた日にはアトリウムいっぱいに陽光が降りそそぐように工夫されています。

教育棟の入口の上を見ると、見慣れない文字が書かれていることに気づきます。この文字はギリシャ文字で「人間らしく生きることを学ぶ」と書かれ、校訓を表わしています。この言葉には、「人間だけが夢を見ることができ、人間だけが夢を実現する意志をもっている。夢の実現に向かって努力していこう」という、学校の熱いメッセージがこめられています。

この校訓のもと、東京電機大学中では、学力だけでなく経験の機会も重視することで、卒業後、社会で活躍できる実践力を身につけることを目標としています。

全職員による学習フォロー体制

苦手科目を克服して、学力を着実に伸ばしていくためには、安心して学べる環境づくりが欠かせません。そのために生徒一人ひとりが「自分を見てくれている」と感じられるように、少人数クラス編成を行っています。1クラス30〜35名ですので、教員も生徒の学習状況を把握できるようになっています。

学習到達度を確認するために、年5回の定期考査や模擬試験のほか、年2回の到達度確認テストを実施しています。それぞれについて、試験内容に関する詳しい分析シートや成績一覧表を配付し、これをもとに補習や講習を行い、保護者懇談会でも相談できるようになっています。

経験を重視する観点から、職業研修や修学旅行、英語合宿のほか、さまざまな視野が広がる体験プログラムも用意され、生徒たちはひと回りもふた回りも大きく成長します。

SCHOOL DATA

◇ 東京都小金井市梶野町4-8-1
◇ JR線「東小金井」徒歩5分
◇ 男子329名、女子171名
◇ 0422-37-6441
◇ http://www.dendai.ed.jp/

東京都市大学等々力中学校

東京　世田谷区　共学校

ノブレス・オブリージュとグローバルリーダーの育成

2009年（平成21年）、東横学園中学校から東京都市大学等々力中学校へと校名変更し、2010年（平成22年）には共学部がスタート。東京都市大学等々力はいま、時代に合わせてどんどんステップアップしています。

東京都市大学等々力が理想とする教育像は「ノブレス・オブリージュ」です。これは、誇り高く高潔な人間には、それにふさわしい重い責任と義務があるとする考え方のことです。この言葉に基づいた道徳教育・情操教育で、将来国際社会で活躍できるグローバルリーダーを育成することをめざしています。

独自の4つの学習支援システム

東京都市大学等々力では、独自の学習支援システムにより、基礎基本の修復から難関大学現役合格対策、自学自習力の育成から問題解決思考の育成まで、生徒にとって必要不可欠な力を具体的なプログラムで着実に実行しています。それが「システム4A」、「システ

ムLiP」、「英語・国際教育プログラム」、「理数教育プログラム」というシステムです。

「システム4A」は生徒の時間管理能力を高めるためのシステムで、「その日のうちに解決」をモットーとしています。

「システムLiP」はLiteracy（読み取り能力）とPresentation（意思伝達能力）を組みあわせた造語で、文章を正しく読み解く能力と、人を「その気にさせる」説明力を養う独自のシステムです。

「英語・国際教育プログラム」は、多読や速読を重視した読解重視の英語力を育成するものです。そして、「理数教育プログラム」は工学系の大学である東京都市大学グループのメリットをいかした高大連携プログラムを展開しています。

こうしたさまざまな取り組みにより、東京都市大学等々力中学校では、生徒たちの高い進路目標の実現と高潔な人生を保証しています。

SCHOOL DATA

◇ 東京都世田谷区等々力8-10-1
◇ 東急大井町線「等々力」徒歩10分
◇ 男子314名、女子205名
◇ 03-5962-0104
◇ http://www.tcu-todoroki.ed.jp/

東京都市大学付属中学校

東京　世田谷区　男子校

いまを生きる　It's now or never. It's my time!

東京都市大学付属中学校・高等学校は、中高一貫の男子校です。「明るく元気な進学校」として、難関大学合格を目標とした教育プログラムで大学合格実績の伸長をめざし、受験生からも大変注目を集めています。

校訓である「誠実・遵法・自主・協調」の4つの言葉には、豊かな知性を身につけるとともに、人格を磨き、自己の実現が社会の発展と人類の幸福に貢献できる人間に育ってほしいという願いがこめられています。

コース制で、新たな学習システム

東京都市大学付属では、中高の6年間を前期・中期・後期に分け、発達段階に応じた教育を行っています。前期（中1・中2）の2年間では、基本的な生活習慣と学習習慣を身につけることに重点が置かれています。

中期の中3からは前年の数学の成績による習熟度別のクラス編成となり、さらに英語は習熟度別の授業となります。職業研修や4000字

以上の中期修了論文、学部学科ガイダンスなどが行われ、卒業後の進路を考えていきます。

前期から中期は、主要3科目を重視しながらバランスのとれた科目配置を行い、総合的な学力を養成。また、実験レポートの作成や情報科のプレゼンテーション、論文の執筆などにより、新しい大学入試制度が求める「思考力・判断力・記述力」を育てます。そして後期では、高2での文理選択をベースに自己の進路目標を達成できるような指導体制となっています。理系では理科の授業を増やし、実験も充実、文系は国公立大への受験も見据え、数学と理科を全員必修としています。

2013年度（平成25年度）の中1生より、II類（最難関国公立大コース）とI類（難関国公立私大コース）のコース制が導入されました。これにより、早い段階から目標が明確になるほか、レベルに応じた授業が展開されることが生徒の理解度アップにつながり、さらなる大学合格実績の向上が期待されています。

SCHOOL DATA

◇ 東京都世田谷区成城1-13-1
◇ 小田急線「成城学園前」徒歩10分、東急田園都市線・東急大井町線「二子玉川」バス20分
◇ 男子のみ830名
◇ 03-3415-0104
◇ http://www.tcu-jsh.ed.jp/

東京農業大学第一高等学校中等部

東京
世田谷区
共学校

知を耕し、学力の定着をはかる

2005年（平成17年）に共学校として開校した東京農業大学第一高等学校中等部は、中高一貫教育をとおして「進学校」としての位置づけを明確にしています。

高校を卒業する6年後には、「世界にはばたく」こと、「国立大学や難関私立大学へ進学する」こと、「併設の東京農業大学の専門領域を究める」ことなどをめざした教育が行われており、21世紀において幅広い分野で活躍できる人材を育成します。

東京農業大学第一では、実学主義を掲げ、授業をベースにさまざまな教育体験、キャリア教育をとおして夢の創造を育んでいます。

学びのおもしろさを知る総合学習

「知耕実学」をモットーにする東京農業大学第一では、机に向かう授業に加え、いろいろな経験をしながら、学びのおもしろさに到達できる授業を行っています。そのなかで知を耕し、学力の定着をはかりながら自分の夢を見つけていくのです。

この学びのおもしろさを見つける試みのひとつが、「ダイズと稲から学ぶ」というテーマの総合学習です。中1から、大学レベルと同等の比較実験を行い「実験・観察」の基礎を身につけていきます。中2では稲作を行います。こうして発芽から収穫までを観察・体験しながら生徒の興味、関心の芽を育て、「発見」や「着眼」、学びのさきにある「実現の楽しさ」や「知的充実感」を追求しています。さらに、生徒たちはこの授業をとおして学習全般のベースとなる「学びの姿勢や方法」を身につけていきます。

そして、「確認テスト」や「習熟度別授業」「個別指導・講習」などの豊富なプログラムをとおして、しっかりとした学力を養っていきます。

こうした教育が、生徒の高い進路目標につながり、難関大学への合格を可能にしているのです。

SCHOOL DATA

◇ 東京都世田谷区桜3-33-1

◇ 小田急線「経堂」徒歩15分、東急田園都市線「用賀」バス10分

◇ 男子317名、女子237名

◇ 03-3425-4481

◇ http://www.nodai-1-h.ed.jp/

東京立正中学校

東京
杉並区
共学校

育てているのは人間力

魅力的な新コースがスタート

建学の理念に「生命の尊重・慈悲・平和」を掲げる東京立正中学校・高等学校。

グローバルな社会で活躍できる人材を育成するため、2015年度（平成27年度）から、中高一貫部に「イノベーションコース」が誕生しました。

このコースでは、英語教育とICT教育の充実がはかられています。電子黒板の導入はもちろんのこと、タブレット端末を使用した個別学習システム「すらら」の活用をはじめ、中1ではSkypeによる個別英会話を行うなど、さまざまな魅力的な教育が実践されているのが特徴です。

また、人間力・知力・国際力・情報力の4つの力を無理なく伸ばしていくために、6年間のグランドデザインが細かく設定されています。さらに、進路指導も充実しており、中1～高3の各学年に応じた指導を行うことで、一人ひとりが希望の進路を実現できるようなサポート体制を整えています。

重視される人間力の向上

4つの力のなかでも、とくに重要視されているのが人間力です。その向上のために、瞑想の時間が設けられており、毎週月曜の朝、生徒は全員講堂に集まります。そして、一人ひとりが自分自身と向きあうことで、より豊かな精神を育んでいきます。

人間力は日々の生活のなかでも育まれるということで、紫友会という生徒会を中心に、部活動や学校行事、ボランティア活動など、さまざまな活動が活発に行われています。しかし、文武両道の実現もめざしているため、学習と両立できるようにと、部活動は原則、19:00までの活動と定められています。

このように、21世紀を見据えて独自の教育を展開しているのが東京立正中学校・高等学校です。

SCHOOL DATA

◇ 東京都杉並区堀ノ内2-41-15

◇ 地下鉄丸ノ内線「新高円寺」徒歩8分

◇ 男子23名、女子43名

◇ 03-3312-1111

◇ http://www.tokyorissho.ed.jp/

東星学園中学校

豊かな精神性と知性を育む全人教育

カトリックのミッションスクールである東星学園中学校・高等学校は、1936年、フランス人宣教師のヨセフ・フロジャク神父が東星尋常小学校を設立したことに始まります。フロジャク神父は宣教活動とともに、さまざまな救済活動を行い、社会福祉の草分け的存在として知られます。東星学園の敷地内に教会、修道院、病院、老人ホーム、児童福祉施設などがあるのは、こうした歴史によるものです。

少人数教育で生徒一人ひとりを大切に

東星学園で最も重視されているのは、「人を大切にすること」です。生徒一人ひとりの感性を高め、豊かな精神性と知性を育む「心の教育」「全人教育」を展開しています。具体的には「誠実」「努力」「自立」「奉仕の精神」を教育目標に掲げ、より豊かな人間性の育成をめざしています。

週6日制、1学年2クラス（各30名）の少人数教育を取り入れ、生徒一人ひとりの学習状況を把握し、個々に適した方法で考えさせていく指導がなされます。

また、生徒一人ひとりがゆとりを持ちながら、基礎・基本を着実に身につけることを重視し、英語学習や補習にも力を入れています。

中学2年で行われる「英語劇発表」は、東星学園の英語学習の大きな特徴のひとつです。生徒自らが題材を選び、みんなでシナリオをつくって演じ、生徒の英語力向上にもおおいに役立っています。

高校では、ただたんに進路を決定するのではなく、生徒一人ひとりがほんとうに望む進路を探っていく、その過程も大切にした指導が行われています。さまざまな進路に対応できる教科課程を組み、高2から文系と理数系教科間の必修選択制を採用。高3の一般授業は午前が中心で、午後からは自由選択科目の少人数・グループ授業を取り入れています。また、個別補習や受験指導にも力をそそぎ、進路実績の向上をめざしています。

SCHOOL DATA

- ◇ 東京都清瀬市梅園3-14-47
- ◇ 西武池袋線「秋津」徒歩10分、JR線「新秋津」徒歩15分
- ◇ 男子49名、女子67名
- ◇ 042-493-3201
- ◇ http://www.tosei.ed.jp/

桐朋中学校

自主性を重んじ「本物の学び」を追求

桐朋中学校・高等学校は、開校以来、生徒の個性を尊重し、自主性を育む教育を実践してきた学校です。自由な気風でも知られており、生徒を規制するような校則はほとんどなく、自主的な判断で行動することが重視されています。高校からは制服もありません。しかし、生徒たちは、「自由だからこそ自分で判断することの大切さを自覚する」と、自由本来のあり方を体得しています。

進学校としても東京西部を代表する存在であり、東京大や国立大学医学部を中心に、難関大学への合格者を毎年数多く輩出しています。この合格実績を支えているのが、熱意ある教員によって行われる日々の授業です。どの教員も「本物の学び」を志向して授業にのぞみ、使用する教材やプリント類も、オリジナルのものが多く使われています。

武蔵野の名残をとどめる雑木林のある広大な敷地も魅力です。創立75周年を記念して進めてきた校舎の建て替えも2015年（平成27年）6月に中高部分が完成。現在、「授業づくり」「心の発達と仲間づくり」「進路指導の充実」を柱とする「次の学びプロジェクト」を進めています。

充実した学校生活

桐朋の文化として、たんに勉強ができることは、それほど評価されません。その人間でなければ有しない個性を持っているかどうかが問われるのです。そのため生徒たちは、勉強以外の活動にも熱心に取り組みます。

行事は基本的な枠組みを毎年踏襲しながらも、実行委員を中心に、生徒主体で企画・運営がなされます。部活動も活発で、なかには全国を舞台に活躍する部もあります。

桐朋生は、「学校は楽しい、桐朋に来てよかった」、卒業生も「桐朋での生活は充実していた」と話しています。さまざまなことに全力投球することで、満足度の高い学校生活を送ることができるのが桐朋なのです。

SCHOOL DATA

- ◇ 東京都国立市中3-1-10
- ◇ JR線「国立」・「谷保」徒歩15分
- ◇ 男子のみ810名
- ◇ 042-577-2171
- ◇ http://www.toho.ed.jp/

桐朋女子中学校

東京
調布市

女子校

創造性にあふれた人間の育成をめざす

桐朋女子の教育理念は「こころの健康　からだの健康」です。心身ともに健やかに成長することが教育のすべてに優先すると考えており、生徒一人ひとりの生きる希望や意欲を引きだすことを大切にしています。

「自分と他者とは違っているのが前提であり、そこにこそ人の存在する価値を見出せなければならない」との指導が、学校生活をとおして行われます。自分にはない他人の考え方や感性に耳を傾け、理解しようと努力するとき、目標ができ、ほんとうの理解力が生まれ、真の成長へとつながっていくのです。その教育をひと言で表せば、豊かな感性とそれを支える高い知性の双方をバランスよく身につけた、創造性にあふれた人間の育成をめざす教育実践だと言えます。

活躍の場を広げて生き方を切り拓く

桐朋女子には、ホームルーム活動、生徒会活動、クラブ活動、文化祭や体育祭など、生徒が主体的に取り組み、活躍できる場が多くあります。学校生活のなかに自身の居場所があり、果たすべき役割を見出せることは健全な成長には欠かせません。このような学校生活をとおして自ら生き方を切り拓いていける人材の育成をめざしています。

授業においては、中学の数学・英語は少人数授業を実施し、英語は週1回外国人教師による授業があります。中2・中3の数学・英語は習熟度別授業を設定し、生徒自身が選択をします。

高2・高3では自由に科目選択ができ、生徒は興味や進路に合わせて「自分の時間割」をつくります。その結果、国公立大や難関私立大、芸術大、海外の大学など、多様で幅広い進学へとつながっていきます。

なお、桐朋女子は50年以上にわたり積極的に帰国生を受け入れています。多くの帰国生の存在は、語学学習のみならず、学校生活全般においても大きな刺激となっています。

SCHOOL DATA

◇ 東京都調布市若葉町1-41-1
◇ 京王線「仙川」徒歩5分
◇ 女子のみ656名
◇ 03-3300-2111
◇ http://www.toho.ac.jp/

東洋英和女学院中学部

東京
港区

女子校

キリスト教に基づく教育

1884年（明治17年）、カナダ・メソジスト教会の婦人宣教師マーサ・J・カートメルにより設立され、創立時からの「神を敬い人のために働く使命の大切さを教える」建学の精神は、今日まで脈々と受け継がれ、聖書に基づく教育が展開されています。

その教育の根幹は、「敬神奉仕」。「敬神」は、「心を尽くし、精神を尽くし、思いを尽くし、力を尽くして、あなたの神である主を愛しなさい」ということ、「奉仕」は、「隣人を自分のように愛しなさい」という聖書の教えを表しています。

中1からネイティブに学ぶ

伝統のネイティブの教師による英語授業を、中1から週に2時間設けているほか、英語による礼拝も行われています。英語に親しむためのイングリッシュ・ルームがあり、昼休みには自由にネイティブの先生と英会話を楽しめるなど、英語教育の環境は充実しています。

自立した女性を育む実践教育

カリキュラムは、中1から高1までを幅広く基礎学力をつける期間と位置づけています。中1・中2の基礎学年では、読書習慣を身につけることも大きなテーマとしています。高2からは、一人ひとりの能力や進路に合わせた選択科目重視のカリキュラムとなります。理系分野への進学者の増加に応え、数学は中2から少人数制での授業を行っており、中3からは習熟度別クラスになります。

また、国公立大の理系にも対応したカリキュラムもあり、進路に直結した学習が可能です。

毎年、難関大学に多くの合格者を輩出していますが、これは、生徒自身が将来めざす夢を実現するために選択した結果です。有名大学であればどの学部でもよいという、偏差値による受験はせず、自分の進路や将来の夢を持って大学の学部選択を行っています。

SCHOOL DATA

◇ 東京都港区六本木5-14-40
◇ 都営大江戸線「麻布十番」徒歩5分、地下鉄日比谷線「六本木」・地下鉄南北線「麻布十番」徒歩7分
◇ 女子のみ582名
◇ 03-3583-0696
◇ http://www.toyoeiwa.ac.jp/

東洋大学京北中学校

2015年4月、新しい学校としてスタート

学校改革6本の柱

2015年（平成27年）より東洋大学京北中学校として生まれ変わりました。改革の柱は、「①男女共学」「②文京区白山の新校舎」「③東洋大学の附属校」「④国公立大学進学対策など、進学指導の強化」「⑤国際教育の推進」「⑥哲学教育（生き方教育）の推進」の6つです。新校舎は、8つのICT教室・4つの理科室・English Conversation Roomを併設した図書館（閲覧席120席）・160席の自習室・吹き抜け片面ガラス張りの大食堂・地下に配置される冷暖房完備の体育館・全面人工芝の校庭など、魅力的な環境です。

国公立大への進学指導と附属校推薦

高校では、国公立大学への進学指導を強化し、全科目履修型のカリキュラムを導入しています。高1・高2は全科目を履修し、幅広い知識と教養を身につけ論理的思考力と多角

的観察力を養います。高3では効率的な学習のために、文理別にクラスを編成する「国公立大学・難関私立大学クラス」、文理混合で選択科目により少人数授業を展開する「難関国公立大学クラス」と「東洋大学進学クラス」の3つに分かれます。

また、東洋大への附属校推薦枠（全学部）が募集人員の半数以上保証されています。

東洋大との中高大学びの連携

東洋大との連携により、中・高のみでは為し得ない学びが可能となります。まず、各学部の交換留学生と英語でコミュニケーションをはかる「Let's Chat in English！」では、年齢が近いからゆえの親近感や身近な話題に花が咲き、英会話に対する照れや尻ごみの気持ちを克服させるのに大きな効果をもたらしています。そして、総合大学である東洋大の学部を定期的に訪問することにより、専門教育への意識、大学への興味を高めていきます。

SCHOOL DATA

◇ 東京都文京区白山2-36-5
◇ 都営三田線「白山」徒歩6分、地下鉄南北線「本駒込」徒歩10分、地下鉄丸ノ内線「茗荷谷」徒歩14分、地下鉄千代田線「千駄木」徒歩19分
◇ 男子40名、女子46名（共学1年生のみの人数）
◇ 03-3816-6211
◇ http://www.toyo.jp/toyodaikeihoku/

トキワ松学園中学校

グローバルな視野を持つ「探究女子」を育てる

創立100年を迎えるトキワ松学園中学高等学校は、その建学の精神に「鋼鉄に一輪のすみれの花を添えて」という言葉を掲げます。

これは創立者である三角錫子先生が生徒たちに贈った言葉、「芯の強さと人を思いやる優しさをもち、バランス感覚のよいしなやかな女性であれ」という思いがつまっています。

「探究女子」を育てる「5教育」

現在、トキワ松学園は「グローバルな視野を持ち、クリエイティブに問題解決できる"探究女子"を育てる」というビジョンを掲げ、中1より特進・進学の2コースを設置し、高1からは美術コースが加わり、高2で美術・文系進学・文系特進・理系の4コースに分かれ、生徒一人ひとりに合ったコースで、夢の実現をめざしています。

教育の5本柱は「思考力教育・進学力教育・国際力教育・美の教育・心の教育」で、この中心となるのが「思考力教育」です。多読の

取り組み「読書マラソン」や図書室を使った授業、およびプレゼンテーションを行う授業を各教科で取り入れており、情報を集め、選別し、発表する力を高めています。

「進学力教育」では、生徒と教員が面談を定期的に行うことで希望の進路をいっしょに見つけ、難関大学をめざして一般受験をする生徒が年々増えています。「国際力教育」では、英語の授業でネイティブ教員の授業が全学年にあるほかにも、外国人のゲストを積極的に招いたり、英語で世界情勢を学ぶ「グローバル・スタディーズ」という授業をとおして世界への興味関心を広げています。

また、中学で美術が週2時間ずつあり、確かな見る眼と表現する手をきたえるとともに、日本の文化や美意識を理解して世界に発信できるようになる「美の教育」と、救急救命法の習得や臓器移植の授業「いのちの講演会」で命について考え、女性として大切な心を育てる「心の教育」を行っています。

SCHOOL DATA

◇ 東京都目黒区碑文谷4-17-16
◇ 東急東横線「都立大学」徒歩8分、「学芸大学」徒歩12分
◇ 女子のみ179名
◇ 03-3713-8161
◇ http://www.tokiwamatsu.ac.jp/

豊島岡女子学園中学校

東京
豊島区 女子校

互いに刺激しあいながら一歩ずつ確実に

豊島岡女子学園中学校を訪れると、まず、その施設のすばらしさに目を奪われることでしょう。そして廊下の隅々まで清潔に保たれていることにも気づきます。「広くよりよい設備で、生徒に自信と誇りを持って勉強できる環境を」という学校の願いが感じられます。

磨かれる個性と学力向上は隣りあわせ

毎朝授業前に全校に静寂のときが訪れます。1mの白布に赤糸でひたすら針を進める「運針」です。1日の始まりを心静かに迎える「5分間の禅」ともいえるこの時間は、集中力を養う心の鍛錬の時間です。

クラブ活動や学校行事もさかんです。生徒がそれぞれに持っている才能を発見し育てていこうという教育方針「一能専念」に基づき、生徒全員がクラブに所属します。文化部・運動部合わせて49もあり、「桃李連」という阿波踊りの部もあります。

中高時代は、協調性や企画力、行動力、リーダーシップといった『人間力』を養うことも大切です。豊島岡女子学園では、さまざまな場面で、互いに刺激しあいながら高めあっていける環境があります。

全員が大学進学をめざしている豊島岡女子学園は、すべての授業で、生徒も先生も全力投球でのぞむ姿勢があります。授業の密度が濃く、内容もハイレベルであるため、塾などに通わなくても学校を活用することで志望大学に合格する生徒もいます。

豊島岡女子学園の特徴のひとつは、それぞれの教科ごとに、多種多様な課外講座が年間をつうじて行われていることです。この講座は放課後だけではなく、生徒の希望があれば始業前に行われるものもあります。その結果のひとつとして、大学進学実績でも年々向上がみられます。理学・工学系統の合格が最も多く、次いで経済・経営学系統がつづき、医学系統は総数が100名を超え、現役の占有率も過半数を超えています。

SCHOOL DATA

◇ 東京都豊島区東池袋1-25-22
◇ 地下鉄有楽町線「東池袋」徒歩2分、JR線ほか「池袋」徒歩7分
◇ 女子のみ817名
◇ 03-3983-8261
◇ http://www.toshimagaoka.ed.jp/

獨協中学校

東京
文京区 男子校

自信と誇りを身につけ社会貢献できる人間へ

1883年（明治16年）、獨逸学協会によって設立された獨逸学協会学校を始まりとする獨協中学校・高等学校では、ていねいな指導のもと、生徒の可能性を伸ばし、社会貢献のできる人材を育てています。一人ひとりが自身の成長を感じ、6年後に自信と誇りを身につけられるように生徒を導いていきます。

発達段階に合わせた教育プログラム

獨協教育の特徴は、6年間を2年ずつの3ブロックに分け、第1ブロックを基礎学力養成期、第2を学力伸長期、第3を学力完成期と位置づけて、生徒の発達段階に合わせた教育活動を行っていることです。

第1ブロックから毎日の予定や学習時間の管理を生徒自身が行い、自立の心を育てます。第2ブロックからは、深く学ぶ選抜クラスとじっくり学ぶ一般クラスに分かれ、論理的思考力の育成をめざし、中3では「研究論文」に取り組みます。そして、第3ブロックでは、将来を見据え、それまでに身につけた学力や思考力を統合していき、高2から文系・理系、高3では国公立・難関私大・医学部・私大コースに分かれて学習を行います。

各ブロックには、多彩で充実した内容の行事がバランスよく配置されているので、生徒はさまざまな課題に取り組み、多くの刺激を受けながら多面的な成長を遂げることが可能です。

また進路指導では、有名大学見学会、職場体験、進路ガイダンス、OB体験談など、学年ごとに豊富なプログラムが用意されています。その結果、国公立大や難関私立大、医学部に多くの合格者を輩出しつづけています。

獨協中学校・高等学校は、完全中高一貫制で行う質の高いカリキュラムと、人間として成長できるさまざまな機会を用意することで、生徒の個性を磨きながら、自分以外のだれかのために行動できる人間を育てていきます。

SCHOOL DATA

◇ 東京都文京区関口3-8-1
◇ 地下鉄有楽町線「護国寺」徒歩8分・地下鉄有楽町線「江戸川橋」徒歩10分
◇ 男子のみ633名
◇ 03-3943-3651
◇ http://www.dokkyo.ed.jp/

東京

神奈川

千葉

埼玉

茨城

寮制

あ行
か行
さ行
た行
な行
は行
ま行
や行
ら行
わ行

中村中学校
なか むら

清澄白河から世界へ発信

中村学園は1909年（明治42年）、深川女子技芸学校として創立されました。まさに女子教育の先駆け的存在で、自由主義を謳歌する「明朗な学校」として発展し、2009年（平成21年）には創立100周年を迎え、完全な中高一貫校に移行しました。

語学とは文化の発信力

中村は国際交流や英語力の向上に力をそそいでいます。中学では、国内アメリカンサマーキャンプを行います。5〜6名のグループに1名のネイティブがつき、1日中英語に親しむ生活を送ります。また、アメリカ・ニュージーランドでの「海外サマースクール」もあり、そこではホームステイをすることにもこだわっています。現地の人と生活をともにすることで、お互いの文化や考えを身をもって理解していきます。さらに、海外にも家族ができることで継続してグローバルな感性が育成されていきます。

TOEFLの力でグローバルな人材を育てる

中村高校には、普通科のほかに国際科が設置されています。国際科は、多文化共生社会を担うリーダーの育成を目標とし、コミュニケーション能力や問題発見解決能力を高め、積極的に自ら発信し、行動できる「国際力」を持つ女性を養成します。

国際科にはふたつの特徴があります。ひとつは高1の1月から高2の11月まで、アメリカやカナダ、オーストラリア、ニュージーランドといった英語圏の私立高校に原則ひとり1校で、ホームステイをしながら留学すること。もうひとつは卒業時までに「TOEFL iBT80点達成」を目標に、海外大学進学も視野に入れたSAT対策の授業など、質の高い教育を提供していることです。この結果、ワシントン大学やニューヨーク州立大学バッファロー校などの海外大学へ毎年のように進学しています。

SCHOOL DATA

◇ 東京都江東区清澄2-3-15
◇ 地下鉄半蔵門線・都営大江戸線「清澄白河」徒歩1分
◇ 女子のみ274名
◇ 03- 3642-8041
◇ http://www.nakamura.ed.jp/

日本工業大学駒場中学校
にっ ぽん こう ぎょう だい がく こま ば

「優しく、勁い心を育てたい」
つよ

日本工業大学駒場では、どんなときもどんな人にも優しく接することができる優しい心と、どんなにつらく苦しいことがあってもくじけない勁い心、「優しく勁い心」を育むことを第一に考えています。このような人柄を育んだうえで、基本的生活習慣、学習習慣を身につけ、向上させたいと考えています。

2009年（平成21年）4月に入学した2期生が、今春に卒業しました。生徒一人ひとりの多様な進路希望をかなえるとともに、大学合格実績をさらに伸ばす体制が整っています。

高校普通科は3コース

基礎基本に重点をおいた中学3年間を送ったあと、高校進学時には担任や保護者との面談を重ねて3つのコースに分かれます。

「特進コース」は国公立大や難関私立大をめざすカリキュラムが組まれたコースです。高2からは文系、理系に分かれ、高3からは志望校によって国公立大や早慶上理をめざす

α（アルファ）、G-MARCHなどの私立大を中心にめざすβ（ベータ）に分かれます。

「進学コース」は国公立大や私立大への進学をめざすコースです。高2から、文系、理系に分かれます。放課後は部活動や委員会など、挑戦したいことに思いきり打ちこめる環境が整っています。

「理数コース」は工学基礎力を高校のうちに身につけ、難関大学理工学部の現役合格をめざすコースです。入試科目の数学・英語・理科を3年間で徹底的にきたえ、日本工業大にも進学できます。

英語の学習環境では、独自のカナダ留学制度が特徴です。カナダの大自然に触れる中学の短期留学、語学研修中心の高校の短期留学、そして高校卒業後24カ月の長期留学までと、選択肢もさまざまです。

生徒全員の夢をかなえるよう、教員一丸となって応援している日本工業大学駒場中学校・高等学校です。

SCHOOL DATA

◇ 東京都目黒区駒場1-35-32
◇ 京王井の頭線「駒場東大前」徒歩3分、東急田園都市線「池尻大橋」徒歩15分
◇ 男子135名、女子20名
◇ 03-3467-2160
◇ http://www.nit-komaba.ed.jp/j/

新渡戸文化中学校

東京　中野区　共学校

進化しつづける新渡戸の学び

新渡戸7つの学習

新渡戸文化は、ますます多様化するみなさんの「夢」のサポートをよりきめ細かく具体的に実行するために、中高一貫の6年間を2年ごとのステージに分け、社会に貢献できる人財の育成に努めています。そのベースとなるのが、人間力を養成する「7つの学習」です。1.自己発見学習、2.イベント学習、3.躾学習、4.地球市民学習、5.人生設計学習、6.日本文化学習、7.組織学習の7つです。生活のすべてが学習となり、将来人間社会に役立つ人財を生みだすのです。それは、2013年度（平成25年度）よりスタートした高等学校の新コース「キャリアデザインコース」（大学のさきにある自分を具体的につかみ志望進路を実現させるコース）と「医療系進学コース」（看護、医歯薬進学のみならず医療ビジネスなどの幅広い医療分野の進路）に連携され、さらにそのさきにあるそれぞれの生き方をふまえた「人生設計」につながるものです。

また、中1〜高3までの「人間学」の時間では、「傾聴」に重きを置き、テーマに沿って各自が話を聴きながら「気づき」のメモを作成し、それをもとに、自分の考えをまとめる作業を継続します。最終的には、「論文」の作成、発表にいたる長いスパンをかけての取り組みです。

「学力」と「人格」そして「高い志」を育む

他校に先駆け、先進的な教育プログラムを導入。「English Café」では、カフェテリアで行われるネイティブスピーカーとの英会話を体験。また、「After School」は部活動を超えた個性開発の場として、外部のスポーツ選手やアーティストとのコラボレーションも実施します。さらに、2016年度導入予定の「Science Street」では「物理」「生物」「化学」ごとに大学レベルの実験室を完備します。

SCHOOL DATA

◇ 東京都中野区本町6-38-1
◇ 地下鉄丸ノ内線「東高円寺」徒歩6分・「新中野」徒歩7分、JR線・地下鉄東西線「中野」徒歩15分
◇ 男子9名、女子38名
◇ 03-3381-9772
◇ http://www.nitobebunka.ed.jp/

日本学園中学校

東京　世田谷区　男子校

創発学で「体験」をとおして新しい自分を見つける

男子が自分らしく成長できる学校

1885年（明治18年）創立の日本学園中学校・高等学校。校訓は、「まさかのときに役立つ人間になれ」です。時代を生き抜く個性豊かなたくましい人間の育成をめざした教育を行っています。

中学の学習では徹底的に基礎力育成をはかります。国語・数学・英語の3教科集中カリキュラムを展開。公立校の2倍以上の時間を設けてじっくりとわかるまで学びます。

さらに放課後も自学自習を基本に個別指導を行う「にちがく講座」を開講します。徹底した補習により弱点を克服したり、得意分野を学び進めたりすることができます。

授業のなかでも失敗を恐れず発言をしたり、英語を大きな声で発音したり、男子校のメリットが存分にありますが、それ以外でもよいところがたくさんあります。たとえば吹奏楽部。部員の9割が初めて楽器を手にしますが、女子の目を気にせず練習しています。「なんとなく恥ずかしい」という思いを振り払い「やりたいことを思いきりやれる」環境があるのが男子校の楽しいところです。

「創発学」を実践

日本学園独自の教育カリキュラムに「創発学」があります。「創発学」では「体験」をとおして自ら感じたことや事前に調査したことを総合して新たな発信（発表）をします。また、人の意見を聞く力も養います。これらの学習をサイクルで行い、最終的には他者と自分との考えの相違、さらには自分自身のことを見つめ、将来のことを考えるきっかけをつくります。中3の最後には「創発学」のまとめとして各自テーマに沿って、保護者や中学生全体の前で研究論文として発表します。知的好奇心を刺激するばかりでなく「なぜ勉強するのか」という動機づけをじっくり行っていきます。

SCHOOL DATA

◇ 東京都世田谷区松原2-7-34
◇ 京王線・京王井の頭線「明大前」徒歩5分、京王線・東急世田谷線「下高井戸」徒歩10分、小田急線「豪徳寺」・東急世田谷線「山下」徒歩15分
◇ 男子のみ80名
◇ 03-3322-6331
◇ http://www.nihongakuen.ed.jp/

日本大学第一中学校

中高一貫教育をいかした充実の教育環境

2012年（平成24年）で創立100周年となった日本大学第一中学校は、校訓である真（知識を求め、心理を探求する）・健（心身健康で鍛錬に耐える力を持つ）・和（思いやり、協調の心を培う）のもと、「絆を重んじ、良き生活習慣をもった次世代人の育成」を行う伝統ある学校です。

中学では、充実した教育環境のなか、豊かな知識と人間性の基礎を育てることを目標として、「基礎学力の向上」「個性を伸ばす教育」「健全な人間性を育む」の3つに重点を置いた教育が行われています。また、さまざまな行事を行い、そのなかで豊かな人間性を育んでいます。

高校受験の必要がない中高一貫教育の利点をいかし、習熟度別学習を取り入れ、効率のよい授業を進めていきます。これにより、英語・数学では苦手の克服と得意の深化を並行し、基礎学力の充実、向上に重点を置くことができます。

高校3年間で進路実現への力をつける

高校に入ると、生徒一人ひとりの将来の夢や適性をふまえ個性に合った進路を見つけ、その進路実現へ向けた指導が行われます。高校での教育の特色は4項目あります。「確かな力を身につける」「総合大学付属のメリットを活かす」「自主性・責任感を育む」「思いやりを大切に」の4つで、中学3年間で培ってきた学力や人間的な力をさらに発展させていくことに主眼が置かれています。

高2から文系・理系それぞれで日本大進学クラスと難関大学進学クラスに分かれるのですが、そこからもわかるように、日本大の附属校でありながら、難関大学進学クラスが置かれることで、生徒の進路選択の幅を広げているのは大きな特徴といえるでしょう。

日本大学第一中学校では、100年の伝統を誇る校風のなか、ゆとりある充実した教育が行われています。

SCHOOL DATA

◇ 東京都墨田区横網1-5-2
◇ 都営大江戸線「両国」徒歩1分、JR線「両国」徒歩5分
◇ 男子318名、女子242名
◇ 03-3625-0026
◇ http://www.nichidai-1.ed.jp/

日本大学第三中学校

明確に正義を貫く強い意志を育む

日本大学第三中学校では、建学の精神「明・正・強」を「明確に正義を貫く強い意志」ととらえ、その意志を持った生徒の育成をめざしています。キャンパスは緑豊かな多摩丘陵にあり、東京ドーム3個ぶんもの広さを有する恵まれた学習環境となっています。

授業では先取り学習をほとんど行っておらず、そのかわりに、基礎学力の定着を重視したきめ細かな授業や、勉強の動機づけにつながるような知的好奇心を刺激する授業、読解力や表現力が身につく発展的なテーマを扱う授業などを数多く実施しています。

たとえば国語では、中2で短歌創作に挑戦します。授業で有名作品を鑑賞したり、変体仮名の練習をしたりと、きちんと準備をしてのぞむ、本格的なものです。そのほかにも、読書に親しんでもらおうと課題図書の内容を問う「読書課題テスト」を行ったり、中学3年間で4万2195ページを読破する「読書マラソン」にも取り組みます。

総合的な学習の時間を利用して、中3で卒業論文を制作するのも特徴的です。原稿用紙100枚を目安に、それぞれ設定したテーマについて執筆していきます。

幅広い選択肢から希望の大学へ進む

高校3年間の学業成績・人物評価などによる内申と、日本大統一テストの成績によって日本大への推薦資格を得ることができます。

さらに、模擬試験などにも数多く取り組むことで、生徒の実力を多角的に分析し、理数系国公立大・医科歯科系大への入試にも対応できるような指導体制を整えています。そのため、近年は他大学への進学者も増えており、その割合は日本大への進学者（約30％）を超えるほど（約60％）になっています。

このように、生徒一人ひとりに合った適切な進学指導を行う日本大学第三中学校は、これからも多くの生徒の希望に応える教育を展開していくことでしょう。

SCHOOL DATA

◇ 東京都町田市図師町11-2375
◇ JR線・小田急線「町田」・京王相模原線ほか「多摩センター」・JR線「淵野辺」バス
◇ 男子492名、女子247名
◇ 042-789-5535
◇ http://www.nichidai3.ed.jp/

日本大学第二中学校

（にほんだいがくだいに）

東京
杉並区
共学校

90年の伝統・多彩な人材の輩出

日本大学第二中学校は1927年に開校し、2017年度に創立90周年を迎える都内有数の伝統校です。卒業生は4万1000余名を数え、実業・研究・スポーツ・芸能などの各界に多彩な人材を数多く輩出。日本大の建学の精神である「自主創造」の精神を重んじ、生徒自らが将来の進路を切り開いていけるよう、学園一体となった支援を展開しています。おおらかで明るいという校風のもと、6年間をかけて、さまざまな人との出会い・多様な経験の繰り返しを経て、温かみと思いやりあふれるひとりの人間として大きく成長していきます。

基礎・基本の徹底、底力を養う

中学では、基礎学力の定着をはかるため主要5教科に多くの時間を配当しています。とくに、英語には週6時間をあて、そのうちの1時間はクラスを2分割してネイティブと日本人の先生で行う少人数英会話の授業を3年

間実施。どの教科も、小テストとノートチェックを随時行い、授業内容の復習やノートの取り方の指導を繰り返し徹底し、確かな学力を身につけさせます。こうして培われた基礎学力の土台は、高校生になって自らの生き方や自らの発見した目標実現に向けて歩みだしたときの大きな支えとなっています。

付属校随一の進学実績

中学から併設高校へは、ほぼ全員が進学します。また、高校からは併設の日本大への推薦入学制度があり、2年次の春・3年次の春および秋の3回に分けて行われる基礎学力テストや在学中の成績によって推薦が決まります。日本大の付属校ながら進路選択先は多彩であり、理系選択者の多いのが本校の特徴です。日本大へ進学する生徒は約30％。難関私大の指定校・公募推薦を利用しての進学は約20％。残りの約50％が他大学への進学をめざして一般受験しています。

SCHOOL DATA

◇ 東京都杉並区天沼1-45-33
◇ JR線・地下鉄丸ノ内線・地下鉄東西線「荻窪」徒歩15分
◇ 男子364名、女子353名
◇ 03-3391-5739
◇ http://www.nichidai2.ac.jp/

日本大学豊山中学校

（にほんだいがくぶざん）

東京
文京区
男子校

校訓は「強く　正しく　大らかに」

日本大学豊山中学校は、「日本大学建学の精神に基づき、世界の平和と人類の福祉に貢献できるグローバル社会に有為な形成者の育成」をめざしています。また、日本大附属校唯一の男子校として「強く　正しく　大らかに」を校訓に掲げています。

日本大の設置する学校となり60年を迎え、伝統にさらに磨きをかけるとともに、2015年度（平成27年度）に完成した新校舎を中心に「新しい流れ」も取り入れ、いっそうの発展をめざします。新校舎は、地下2階から地上1階までが広々としたアリーナに、最上階の11階には10コースの温水プールが設置されました。地下鉄「護国寺」駅から徒歩1分。護国寺の森の落ちついた雰囲気のなか、進学に備えます。

伝統と新しさが同居する教育システム

教育システムでは「伝統ある日大豊山」と、「新しい日大豊山」が同居するのが大きな特

徴です。「伝統」の部分は、『知育・徳育・体育』のバランスがとれた全人教育を行い、凛とした青少年の育成」、「部活動の推進と、礼儀正しい健やかな生徒の育成を目指す」、「日大との高大連携教育体制の一層の推進」などです。「新しい」部分としては、サプリメンタルプログラムとして「中3の後半から高校の内容を学ぶ先取り教育」、「進学クラスのさらなる充実」、「ホームページからダウンロードできる英語の日大豊山オリジナルプリントシステム」などがあげられます。また、早い段階からのキャリア教育も充実しています。日本大へは、毎年卒業生の75％程度が進学していきますが、国公立・難関私立大への進学も15％を超えるなど、特進クラスを中心に多様な進路への道が開かれています。

ゆとりあるシステムのもとで多くのことに取り組み、目標の進路を実現します。また、校訓どおり「大らか」な人間性を養い、生涯をつうじての友人を得ることができます。

SCHOOL DATA

◇ 東京都文京区大塚5-40-10
◇ 地下鉄有楽町線「護国寺」徒歩1分
◇ 男子のみ646名
◇ 03-3943-2161
◇ http://www.buzan.hs.nihon-u.ac.jp/

日本大学豊山女子中学校

自分の「ちから」に気づき発揮できる場所を見つける

日大豊山女子中学校の教育は、"自分の「ちから」に気づき発揮できる場所を見つける"ことをめざしています。そのために、学業面のほかに部活動や学校行事、校外学習、清掃活動などバランスのよい教育活動を行い、生徒一人ひとりが活躍できる場所を大切にしています。中学3年間を過ごすことにより、生徒たちは自分たちで考えて行動する主体性を身につけることができます。

そして、中高6カ年一貫、さらに大学までの10カ年を念頭においてカリキュラムがつくられており、心身の発達が顕著な時期、発達段階に合わせた教育プログラムが基本です。

希望をかなえる教育プログラム

中学校では基礎学力の充実を目標に、国・数・英・社・理ではゆとりを持った時間数を設定し、つねに高校の教科内容と関連づけながら指導がなされ、「総合的な学習の時間」では情報教育や茶道、外国人講師による英会話など、国際社会に生きる資質も育みます。

高校では、多様化する進路選択に対応するため、日本大への進学を柱に、国公立大や他の私立大進学にも対応した授業を展開し、受験への応用力を養えるように高2からは放課後を利用し、各教科の補習を希望制で実施しています。理数系進学に関心を持つ生徒のために設置された理数科を中心に、毎年多くの卒業生が医療系大学への進学を果たしてもいます。

豊かな感性を育む校外学習

総合的な学習の時間の一環として、年6回の校外学習を実施、学年ごとの学習・発達段階に合わせ、博物館・美術館見学、芸術鑑賞、日大の学部見学、体験講義など多様な内容です。現地集合、班別自主研修もあり、自分で考えて行動する力や公共マナー、集団行動を身につけるだけでなく、ふだんとちがった体験的な学習を行うことで、豊かな感性を育み、見聞を広めることができます。

SCHOOL DATA

◇ 東京都板橋区中台3-15-1
◇ JR線「赤羽」、西武池袋線ほか「練馬」スクールバス、東武東上線「上板橋」、都営三田線「志村三丁目」徒歩15分
◇ 女子のみ369名
◇ 03-3934-2341
◇ http://www.buzan-joshi.hs.nihon-u.ac.jp/

八王子学園八王子中学校

未来へ、力強い一歩

2012年（平成24年）の春、八王子高等学校に新たに併設された八王子学園八王子中学校。八王子高校の校風を受け継ぎ、自由のなかにも規律ある環境で、中学生全員が中高特進クラスに所属して6年間の一貫教育を行っています。

八王子学園八王子には、教育を支える3つの柱があります。

ひとつ目は「中高特進教育」です。中学校入学とともに6年間かけて難関大学への合格をめざすこの「中高特進教育」は、大学受験のための早期戦略プログラムとして位置付けられています。

ふたつ目の柱は「学力養成」です。教科によっては、少人数制授業や学校オリジナルの教材を導入しています。

3つ目は「人間の育成」です。学習面の充実はもちろんのこと、豊かな心を育むことも大きな目標だと考えられています。具体的には、ボランティア活動や朝読書の時間を設け

て心の充実をはかり、芸術鑑賞教室などを行います。また、広い視野を身につけ、国際社会で活躍できる人材を育成するため、中学3年次には短期海外留学も行われています。

レベルの高い中高特進クラスでの6年間

「中高特進クラス」では、6年間が3つのステージに分けられます。

まず、中学1・2年をステージ1として、2年間で中学校の学習範囲を修了します。つづいてステージ2の中学3年では先取り教育を開始し、八王子高校文理特進コースに進学します。ステージ3では生徒の志望に合わせて文系・理系に分けられ、高校2年で高校の学習範囲を修了します。このような学習進度により、高校3年ではより大学入試に向けて力を入れられるよう工夫されています。

レベルの高い中高一貫教育の実践で、上位大学への進学率のさらなる躍進が期待される八王子学園八王子中学校です。

SCHOOL DATA

◇ 東京都八王子市台町4-35-1
◇ JR線「西八王子」徒歩5分
◇ 男子139名、女子100名
◇ 042-623-3461
◇ http://www.hachioji.ed.jp/

八王子実践中学校

「知育・徳育・体育」の調和をめざす

八王子実践中学校は、伝統的教育精神である「実践」と「自重・自愛・自制・自立」を建学の精神の根幹とした人格形成を主眼に「個性の尊重」「自学自習の創造性を磨く」未来に活躍する人材を育成します。

「『知育・徳育・体育』の調和のとれた発達をねらいとした全人教育」を行い、学習・スポーツ両面におけるバランスのとれた6年間で、すぐれた人格の完成をめざしています。

また、基本的生活習慣を身につけ、互いに個性を尊重しあい、豊かな心情を育む「徹底した生活指導」を重視しているのも、八王子実践の教育ならではといってよいでしょう。

国語と英語教育に重点

「学ぶ」を基盤として、「個性」を伸ばし、さらに「考える力」を養うことで、国際的視野を備えた人材、コミュニケーション能力にすぐれた判断力・実践力を有する人材の育成に努め、個々の総合的な人間力の向上を目標

としています。

そのため、とくに「国語・英語教育の充実」に重点をおき、中高6年間をプログラムしています。

具体的には、国語をあらゆる学科の基礎科目として重視し、生徒一人ひとりの能力や個性を豊かに伸ばす授業を行うとともに、「日本の文化」への関心を深めるために「百人一首大会」や読書指導の一環として「作文コンクール」を実施。また、「漢字検定」を中高6年間のなかにプログラムしています。

英語では、1年次から外国人教師による会話の授業とLL教室を活用した授業を多く取り入れ、基礎的な会話力を養い、異文化コミュニケーションの意欲を高めています。

また、主要3教科のひとつである数学では、基礎学力の充実に重点をおき、演習をつうじて計算力や思考力の増進に努めています。そのうえで、応用力を伸ばし、真の学力向上へと発展させています。

SCHOOL DATA

◇ 東京都八王子市台町1-6-15
◇ JR線「八王子」徒歩15分
◇ 男子8名、女子31名
◇ 042-622-0654
◇ http://www.hachioji-jissen.ac.jp/

広尾学園中学校

自律と共生をめざす教育

首都圏でも有数の志願者を集めている広尾学園。その原動力は、特色あるコース制と、高水準の授業プログラム、そして飛躍的に伸びてきている国公立大をはじめとする難関大学進学実績です。これは、広尾学園の教育の特色が、一人ひとりの夢を全面的にサポートしているからこそなのです。

自ら課題を掘り起こし、解決に向かって、国籍や言語のちがいを越えて協調性を発揮できる「高い問題解決能力」と「素晴らしいマインド」を持つ人物の育成をめざし、きめ細かな指導を行っています。

一般クラスは、東京大・京都大・一橋大、各大学の医学部、早稲田大・慶應義塾大・上智大をめざし、インターナショナルクラスは、国内外一流大学進学を目標とします。

最強と言われる教育内容

広尾学園独自の学力アッププログラムには「P.L.T」（Personalized Learning Test）プログ

ラムがあります。このプログラムは生徒たちの基礎学力を徹底して鍛え、「本当の学力」を身につけるプログラムです。それは年々進化し、広尾学園の教育の基礎を支えています。また、質の高い授業を実現するため年間3回の教師研修を実施しています。

さらに、グローバルなデジタル環境に対応できる人物の育成をにらみ、新入生（本科）全員にひとり一台の情報機器を導入、学園生活や学習に活用しています。

キャリア教育も充実しており、DNA鑑定講座や宇宙天文合宿、国内から一線級の研究者が結集するスーパーアカデミアに加えて、iPhoneアプリなどを制作するテックキャンプも用意されています。

学年を問わず、中学高校ともに定期試験には多数の大学入試問題が無理なく組みこまれており、日常の定期試験勉強がそのまま大学入試対策になっています。強力な教科指導力を備えた、最強の学習システムです。

SCHOOL DATA

◇ 東京都港区南麻布5-1-14
◇ 地下鉄日比谷線「広尾」徒歩1分
◇ 男子325名、女子463名
◇ 03-3444-7272
◇ http://www.hiroogakuen.ed.jp/

富士見中学校

東京
練馬区

女子校

社会貢献のできる自立した女性

富士見中学校・高等学校は、「社会貢献のできる自立した女性を育てること」をめざし、生徒の発達段階に合わせた進路指導・学習指導を行っています。そして、学校生活をとおして養われる自主性・協調性・判断力が「生きる力＝人間力」を高めると考え、人間性の育成にも力を入れています。

豊かな人間性と総合力を身につける

富士見では、中学3年間で自己を発見・理解し、社会への視野を広げることで自分の未来を考え、進路と向きあうことを目標としています。

進路指導は、「外部からの刺激で生徒自らがきりひらく」をテーマに展開され、さまざまな方法での「刺激」が用意されています。

たとえば、受験を終えた高3生からアドバイスを聞く機会や、卒業生による進学シンポジウムなどが設けられることで、生徒は生き方や将来についてのビジョンを描き、進路を現実的に考えられるようになります。

学習指導は「基礎力の徹底」と「高校で飛躍する力」をテーマとしています。授業や講習では、担当教員のオリジナルテキストを使用し、生徒の興味を引きつけ、生徒が日常の学習習慣を確立できるようにサポートしています。中1～高1までは全員が共通カリキュラムで学び、高2から文系・理系のコースに分かれます。

新校舎での授業が始まる

2015年2学期から新校舎での授業が始まります。2017年に4つの理科実験室を含む特別校舎棟、2018年度には2層の図書館棟が竣工します。全教室にプロジェクター、そして全館に無線LANが完備され、エントランスホールにある幅7mの大階段はベンチとしても利用でき、対面の壁には200インチのスクリーンが設置されます。そのほか人工芝の校庭など施設設備は大変充実していきます。

SCHOOL DATA

◇ 東京都練馬区中村北4-8-26
◇ 西武池袋線「中村橋」徒歩3分
◇ 女子のみ735名
◇ 03-3999-2136
◇ http://www.fujimi.ac.jp/

富士見丘中学校

東京
渋谷区

女子校

文科省よりSGHに指定

2015年（平成27年）に75周年を迎えた富士見丘中学高等学校では、グローバル化の到来を見据え、早くから世界の多様な人々と協働するのに必要な英語力や国際感覚、そして自己表現力を高める教育を実践してきました。このような「外に向かう勇気」を育てる教育が評価され、文部科学省よりSGH（スーパーグローバルハイスクール）の指定を受けました。

とくに日本人が苦手とするコミュニケーション能力を高めるために導入したのが、高大連携プログラムです。いままでの大学教授が来校し、一方的に講義をするような出張授業的なものではなく、生徒が能動的に学ぶフィールドワークやワークショップ形式を取り入れたプログラムになっています。さらに大きな特徴は、大学の研究室との連携を、数カ月から1年にわたって継続していくことにあります。たとえば2014年度（平成26年度）、慶應義塾大理工学部・伊香賀研究室との共同研究では「運動量と学力の関係性についての研究」をテーマに、中3～高2までの32人が1年をかけて取り組み、3月には全校生徒の前で発表会が開かれました。ほかにも上智大や東京電気大とも連携プログラムを実施しましたが、2015年度（平成27年度）は慶應義塾大大学院メディア研究科大川研究室とも1年をつうじて共同研究に取り組む予定です。

多種多様な海外研修プログラム

修学旅行は中学がオーストラリア、高校がアメリカで、姉妹校との交流が中心です。ほかにも希望制のイギリス短期留学や英語の成績上位者が選抜される3・6カ月留学などさまざまな海外研修制度が用意されています。さらに海外にある6校の姉妹校から留学生が定期的に来日するので、校内において海外交流ができるようになりました。

このように多彩なプログラムを実践しながら「国際性豊かな若き淑女」を育成している学校こそが富士見丘中学高等学校なのです。

SCHOOL DATA

◇ 東京都渋谷区笹塚3-19-9
◇ 京王線・都営新宿線「笹塚」徒歩5分
◇ 女子のみ95名
◇ 03-3376-1481
◇ http://www.fujimigaoka.ac.jp/

東京

神奈川

千葉

埼玉

茨城

寮制

藤村女子中学校
（ふじ　むら　じょ　し）

東 京
武蔵野市

女子校

基礎、基本の徹底で自ら学ぶ力を育成

藤村女子の授業は1日50分6時間、週6日制で多くの授業時間数を確保、特選コースと特進コースの2コース制をとり、学力養成講座などで一人ひとりの学力と目標に応じた、きめ細かな指導が行われています。英語の授業時間数が圧倒的に多いのも特徴です。

高校には「S特・特進コース」があり、長期休業中にかぎらず、学力アップのための講座が多く設けられています。いつでも質問できる学習センターも、放課後、生徒でにぎわいます。

近年、東京学芸大、早稲田大をはじめ、MARCHなど難関大学へ進む生徒が多くなりました。この実績は、藤村女子がキャリアガイダンスを重視し、提携大学との連携プログラムを導入してきたことと切っても切れない関係があります。

進路・進学目標を見極めることで大きな力が生みだされ、高大連携プログラムで、早期から国公立・難関大への進学意識を高めることができてきたからです。

「適性検査入試」の導入に注目

定評があるのが、藤村女子の英語教育です。高校のすべての授業で実践している「使える英語」のためのメソッドは、「藤村式」ともいうべき教育システムとして確立しています。外国人講師も常駐、「聞く・話す」能力の開発に多角度からアプローチしています。

創設者であり、日本の女子体育の祖ともいうべき藤村トヨ女史。その精神と伝統を受け継ぐ「スポーツ科学特進・スポーツ科学コース」には、国際大会に日本代表として出場する生徒や卒業生が何人もいます。その元気が藤村全体の活気を生みだし、驚くほどさかんな部活動の魅力の源になっています。

また、藤村女子では「適性検査入試」が取り入れられ、公立中高一貫校の適性検査に準じた出題が特徴です。公立受検を考えているかたには腕試しとして絶好の入試と言えます。

SCHOOL DATA

◇ 東京都武蔵野市吉祥寺本町2-16-3
◇ JR線・京王井の頭線・地下鉄東西線「吉祥寺」徒歩5分
◇ 女子のみ96名
◇ 0422-22-1266
◇ http://fujimura.ac.jp/

あ行

か行

さ行

た行

な行

は行

ま行

や行

ら行

わ行

雙葉中学校
（ふた　ば）

東 京
千代田区

女子校

カトリック精神を貫く全人教育

雙葉中学校・高等学校は、カトリック精神を基盤に健全な人格を育み、日常生活のよき習慣を身につけることをねらいとした女子教育を実践しています。

校訓として「徳においては純真に、義務においては堅実に」を掲げています。これは神と人の前に素直で裏表なく爽やかな品性を備え、人間としてやるべきことを最後までやりとおす強さを持つということです。

21世紀の幕開けとともにできあがった新校舎は地上7階・地下1階で、近代的ななかにも随所に木のぬくもりを持たせた構造となっており、教室はすべて南向き、床はフローリングで温かみを感じさせるなど、きめ細かな配慮がなされています。また、2クラスごとにひとつずつ生徒ラウンジが設けられ、楽しい活動・歓談の場となっています。

進学校ではあるが受験校ではない

雙葉では、国語、数学、英語の基礎的な部分で個別に面倒を見るなど、学習面での手助けがきちんと行われています。明治8年（1875年）に開設された女子語学学校を前身とするだけに、外国語教育は伝統的にさかんで、授業時間も多く、外国人教師による少人数の授業はもとより、中3では全員がフランス語を学び、高校では第1外国語として、英語とフランス語のどちらかを選択します。

一貫校の利点をいかし、総合的にバランスのとれたカリキュラムを組み、中学でも高校の内容を必要に応じて取り入れています。進度も速く、レベルの高い授業が行われています。また、進路は、本人の意志を尊重して、指導がなされています。

中学・高校をとおして、各教科の教育はできるかぎり高い水準で、内容の濃いものになるよう努めるとともに、力のだしきれない生徒に対して個別指導を行い、きめ細かく対応しています。その結果としての高い進学実績なのです。

SCHOOL DATA

◇ 東京都千代田区六番町14-1
◇ JR線・地下鉄丸ノ内線・地下鉄南北線「四ツ谷」徒歩2分
◇ 女子のみ546名
◇ 03-3261-0821
◇ http://www.futabagakuen-jh.ed.jp/

普連土学園中学校

The Seed of God（神の種子）

普連土学園の教育理念は、「万人に『神の種子―神からそれぞれにあたえられた素晴らしい可能性』が存在することを信じ、一人ひとりを大切に、全ての人を敬い、世の役に立つ女性を育成すること」です。

1887年（明治20年）の創立当初から少人数教育を実践し、個々の生徒にいきとどいた指導を行う、面倒見のよい学校として知られています。

こうした教育体制のもと、大学進学においては、多くの難関大学への進学とともに、現役合格率が大変高いことが特徴です。

さまざまなかたちで奉仕活動を行っているのも特徴で、奉仕活動についての基本的な知識を学び体験するプログラムを組んでいます。

中学では、視覚・聴覚・身体障害について学び、高校では知的障害や高齢者問題について学びます。

そして高3においては、奉仕活動についてのまとめを行います。ここでは、これまでの活動を今後の生き方にどう位置づけるかなどを話しあっていきます。

グローバルな視野を育成する

「海外にむけて開かれた心」を育てている普連土学園では、異文化理解のための国際交流にとくに力を入れています。

英語の授業は、中学では週6時間をあて、外国人教師による少人数クラスの音声面を重視した授業を行っています。

劇やゲームを取り入れ、身体全体を使って生きた英語を吸収できるように指導しているのが特色です。また、留学生や外国人教師、海外からのお客様などと英語で話しながら昼食を取る機会を週1回設けているのも、普連土学園ならではです。

校内には、交流のための屋上庭園、バルコニー、ライトコートなど、普連土学園独特の温かい雰囲気を醸しだす「生徒の語らいの場」が随所に設けられています。

SCHOOL DATA

◇ 東京都港区三田4-14-16

◇ 都営浅草線・都営三田線「三田」徒歩7分、JR線「田町」徒歩8分、地下鉄南北線・都営三田線「白金高輪」徒歩10分

◇ 女子のみ419名

◇ 03-3451-4616

◇ http://www.friends.ac.jp/

文化学園大学杉並中学校

日本と世界。2つのマインドで活躍する女性をめざす

「わかる授業の徹底」と「自ら考える生徒の育成」を柱に、ICTを用いたアクティブラーニングや思考力型の協働学習で真の学力を育む教科教育はもちろん、全国大会で活躍する多くの部活動、生徒自らが運営するさかんな学校行事など、一人ひとりに輝ける場を提供するのがこの文化学園大学杉並中学・高等学校です。

中学では「難関進学〈グローバル〉」「総合進学〈シグネット〉」の2コースがあります。「難関進学」では、上位大学や海外大学への進学をめざし、下記「ダブルディプロマコース」に対応したプログラムに早期から取り組むことができます。「総合進学」では従来の習熟度別授業などに加え、各種検定対策や芸術科目など、それぞれのニーズに合った選択科目の設置があります。

高校では今年度より、カナダBC州のオフショアスクール（海外校）としての認可がおり、「ダブルディプロマコース」がスタートします。このコースでは卒業時に海外と日本の両方の「高校卒業資格」が取得でき、海外大学への進学も視野に入れることが可能です。またBC州の授業はすべて英語となるので、その高い語学力を軸に日本の難関大学に進学することも可能です。

充実の海外研修などは健在

中3ではカナダ語学研修旅行、高2ではローマ・パリ修学旅行に全員参加します。カナダではホームステイをとおして、3年間勉強してきた英語の力をより生きたものとし、国際的な視点を得ることができます。パリでは歴史ある市内観光や美術館見学だけでなく、ユネスコで働く日本人女性の講演も人気イベントで「世界のなかの日本」「世界のなかの自分」を考えるよい機会になっています。

ダブルディプロマコースでは夏に5週間の短期留学があり、充実した海外研修で本物のGLOBAL教育を体験できます。

SCHOOL DATA

◇ 東京都杉並区阿佐谷南3-48-16

◇ JR線「阿佐ヶ谷」、JR線・地下鉄丸ノ内線「荻窪」徒歩8分

◇ 女子のみ261名

◇ 03-3392-6636

◇ http://bunsugi.jp/

文華女子中学校
ぶん か じょ し

東京
西東京市

女子校

社会で愛され、社会で役立つ女性の育成

「豊かな心」の教育

相手の心を理解できる心の豊かさが、社会で活躍できる基礎力になります。文華女子では、全国に類をみない「家庭教育寮宿泊体験学習」や、中学3年間の「礼法」授業をとおし、和の心を学び、思いやりの心を育てます。日本の伝統的価値観を理解することが、国際人への第一歩です。

母国の文化を理解して、つぎにつづくステップが他国の異なる文化への興味関心です。国際社会で通用する語学力を身につけるために、文華女子は毎年、英語漬けの生活を送ることができるブリティッシュヒルズ研修を行い、校内で受験できる英検指導も万全。中学時代に準2級合格が基本です。

また、少人数クラス教育をとおしてさまざまな経験を積むなかで、自信をつけ、努力の意味を知り、自らの力で輝く自分を育みます。文華女子での6年間の教育で、たくましく豊かな心を持った女性が誕生し、それぞれの美しい華が開きます。

文華女子独特の「特待認定制度」

がんばる生徒への応援制度として、入学時には入試の成績により3段階の特待認定を定めています。入試合計点80%以上で1年間の学費全額免除。75%以上で入学金・施設費免除。70%以上で入学金が免除されます。さらに、中2以降の在学生には、前年度の成績優秀者の1割が奨学生として認定され、学費が半額免除になります。

「伸びる力」を診る適性試験入試

文華女子では適性試験入試が始まっています。この入試は知識を問う問題ではありません。これから伸びる力、すなわち、好奇心・最後まであきらめない粘り・自分を素直に表現できる感受性を試験します。文華女子で伸ばす、伸ばしたい生徒を募集しています。

SCHOOL DATA
◇ 東京都西東京市西原町4-5-85
◇ 西武新宿線「田無」・西武池袋線「ひばりヶ丘」・JR線「武蔵境」バス
◇ 女子のみ25名
◇ 042-463-2903
◇ http://www.bunkagakuen.ac.jp/

文京学院大学女子中学校
ぶん きょう がく いん だい がく じょ し

東京
文京区

女子校

グローバルキャリアのための国際教育

将来につながるコース制

文京学院大学女子中学校は、2015年度（平成27年度）より大きく変わりました。これまでの学力別のクラス編成から、将来のキャリアを意識した「アドバンストサイエンス」・「グローバルスタディーズ」・「スポーツサイエンス」というコース別編成となりました。

「アドバンストサイエンス」は、医・薬・看護を中心とした医療系、生物・化学・農学を中心とした理学系、物づくりをベースにした工学系など、理系キャリアを築くことを目標としています。そして、SSH指定校ならではの、国内外の高校、大学と連携した最先端の理数教育で、女性の感性を活かしたサイエンティストの育成をめざします。

「グローバルスタディーズ」では、文京学院大学女子がこれまでに培ってきた英語の課外授業である「国際塾」のノウハウを活かし、グローバル社会で通用する高度な英語力を身につけながら、論理的にまとめる力、発表する力、議論する力を養います。進学先は、難関国際系学部、海外大学を目標にし、「世界＝社会で必要とされる人材」をめざします。

「スポーツサイエンス」は、スポーツをとおして国際社会に貢献できる人材の育成を目標としながら、競技力、チームワーク、心と身体、食事と栄養などを学び、国際社会に通用する英語力も強化していきます。

中1のファンデーションステージでは、学習習慣の確立と基礎学力・探究力の強化をはかりながら各コースのプログラムを実践、中2からは、将来の夢と目標を見据えて選択したコースで、得意分野を伸ばします。そして、高校進級時にはコースを再選択し、進路実現と将来のキャリアをより具体的にイメージしながら学びます。2015年度（平成27年度）には文部科学省よりSGHアソシエイトに指定され、SSHとのダブル指定は都内女子校では文京学院大学女子中学校だけです。

SCHOOL DATA
◇ 東京都文京区本駒込6-18-3
◇ JR線・地下鉄南北線「駒込」、JR線・都営三田線「巣鴨」徒歩5分
◇ 女子のみ316名
◇ 03-3946-5301
◇ http://www.hs.bgu.ac.jp/

文教大学付属中学校

進学の強豪校へ

1927年（昭和2年）創立の伝統校、文教大学付属中学校。「人間愛」を校訓に掲げ、この基本理念のもと知・徳・体を兼備する人物の育成に努めてきました。現在、「人間愛」の伝統のうえに「進学力」というもうひとつの柱を掲げ、さまざまな改革に取り組んでいます。

伸びる学校。伸ばす学校。

文教では、学力の向上、学習習慣の定着をはかるため、新カリキュラムの導入をはじめ、「生活記録ノート」の作成や毎朝10分間の自学時間「アサガク」の導入、2012年度からは教員のサポートによる放課後の自学自習の場「寺子屋クラブ」を開設するなど、さまざまな改革に取り組んできました。

このような取り組みにより、家庭学習時間が2時間を超えるなど、飛躍的に生徒の学力、学習に対する意識が向上しています。2013年度（平成25年度）からは、さらに学力を伸ばすため、自立学習支援システム「文教ステーション（通称B-ステ）」が開設されました。

「PORT」から世界へ

2014年（平成24年）4月には、ついに新校舎（I期工事分）が完成しました。新校舎には、中学生が使用する普通教室をはじめ、図書室・理科実験室・音楽室・美術室・講堂「LOTUS HALL」などがあります。すべての普通教室には電子黒板が配備され、より効率的な授業が行われます。

文教では、校舎のことを「PORT（港）」と呼び、港では船を点検し、荷物を積んだり燃料を補充したりし、大海原への長い航海に向けた準備をします。それは中高の6年間もいっしょです。学習に励み、心身を鍛え、進路を見定め、長い人生に向け念入りに準備をします。なお、新校舎建設工事は、II期工事（2015年7月終了予定）、III期工事（2016年6月終了予定）と進められ、高校普通教室や食堂、人工芝グラウンドなどが順次完成します。

SCHOOL DATA

◇ 東京都品川区旗の台3-2-17
◇ 東急大井町線「荏原町」・東急大井町線・東急池上線「旗の台」徒歩3分、都営浅草線「中延」徒歩8分
◇ 男子229名、女子195名
◇ 03-3783-5511
◇ http://www.bunkyo.ac.jp/faculty/ghsn/

法政大学中学校

自由と進歩のもと、自主自律を育てる

1936年に創立された法政中学校を前身とし、1948年より法政大学第一中学校として男子校の歴史を歩んできました。

2007年4月、三鷹市に校舎を移転するとともに、校名を変更し、男女共学となり、校舎や制服なども一新されました。法政大としては初の男女共学校です。

法政大の建学の精神である「自由と進歩」、中学校の「自主自律」の校風のもと、確かな学力と、概念にとらわれない自由な発想で考え、新しい問題に積極的にチャレンジする自立型人材を、中高大の一貫教育のなかで育てます。

多彩な英語プログラム

確かな学力と習慣を着実に身につけさせるためのカリキュラムを、中高それぞれの段階に応じて設けています。

中学では国数英に力を入れ、基礎的な学力と習慣を育成します。高校では大学進学や将来を見据え、文系・理系にとらわれない共通的な教養の育成と、自分の進路に応じた選択的な学習、論文作成や英語力の向上などに力をそそぎます。習熟度別や少人数による授業もあります。

また、とくに英語教育に力を入れています。英語の文章を読み取り、それに関する批評を英語でプレゼンテーションすることをめざして学習に励んでいます。海外語学研修や留学プログラムも充実しています。

卒業生の多くが法政大学へ

卒業生はこれまで約85％以上が推薦で法政大に進学しています。推薦資格を得るためには、学内での総合成績で一定の成績基準をクリアすることと、法政大が定めるいくつかの基準をクリアすることが必要です。

また、法政大の推薦権を保持したまま、他の国公私立大学の、どの学部・学科でも受験することが可能になっています。

SCHOOL DATA

◇ 東京都三鷹市牟礼4-3-1
◇ 京王井の頭線「井の頭公園」徒歩12分
◇ 男子184名、女子232名
◇ 0422-79-6230
◇ http://www.hosei.ed.jp/

宝仙学園中学校共学部 理数インター

「知的で開放的な広場」でともに学ぶ

昨年につづき、大学合格状況は…

昨年G-MARCH以上に卒業生数以上の合格結果をだした宝仙学園中学高等学校共学部理数インター（以下、宝仙理数インター）は、3期生も122名という卒業生に対し、国立大（一橋大・東北大・筑波大・横浜国立大等）・公立大（首都大東京等）計28名、医学部医学科（熊本大等）計7名、早慶上理・ICU計62名、G-MARCH計82名という合格状況で、G-MARCH以上に179名（既卒生含む）の合格者をだしました。

宝仙理数インターは宝仙学園を母体とし、21世紀の社会で活躍できる人材の育成をめざして2007年（平成19年）に設立され、世界で通用するコミュニケーション能力と、ものごとを論理的に考え、相手に的確に伝えられる理数的思考力を兼ね備えた生徒を育成しています。そして、中・高6年間を「基礎定着期」、「意識改革期」、「自己実現期」の2年

間ずつに分けた進路指導を行うことで生徒は自らの夢へと着実に歩むことができます。

世界にも、理系にも強い理数インター

学力の向上・大学進学と同等に大切にしているのが「心の教育」です。部活動や学校行事をとおして学ぶコミュニケーション能力・プレゼンテーション能力の育成を大切にしています。部活動はほんとうの意味で文武両道がはかれるように週3日のなかでそれぞれのクラブが工夫をしています。中学弓道部の3年連続関東大会出場などの例もあります。また、高校2年の修学旅行では、サンフランシスコのスタンフォード大学で一人ひとりがプレゼンを行います。世界屈指の大学で行うプレゼンは、それをつくりあげていく過程を含め、一生の宝となります。先輩のなかには、この修学旅行で大学病院を訪れ、自分の生涯の進路に大きく影響を受け、現在も医学部で学年トップでがんばっている生徒もいます。

SCHOOL DATA

◇ 東京都中野区中央2-28-3
◇ 地下鉄丸ノ内線・都営大江戸線「中野坂上」徒歩3分
◇ 男子182名、女子137名
◇ 03-3371-7109
◇ http://risu-inter.ed.jp/

本郷中学校

つねに芯のある男子教育を展開

「スマートであれ！ 紳士であれ！」をモットーにした本郷中学校。「自ら考え、自分で判断できる人材を育てる」という教育方針のもと、21世紀の社会に役立つリーダーを育むためになにが必要かをつねに模索しています。あるべき男子教育の姿を「時代が変わっても変わらないものがある」として推し進め、よい意味での「厳しさ」を教育のなかに体現しています。本郷は派手なPRはしませんが、ほんとうの知性と人格を磨く教育を行っているといっていいでしょう。

中高一貫校としての密度の濃さ

カリキュラム編成は6年を1サイクルとしてとらえているために、ムダを省き、ゆとりのある学習計画が可能になっています。

主要科目の国語・数学・英語などは、中2までに中3課程の内容を無理なく終わらせ、中3からは高1の内容に進みます。そして高3では、大学入試問題演習を中心に授業が展

開されるので、受験にも余裕を持ってのぞむことができます。

この「先取り授業」システムは、たんに授業進度が速いというものではなく、教材や指導法において先生がたの長年の経験の積み重ねから最も効率的な内容を精選したことにより構築されています。そのため、進度の速さによって理解ができないということはないように工夫された授業が展開されています。

また、本数検や本単検といった学校独自の検定試験を学期ごとに行うことで教育目標である「自学自習」をうながし、高校の夏期講習（中学は教養講座）では学年の枠を取り払い、希望すれば下級生が上級生といっしょに受講できる講座を数多く設けるなど、学習効果を高める工夫がなされています。

大学進学実績も国公立大などが年々伸び、近年は理系の大学・学部への進学希望者が多く、実際に毎年半数以上の生徒たちが理系に進学しているのが大きな特徴です。

SCHOOL DATA

◇ 東京都豊島区駒込4-11-1
◇ JR線・都営三田線「巣鴨」徒歩3分、JR線・地下鉄南北線「駒込」徒歩7分
◇ 男子のみ735名
◇ 03-3917-1456
◇ http://www.hongo.ed.jp/

三田国際学園中学校

最先端の学びが思考の扉を開く

めざすのは『発想の自由人』

三田国際学園では、高い英語力、サイエンスやICTに関するリテラシー、そして、それらの知識・スキルを自在に操れるコミュニケーション能力と思考力を、アクティブ・ラーニング形式の『相互通行型授業』によって総合的に伸ばします。これらグローバル時代に必須の資質やスキルを育む「世界標準」の教育を実践します。

相互通行型授業は、教員の問いかけをきっかけに、生徒各々が自由な発想で考え、論理立てて推論し、論証し、プレゼンするという一連のプロセスをたどります。三田国際学園が生徒に求めるのは、『貢献』という学びの姿勢です。黙って授業を聞き、ノートに書き写すのではなく、自分自身で考え、意見を持ち、発信することがクラス全体の学びに貢献するという考え方です。貢献により醸成される学園の風土が生徒の自由な発想をうながします。

本科クラスでは、相互通行型授業を中心に、基礎学力の構築にとどまらない、創造性を育む授業を展開します。週8時間の英語授業を実施し、実用的な英語力を育みます。

また、充実した設備のラボでの実験実習を週に1回行い、科学的な視点で日常をとらえられるサイエンスリテラシーや、論理的思考能力を身につけます。

インターナショナルクラスでは、英語以外の教科も英語で学ぶイマージョン教育を導入します。

帰国子女など英語が自由に話せる生徒だけでなく、英語を基礎から学ぶ生徒も同時に受け入れ、英語力の向上に応じて段階的にネイティブスピーカーの教員によるAll Englishの授業を展開していきます。

また生徒はタブレット端末を所持し、情報収集・発信に活用しています。学内にはWiFi環境も整備されています。

SCHOOL DATA

◇ 東京都世田谷区用賀2-16-1
◇ 東急田園都市線「用賀」徒歩5分
◇ 男子105名、女子120名
◇ 03-3707-5676
◇ http://www.mita-is.ed.jp/

三輪田学園中学校

徳才兼備の女性を育てます

三輪田学園の教育理念は「高い学力の育成と充実した人間教育」です。「深い知性と豊かな心を備えた自立した女性」を育てて129年、真面目に努力する校風は開校当初から変わりません。

2010年には校舎改築工事が完了し、より充実した設備が整いました。南向きの明るい教室も多く、都心とは思えない静かな環境が広がっています。

女性としての自立が基本の進学指導

毎年約90％の生徒が現役で4年制大学に進学している三輪田学園では、進路指導は学年に合わせて行われます。

中1では、まず学習態度を身につけることからていねいに指導していき、徐々に自己の価値観や将来について考えていきます。高校では、仕事や大学・学部について、大学の先生がたを招いての講義のほか、OGの体験談を聞く機会も数多く設けられています。

たんなる大学受験のための指導ではなく、ひとりの女性として自立するための進路指導がなされています。

三輪田学園の「生き方教育」

「徳育・知育・体育・美育」という創立者の言葉を現代にいかした「生き方教育」を行っていることも三輪田学園の特色です。「いのち・平和・環境・自立」をテーマにし、人として生きていくときに大切なこととはなにかを6年かけて考えます。

この取り組みでは、道徳とロングホームルームの時間のなかで、講演・見学・調べ学習と発表・討論会などが行われます。たとえば、中学2年で全員が取り組むボランティアは、働くおとなの人たちを間近で見るという、自立につながる社会学習の一環です。

中高時代の感性の豊かな時期に、さまざまな経験をさせ、考える機会を多く持たせたいという三輪田学園の姿勢がここにはあります。

SCHOOL DATA

◇ 東京都千代田区九段北3-3-15
◇ JR線ほか「市ヶ谷」徒歩7分、JR線ほか「飯田橋」徒歩8分
◇ 女子のみ515名
◇ 03-3263-7801
◇ http://www.miwada.ac.jp/

東京

神奈川

千葉

埼玉

茨城

寮制

武蔵中学校

東京
練馬区
男子校

旧制高校の伝統を色濃く残す超名門校

武蔵中学校では、学問を学ぶ姿勢が重視され、安易に解答を得るよりも、徹底的に自分で調べて自分で考える「自調自考」の精神が尊重されています。授業内容も外部から「大学院のような」と言われる独自のものが多く、生徒の創造性の育成に努めています。

多くの卒業生がめざす大学に合格し、開成、麻布と男子難関3校のひとつと称されながらも、大学進学が目的ではなく学びを究めるための選択肢のひとつと泰然自若を貫きます。

「真に自立」した人を育てる

試験ができても常識的な判断力がつかなければダメ、人格形成、身体発育、学力養成の各面で円満な人間を育てたい。終始一貫、「真の学びを大切に」の方針に則って教育が行われ、東大進学のみを是とする風潮と距離をおく、いかにも武蔵らしい教育哲学があります。

授業内容も受験とは一線を画し、単純に解答がでればよいということではなく、そこに

いたるプロセス、考え方が尊重されます。そのため生徒は自主的に調べものに向かい、武蔵中の「自調自考」の精神が発揮されるのです。これにより生徒は独創性を養い、個性の伸張と独立心を獲得していきます。

生徒国外研修制度で充実した海外での学びへ

教室での第2外国語の学びを発展させ、外国をまるごと体験できるように、「生徒国外研修制度」があります。多くの学園関係者の尽力により1988年に発足しました。

これは毎年、第2外国語上級選択者のなかから選考された10数名が、往復旅費などを支給され、短期の国外留学をすることができるという制度です。留学期間約2カ月のうち6週間は、ホームステイをしながら提携校に通学、その後2週間ほど個人旅行を行います。

また、提携校からも日本語を学んでいる生徒が毎年ほぼ同数が来校し、生徒の家庭に滞在して通学します。

SCHOOL DATA

- ◇ 東京都練馬区豊玉上1-26-1
- ◇ 地下鉄有楽町線・副都心線「新桜台」徒歩5分、西武池袋線「江古田」徒歩6分、都営大江戸線「新江古田」徒歩7分
- ◇ 男子のみ523名
- ◇ 03-5984-3741
- ◇ http://www.musashi.ed.jp/

あ行

か行

さ行

た行

な行

は行

ま行

や行

ら行

わ行

武蔵野中学校

東京
北区
共学校

世界で通用するグローバル人材を育成する

1912年（明治45年）創立、2012年（平成24年）に100周年を迎えた武蔵野中・高では、「他者を理解した上で、自ら考え、そして行動する人間たれ」という「他者理解」を教育理念として掲げています。この「他者理解」の精神は、世界がより身近となるこれからの社会で重要となります。創立100年を超えた武蔵野では、つぎなる100年を見据え、世界で通用するグローバル人材の育成をめざし、さまざまな特色ある教育が展開されています。

週10時間授業・独自の英語教育

グローバル人材に必須となる英語力。武蔵野では、文法や読解を軸とした授業を週4時間日本人教師が行い、コミュニケーション力の育成をめざした授業を週6時間外国人教師が行っています。とくにコミュニケーション力の育成をめざした授業に関しては、日本国際教育センター（JIEC）と共同開発した「LTE（Learning Through English）」という英語教

育プログラムを採用。外国人教師とひとつのテーマを英語で考え、英語で発表するというワークスタイルの授業で、英語力とともにグローバル社会で必要となる7つのスキル（共有する・探求する・表現する・挑戦する・助け合う・自己管理・自分を振り返る）を身につけることができます。

英語以外の教科指導も充実。「わかるまで、できるまで」を信条に、きめ細かな指導を展開しています。校内には、レベルアップを望む生徒のために自主学習支援施設「武蔵野進学情報センター」を併設し、だれでも夜9時まで利用でき、自習したり、常駐する講師による個別指導を受けることができます。

さらに、電子黒板の利用やひとり1台貸与されるiPadの活用、それにともなうMacによる情報の授業など、ICTを駆使した教育システムを採用していることも特徴です。

数々の先進的な教育システムで未来をめざす武蔵野に注目が集まっています。

SCHOOL DATA

- ◇ 東京都北区西ヶ原4-56-20
- ◇ 都電荒川線「西ヶ原四丁目」徒歩5分、都営三田線「西巣鴨」徒歩10分、地下鉄南北線「西ヶ原」、JR線「巣鴨」徒歩15分
- ◇ 男子15名、女子30名
- ◇ 03-3910-0151
- ◇ http://www.musashino.ac.jp/

※「iPad」と「Mac」はApple Inc.の商標です。

東京　神奈川　千葉　埼玉　茨城　寮制

武蔵野女子学院中学校

_{むさしのじょしがくいん}

東京 西東京市　女子校

新たに中学「2コース制」・高校「4コース制」スタート

2014年（平成26年）に創立90年を迎えた武蔵野女子学院中学校・高等学校では、建学の理念である仏教教育を基盤とした「こころの教育」の推進はもちろん、2015年度（平成27年度）より、多様化する進路選択に対応するための新カリキュラムを実施します。

高校の学びにつながるふたつのコース

中学ではふたつのコースに分かれます。

「総合進学コース」は、ていねいな教科学習を基盤として、クラブ活動、学校行事などの学校生活の充実をはかりながら、週6日制のもとでバランスよく学習します。基本事項を整理し、より高い学力を身につけるため、長期休暇には全員必修の講習が行われます。

「選抜進学コース」は、発展的な教科学習を含む先取り学習が展開されます。長期休暇の講習はもちろん、中3では高校のコースへの接続を考慮した文系・理系の選択授業も用意されます。

個々の希望進路をかなえる学び

高校では、4つのコースに分かれます。

「総合進学コース」は、学習・クラブ活動・行事にバランスよく取り組む学校生活を送りながら、看護、教育学部を持つ併設の武蔵野大への優先入学制度が利用できます。その一方で、併願制度により他大学を一般受験することも可能です。

「薬学理系コース」は数理に特化したカリキュラムで、難関大学理系学部、武蔵野大薬学部への進学をめざします。

「選抜文系コース」は国公立、早慶、MARCHへの進学をめざし、将来、人文・社会科学系で学ぶに耐えうる深い学習が行われます。

「国際交流コース」は1年の海外留学を必修とし、語学力はもちろん、発信力を身につけさせるプログラムが展開されます。TOEIC®などで高得点を取り、上智大や海外の大学をめざします。

SCHOOL DATA

◇ 東京都西東京市新町1-1-20
◇ JR線・西武多摩川線「武蔵境」バス7分、西武新宿線「田無」、JR線・地下鉄東西線「三鷹」バス10分
◇ 女子のみ250名
◇ 042-468-3256
◇ http://www.mj-net.ed.jp/

武蔵野東中学校

_{むさしのひがし}

東京 小金井市　共学校

高校受験できるユニークな中学校

併設の普通高校を持たず、毎年、首都圏の難関高校に多くの合格者を輩出している武蔵野東中学校。しっかりした進路指導と、健常児と自閉症児がともに学校生活を送る混合教育でも知られています（自閉症児クラスは別入試・別課程）。

武蔵野東の「心を育てる」教育のひとつに、「生命科」の授業があります。週に1時間のこの授業では、自分や他者の存在の重さ、生命の尊さを感じる人間教育を主眼に、環境・生命科学や死生観など、3年間でさまざまなテーマに取り組み、考えを深めます。

また、1～2年生の数・英、3年生の国・数・英・社・理と論文の授業では、クラスを分割した少人数制の習熟度別授業を取り入れ、一人ひとりの生徒に目のいきとどいた指導がなされています。

行事は生徒全体の運営、そして部活動も盛んで、とくに体操、陸上、ダンスは全国レベルの実績があります。

英語に重点をおいたカリキュラム

カリキュラムでは英語に重点をおいています。英語の習熟度別授業の「特別コース」は、英検2級やTOEIC Bridgeにも挑戦します。中2までに中学校3年ぶんの内容を終え、中3の65%が準2級以上を取得しています。

また、オリジナルの「プランノート」を使って自己管理し、自立した学習習慣を獲得していくことも特色のひとつです。

高校進学に向けては、中学3年を対象にした「特別進学学習」があります。少人数のゼミ形式で、週3回放課後2時間、入試に向けた学習指導を展開しています。

近年の合格校には都立進学指導重点校の日比谷高、西高、国立高、私立では早慶附属高、国際基督教大高、国立では筑波大附属駒場高、学芸大附属高、お茶の水女子大附属高、また、ほかの難関高の名も多くあがり、中学3年60人での驚くべき実績となっています。

SCHOOL DATA

◇ 東京都小金井市緑町2-6-4
◇ JR線「東小金井」徒歩7分
◇ 男子169名、女子121名
◇ 042-384-4311
◇ http://www.musashino-higashi.org/chugaku.php

あ行　か行　さ行　た行　な行　は行　ま行　や行　ら行　わ行

明治学院中学校

東　京
東村山市
共学校

キリスト教に基づく人格教育

明治学院中学校で3年間、同じ敷地の明治学院東村山高等学校で3年間を過ごす中高一貫校。

キャンパスでひとさわ目を引く洋館、「ライシャワー館」は、「東村山30景」にも選定され、地域にも親しまれる明治学院のシンボル的な存在です。港区の明治学院から移築されたもので、名前の由来は、元駐日大使であったライシャワー氏の父親が明治学院で教鞭をとりながら居住していたことによるものです。

「道徳人」「実力人」「世界人」

明治学院が長い歴史のなかで掲げてきた教育目標が「道徳人」「実力人」「世界人」です。

「道徳人」とは、神様が与えてくださった使命に気づき、権利と義務をわきまえ、規律を守って、神さまと人々のために働くことのできる人のことです。

「実力人」とは、自分の使命や目標に向かって、与えられている自分の能力を高め、学問と技術を身につけ、その力を必要に応じて発揮することのできる人のことです。

「世界人」とは、世界的視野と行動力とを持ち、世界の平和を祈念しつつ、世界を活動の場とする力を持つ人のことです。

そして、これらの教育目標にかなった人材を育成するために、明治学院では、つぎの①～⑤のような特色のある教育課程を組んでいます。

①土曜日を含め週34時間の授業。②英語の授業を重視したカリキュラム。教材に「プログレス21」を使用。③中・高とも英語の授業の一部をネイティブ教師が担当。英検取得目標は中学卒業時準2級、高校卒業時2級。④東京歴史散歩（社会）、多摩動物公園、城ヶ島（理科）、音楽鑑賞会（音楽）など校外授業が充実。⑤高2・高3は、A明治学院大学推薦進学、B文系受験進学、C理系受験進学の3コースに分かれて学習するなど、学力面も強くサポートしています。

SCHOOL DATA

◇ 東京都東村山市富士見町1-12-3
◇ 西武拝島線・西武国分寺線「小川」徒歩8分
◇ 男子209名、女子224名
◇ 042-391-2142
◇ http://www.meijigakuin-higashi.ed.jp/

明治大学付属中野中学校

東　京
中野区
男子校

「質実剛毅・協同自治」の校風

男子中高一貫校の明治大学付属中野中学校は「質実剛毅・協同自治」を校訓に、大学付属校の長所を存分にいかした伸びのびとした学校です。大学受験のプレッシャーを感じることなく、生徒の表情も明るく、部活動もさかんです。

中学では5項目の実践目標

明大中野では、じゅうぶんな授業時間の確保と円滑な学校行事運営のため、従来から一貫して週6日制です。中学校での教育課程は、高等学校との中高一貫教育の関連を重視し、独自のプログラムを組んで、確かな基礎学力がつくように工夫されています。

とくに英語は、外国人講師による英会話の授業を、中1・中2の2年間、1クラスを2分割した少人数クラスで行っています。

また、中学時代における大切な要素として、基本的な生活習慣の体得を掲げ①時間を大切にし遅刻をしない学級づくり②勉学に励む学級づくり③清潔できれいな学級づくり④決めごとを守る生徒づくり⑤挨拶のできる生徒づくりの5項目を実践目標としています。

高校では、中学校で養った基礎学力を維持し、さらなる伸長を目標に勉強を進めます。

高1では、高校からの入学者が加わり、混合の学級を編成。全員が芸術科目以外、同じ教科を履修します。2学期には「明大特別進学講座」が実施され、明治大の各学部長から、学部の説明やアドバイスもなされます。

高2は、自己の能力や適性を見極める時期です。そのため、文科系・理科系のふたつのコースによる学級編成を採用しています。

高3では、選択・演習科目を数多く導入、個々の進路志望に応じた専門的な学習に入っていきます。明治大への推薦は、高校3年間の総合成績によって決定され、約75％が進学しています。

また、近年は、明治大以外の難関国立大など、他大学受験希望者も増加しています。

SCHOOL DATA

◇ 東京都中野区東中野3-3-4
◇ JR線・都営大江戸線「東中野」徒歩5分、地下鉄東西線「落合」徒歩10分
◇ 男子のみ737名
◇ 03-3362-8704
◇ http://www.nakanogakuen.ac.jp/

明治大学付属中野八王子中学校

東京 八王子市　共学校

「自ら学ぶ力」「ともに生きる力」を育む

　明治大学付属中野八王子のめざす教育は、たんに知識量の多さや小手先の器用さだけではなく、自分にとってほんとうに大切なものはなにかを自身で見つけ、体現できる力を育成すること、そして、大きな自然の一員である生徒一人ひとりの豊かな情操を育むことです。こうした揺るぎない教育理念のもと、明大中野八王子では教科・行事・特別活動など、多角的、多面的に生徒の個性を引きだし、新時代を担う人材づくりに邁進しています。

　「生徒一人ひとりが秘めている可能性を花開かせるには、環境、設備面からのサポートも不可欠」と考え、自然豊かで広大な敷地のなかに、各種の大型施設を設置し生徒のスクールライフをバックアップしています。

授業時間を多く確保しきめ細かく対応

　明大中野八王子では，すべての生徒が高いレベルの学力を身につけられるよう、週6日授業を採用、より多くの授業時間を設け、一人ひとりに計画的かつ綿密な指導を行い、学習内容の定着をはかっています。

　また、英検・TOEIC・簿記検定など、検定・資格取得にも積極的です。2014年度（平成26年度）の中3英検準2級以上取得者が117名（75.5%）という成果もでています。

　2014年度、明大中野八王子から4年制大学への現役進学率は95%でした。特筆すべきは明治大への進学者数で、卒業生325名のうち242名（74.5%）になります。

　さらに明治大の推薦権を保持したまま国公立大学・大学校への受験も可能です。2014年度には、東京外大・東京学芸大・東京工大・東京農工大・横浜国立大・信州大・山梨大・名古屋市立大・首都大学東京へ11人の進学者もでています。

　明治大への推薦進学があることをプラスにとらえて、明治大にはない薬・看護学部など多岐にわたり進学者がでており、これも高い現役進学率につながっています。

SCHOOL DATA

◇ 東京都八王子市戸吹町1100

◇ JR線「八王子」・「秋川」・京王線「京王八王子」スクールバス、路線バス

◇ 男子231名、女子259名

◇ 042-691-0321

◇ http://www.mnh.ed.jp/

明治大学付属明治中学校

東京 調布市　共学校

一人ひとりが輝く学校生活

　1912年（明治45年）旧制明治中学校として神田駿河台の明治大構内に開校し、2008年（平成20年）調布市に移転とともに共学化。2012年（平成24年）に創立100周年を迎えました。明治大学の唯一の直系付属校として、「質実剛健」「独立自治」を建学の精神とし、知性・感性・体力のバランスのとれた、人間性あふれる人物を育てます。また、中高大10年一貫教育による創造性や個性の伸長とともに21世紀のグローバル社会を担う国際人としての「生きる力」を養います。

中学・高校・大学の10年一貫教育

　中高ともに週6日制でじゅうぶんな授業時間を確保し、6年間の学習で盤石な基礎学力を養成します。そのうえに大学や社会生活で必要な「言語能力」「洞察力」「実践力」「社会力」「精神力」を身につけ、これからのグローバル社会に貢献できる人材を育てます。

　「言語能力」の軸となる英語教育では、習熟度別・少人数クラス編成やネイティブの先生による授業、英検・TOEIC・多読の推奨、スピーチコンテスト、海外語学研修などをとおしてオールラウンドな語学力を養います。

　「実践力」の養成となる高大連携教育では、明治大各学部の教員が直接授業をする「高大連携講座」が週2時間あります。さらに、在校中に明治大の講義が受講でき、卒業後に明治大の単位として認定される「プレカレッジプログラム」や、長期の休みを利用して「法学検定」や「簿記検定」などの資格取得を支援するサマーセミナーもあります。

　また、多彩な学校行事や部活動をつうじて、「質実剛健」「独立自治」を体現し、コミュニケーション能力を養います。明治大には毎年90%以上の生徒が進学しています。推薦は、高校3年間の成績と英検・TOEICの取得状況、人物・適性を総合的に判断して決定します。国公立大にかぎり、明治大への推薦を保持したまま併願受験できます。

SCHOOL DATA

◇ 東京都調布市富士見町4-23-25

◇ 京王線「調布」・「飛田給」、JR線「三鷹」・「矢野口」スクールバス

◇ 男子280名、女子227名

◇ 042-444-9100

◇ http://www.meiji.ac.jp/ko_chu/

明星中学校

東京
府中市
共学校

世界に羽ばたく、世界で輝く

それまでの男子部・女子部を統合共学化して13年目、明星中学高等学校は「もっと輝け！」を合い言葉に、いま、新たな教育に取り組んでいます。

「学び」に対して真摯な視点で取り組み、独自のカリキュラムを実践する明星。基礎学力の充実に力を入れ1コマ1コマの授業では、生徒一人ひとりの「学ぶ意欲」を支援する工夫がなされています。

たんに知識を教えるだけでなく、学んだことをどういかすかの「知恵」を身につける「体験教育」を実践していることが、明星教育の大きな特徴といってよいでしょう。

この基礎学力をもとに、より高いレベルの実力を養うため、明星では「週6日制」を採用。数学と英語は、生徒の理解度に応じたきめ細かな指導を行うため、中3から、「習熟度別授業」を実施しています。

さらに、一人ひとりの学びを応援するため、「個別授業フォロー」や「エクストラスタディ」も実施しています。

多読多聴・ENGLISH CAMP・カナダ研修旅行

中学校の最大の行事は、3年次に行われるカナダ研修旅行です。

このために、1年生から多読多聴を取り入れた英語の学習を始めます。多読多聴は自分のレベルに合った英語本を多量に読み聞くことによって、英語に対する親しみを抵抗なく持たせます。

2年生では、国内で3泊4日のENGLISH CAMPを実施します。このCAMPは、生徒約10名にひとりの割合でネイティブスピーカーが日本人教員とともに引率し、英語漬けの合宿生活を体験します。

3年生になると、夏休みにネイティブスピーカーによる英語講習を受け、万全の準備をしたうえでカナダ研修旅行に行きます。この研修旅行では、ホームステイをしながら現地校に通い、3年間の集大成を行います。

SCHOOL DATA

◇ 東京都府中市栄町1-1
◇ 京王線「府中」、JR線・西武線「国分寺」バス7分、JR線「北府中」徒歩15分
◇ 男子209名、女子202名
◇ 042-368-5201
◇ http://www.meisei.ac.jp/hs/

明法中学校

東京
東村山市
男子校

開校50周年「新たな開校」

新コース「明法GE」がスタート

開校50周年を期に昨年立ちあげた新コース「明法GE（グローバル・エンデバーズ）」は、"明法第2の開校"とも言える画期的なコースです。

明法GEでは「科学をつうじた人間教育」により、時代が求める人材の育成をめざします。通常の授業とは別に、科目横断的な連続4時間の授業「GE講座」を設置し、ロボット学習などをとおして科学的な思考や方法を養成します。日本や海外のコンテストなどにも積極的に参加することで、プレゼンテーション能力やコミュニケーション力を養い、世界の若者たちと勝負できる「挑戦の場」をつくっていきます。

小さなころからの夢を、実現するための目標に変え、入学から10年後の22歳のときにその目標を実現、あらゆる分野で力を発揮して社会や世界に貢献でき、世界中の同世代と渡りあっていける人材を育てることを目的としています。そのために、6年後の大学入学に向けては、自分の目標を実現する可能性をより高めてくれるような難関大学に合格できるだけの力をしっかりとつけています。

一方で、これまで面倒見のよさなどに定評のあった明法の教育も、新しいニーズに合わせてよりブラッシュアップされています。より充実した英数の習熟度別授業の展開や、発信型の英語力と21世紀型のスキルを身につける「グローバル・スタディーズ・プログラム（GSP）」（高1から）の充実などで、生徒一人ひとりにきめの細かい学習指導と、国際社会に向けた人材育成、そして6年後の大学進学へのていねいな進路指導を行っていく、伝統の明法教育もしっかり継続発展されています。

東京ドーム1.2倍の広大なキャンパスと充実の施設で男子がのびのびと成長していく環境です。

SCHOOL DATA

◇ 東京都東村山市富士見町2-4-12
◇ 西武国分寺線・拝島線「小川」徒歩18分、JR線「立川」・西武新宿線「久米川」バス
◇ 男子のみ154名
◇ 042-393-5611
◇ http://www.meiho.ed.jp/

目黒学院中学校

めぐろがくいん

東京
目黒区　　共学校

共学化しても変わらない魅力

桜の名所として名高い目黒川をのぞみ、交通の便もよい地に立つ目黒学院中学校では、初めての女子生徒を迎え、5年目となりました。

共学校となり、新たに「『実力派紳士淑女の育成』を目指して」という教育理念を掲げていますが、これまでの目黒学院の教育目標に大きな変化はありません。「明朗・勤勉・礼節」を校是として、自主的・積極的に学ぶ心と、生徒一人ひとりの個性を育むことを引きつづき目標としています。

カリキュラムにおいては、幅広く教養を身につける姿勢を大切にしているため、高校2年までは文系、理系にコース分けすることはありません。高校2年までの5年間でさまざまな科目を学ぶことで、探求心を育み自らの進む道を見つけだしてもらいたいと考えているからです。

また、早くから志望校を決定していたり、よりレベルの高い学習内容に取り組みたいという生徒のためには「発展学習」や「受験対策講習」などの課外学習も行うことで、個々の生徒の要望に応えています。

独創性、主体性、国際性を養う

こうした教育システムと、特色ある学校行事によって、生徒の独創性、主体性、国際性を養い、個々の可能性を大きく開花させたいと目黒学院は考えています。

特色ある学校行事の一例としては、自然のなかで過ごすことで普段とはちがうことが学べる農林業体験、各クラスが一丸となって戦う体育祭、クラスやクラブ活動のグループなどで興味あるテーマを研究・発表する悟林祭（文化祭）、中3で行われるアメリカ・セミナーツアーなどがあげられます。とくにアメリカ・セミナーツアーでは、英語による理解力と表現力を高めながら、アメリカでの生活を体験することができます。

共学化を果たしても、これまでと変わらない魅力にあふれた目黒学院です。

SCHOOL DATA

◇ 東京都目黒区中目黒1-1-50
◇ 東急東横線・地下鉄日比谷線「中目黒」徒歩5分
◇ 男子25名、女子8名
◇ 03-3711-6556
◇ http://www.meguro.ac.jp/

目黒星美学園中学校

めぐろせいびがくえん

東京
世田谷区　　女子校

グローバル×言語力×ボランティア

砧公園に隣接し、世田谷美術館や大蔵運動公園にほど近い目黒星美学園中学高等学校は、緑豊かで文教的な環境にあります。この地でカトリックの女子教育を半世紀にわたりつづけてきた目黒星美学園は、1学年3クラス、約100名の少人数の環境を保ち、「子どもが愛を感じるまで愛しなさい」という創立者聖ヨハネ・ボスコのしめした理念の実践を確かなものにしています。

きめ細やかな学習指導とともにめざすのは、社会に貢献する心豊かな女性の育成です。とりわけ21世紀の今日においては、「グローバルな世界を　言語力を武器に　ボランティアの精神で生きていく女性」を生徒の将来像として掲げています。2011年（平成23年）に新校舎が竣工し、2014年（平成26年）に東急田園都市線二子玉川駅よりスクールバスの運行がスタート。近年、防災教育への取り組みにも力をそそぎ、目黒星美学園の教育環境は、ますます充実しています。

少人数教育がますますパワーアップ

少人数の環境が、生徒の希望をかなえる進路指導を実現。中1・中2での数学・英語の授業は1クラス能力別2分割で授業を行い、基礎の定着をはかるとともに、「もっと学びたい」生徒にもしっかり対応します。放課後の補習プログラムも充実しています。中3・高1は「5教科総合グレード制」により、国公立大受験にも対応できるバランスのとれた実力を養成し、高2から「4コース制」を選択することで、大学受験に向けた実践的な学力をつけます。発達段階に応じて自己の適性を見極め、未来像を描かせるプログラムも充実しています。少人数だからこそ、生徒一人ひとりに目を向け、きめ細かい指導を可能にし、高い進路実績に結びつけています。「被災地ボランティア」「フィリピンボランティア研修」などを実施し、命を尊ぶ価値観を身につけ、他者に奉仕する喜びを体験していきます。

SCHOOL DATA

◇ 東京都世田谷区大蔵2-8-1
◇ 小田急線「祖師ヶ谷大蔵」徒歩15分、小田急線「成城学園前」バス10分、東急田園都市線「二子玉川」スクールバス
◇ 女子のみ297名
◇ 03-3416-1150
◇ http://www.meguroseibi.ed.jp/

目白研心中学校

グローバル社会で活躍する人材を育てます

「自己肯定感を持ち、他者に積極的に関わり、円滑なコミュニケーションが取れる。十分な情報収集・分析により問題を発見し解決できる人」。そんなグローバル社会で活躍する人材を目白研心は育てます。

主体性のある人を育てる6年間

「自分の人生を自分で切り開ける人材を育てたい」との思いから2016年度（平成28年度）より、3段階の選択ステージを用意します。中1・中2の国数英は習熟度別授業を実施、中3で「第一の選択」として、「特進コース」「Super English Course」「総合コース」を生徒自身が選択します。そして、高1でコースを確定する「第二の選択」を行い、高2で文理の選択を中心とした「第三の選択」を実施し、進路希望の実現をめざしていきます。

特別進学コースは難関大学進学をめざすコース、総合コースはG-MARCHなどへの進学をめざすコースです。

「Super English Course」は、多様な価値観を認めあいながら、海外の生徒と対等に議論する能力を育てていきます。そのためには、相手の話を瞬時に理解し、自分の意見を論理立てて英語で述べることや会議の進行を管理するファシリテーション力、リーダーシップも必要です。そのスキルを身につけるために、目白研心の歴史ある英語教育プログラム（ACEプログラム−Active Communication in English Program）をさらにパワーアップさせ、より高いレベルで教育を行っていきます。

3つのコース制に加え、3カ国10校から留学先を選べる豊富な留学プログラムや「学習支援センター」によるサポート体制も魅力です。「学習支援センター」では、学習を確実に理解させるためのプログラムや目的に応じた講座が用意されています。

このような充実した教育体制を整え、生徒が高い目標を掲げて、未来へ、世界へ、自らの意志で飛び立てるように導いていきます。

SCHOOL DATA

◇ 東京都新宿区中落合4-31-1
◇ 西武新宿線・都営大江戸線「中井」徒歩8分、都営大江戸線「落合南長崎」徒歩10分、地下鉄東西線「落合」徒歩12分
◇ 男子23名、女子115名
◇ 03-5996-3133
◇ http://www.mejiro.ac.jp/mk/

八雲学園中学校

「世界に羽ばたいていく」人間力のある人に

旺盛な好奇心と無限の可能性を持って、世界に視野を広げ、国際人として活躍していく生徒を育てている八雲学園中学校・高等学校。中高一貫教育の大きなメリットである、「ゆとりをもって学習しながらしっかり実力をつける」教育を実践しています。

特色ある英語教育

八雲学園の特色ある教育のひとつに「英語教育」があげられます。

コミュニケーション手段としての英語を重視し、日本人教員とネイティブ講師によるチームティーチングで、読み、書き、聞いて、伝える英語を学びます。

この密度の濃い英語教育は、6年間をとおして行われ、大学受験に向けての指導とともに、豊かな国際感覚を身につけたグローバルな人材を育成します。

日々の単語学習、朗読劇や英語劇、イングリッシュキャンプの遠足、スピーチコンテスト、英語祭、アメリカ海外研修、さらに高校1年次の3カ月語学留学プログラムなど、八雲学園ならではの充実の英語教育です。

学習面と生活面の両面から支える

八雲学園は進路指導にも力を入れています。夏期休暇・春期休暇4泊5日の「進学合宿」や放課後補習、個別学習指導、夏期進学講座、定期試験対策学習デーなど、徹底したサポートが自慢です。

そのほかの特色としては、中学で「チューター方式」を採用しており、担任の先生のほかに、相談相手となる先生が生徒一人ひとりにつきます。3年間にわたって、学習面と生活面の両方でアドバイスを受けることができ、生徒が抱える不安や悩みを早急に解決する体制が整います。

このような特色ある教育体制を柱にして、「世界に大きく羽ばたいていく」女性づくりに邁進する八雲学園です。

SCHOOL DATA

◇ 東京都目黒区八雲2-14-1
◇ 東急東横線「都立大学」徒歩7分
◇ 女子のみ424名
◇ 03-3717-1196
◇ http://www.yakumo.ac.jp/

安田学園中学校

自ら考え学ぶ学習習慣をつけ、自学力を進学力に高める

　安田学園では、東京大など最難関国立大をめざす「先進コース」と国公立・難関私大をめざす「総合コース」の2コース制が、2013年度（平成25年度）よりスタートし、2014年度（平成26年度）からは男女共学となりました。両コースとも、基礎学力・学習力を高度に育てる授業・根拠を言って答えることを習慣化する授業を重視しています。さらに、学ぶ楽しさをつかみ自分に合った学習法を確立することで自学力の習得をめざします。

　このような学びをバックアップするのが、独自の「学び力伸長システム」です。まず、数学と英語で2時間つづきの授業を設定し、予習・授業復習を行い、学習法を自分でチェックし、教員は必要なアドバイスを行います。これを、「学習法体得授業」といいます。

　そして、両教科で毎週2回ずつ小テストを行い、理解がじゅうぶんでない生徒には放課後を使って理解させ、自分で学べるように学習法を改善するための補習が行われます。

本質的な学び力を育てる「探究」

　また、週1時間の「探究」の時間では、疑問に思ったことを適切な課題として設定し、それに対して仮説を考え、検証します。この「疑問→仮説→検証→新しい疑問→・・・」の深化・発展こそが、根拠をもって論理的に考える力、創造的学力の育成につながります。

　自然や人間・社会について、グループや個人で探究し、5年生（高校2年生）ではいままで探究してきたものを論文にまとめ、その論文をイギリスの大学生に英語でプレゼンテーションし、ディスカッションをします。

　教科と探究の授業（磯・森林・首都圏などの野外探究もあります）により、根拠をもって論理的に追究して考える、本質的な学びとなり、地球規模の問題を解決できるグローバルリーダーの資質となります。このような自ら考え学ぶ力、論理的に考え自分の言葉で表現する力は東大入試でも求められます。

SCHOOL DATA

◇ 東京都墨田区横網2-2-25

◇ 都営大江戸線「両国」徒歩3分、JR線「両国」徒歩6分、都営浅草線「蔵前」徒歩10分

◇ 男子317名、女子102名

◇ 03-3624-2666

◇ http://www.yasuda.ed.jp/

山脇学園中学校

21世紀理想の教育へ 山脇ルネサンス躍進

　112年の女子教育の伝統を受け継ぎつつ、「社会で生き生きと活躍する女性のリーダーの育成」をめざして「山脇ルネサンス」を進めてきた山脇学園。2015年（平成27年）には中学校新校舎を含むすべての校舎ニューアルを終え、新たな施設での教育プログラムの導入を推進しました。また、ゆとりある教室エリアやカフェテリアの新設などにより、スクールライフがより豊かになりました。

志を育てる、新たな教育プログラム

　山脇学園では「志」を育てることが生徒の人生設計への根幹になると考え、体系的なプログラムを実施しています。中1・中2では自己知・社会知、中3・高1では進路設計、高2ではテーマを掘り下げた課題研究という段階的な内容となっており、生徒たちは一つひとつの取り組みで真剣に考えることで、意志を持って学習に励み、進路を決定します。

　独自の施設「イングリッシュアイランド」「サイエンスアイランド」は、国際社会で活躍する志や、科学をとおして社会に貢献する志を育てる施設として新設され、国内外の大学と提携した高度かつ実践的なプログラムを展開しています。また、「イギリス語学研修（中3）」「オーストラリア語学研修（高1）」「オーストラリアターム留学（高1・高2）」などの語学研修のほか、新たにスタートする「グローバルリーダーシップを育てる修学旅行（高2）」、「アメリカ名門女子大より学生を招いてのエンカレッジプログラム（中3・高1・高2）」などをとおして、英語を活用して課題を解決する能力や、多様な視点から自分の未来を切り拓く志を育成します。

　生徒たちは多様な個性を、学びのなかで伸びやかに発揮し、何事にも好奇心旺盛に取り組んでいます。21世紀の社会に求められる創造的な学力を、豊かな教育環境でいきいきと学びながら、身につけていくことができる学校です。

SCHOOL DATA

◇ 東京都港区赤坂4-10-36

◇ 地下鉄銀座線・丸ノ内線「赤坂見附」徒歩5分、地下鉄千代田線「赤坂」徒歩7分、地下鉄有楽町線・半蔵門線・南北線「永田町」徒歩10分

◇ 女子のみ769名

◇ 03-3585-3911

◇ http://www.yamawaki.ed.jp/

立教池袋中学校
<small>りっきょういけぶくろ</small>

東京
豊島区
男子校

「生き方にテーマのある人間」を育成

　2012年度（平成24年度）から完全週6日制、そして独自の新カリキュラムに移行した立教池袋。学年定員はそのままに、従来の3クラスを4クラスにすることでクラスサイズを小さくし、よりきめ細かな教育に転換しました。そして2013年（平成25年）春、新教室棟、総合体育館、屋内プール、人工芝グラウンドとハード面でも生徒をサポートできる体勢が整いました。

　立教池袋では、キリスト教による人間観に立ち、①テーマを持って真理を探究する力を育てる　②共に生きる力を育てる　というふたつの教育目標を掲げて「神と人を愛する、生き方にテーマのある主体的な人間」を育むことをめざしています。

　この教育目標のもと、学校生活の基本に祈りを据え、礼拝・聖書を大切にし、そのうえで、学習のあり方や友人関係、教師と生徒との心のふれあい、節度と秩序、マナーなど、日々の教育活動のすみずみにまでその精神が浸透しています。

徹底した少人数制

　クラスサイズの変更で、中高6年間各4クラスという、少数精鋭での一貫教育に磨きがかかります。

　中高6学年をとおして英語の正課授業は20人以下の学級で、帰国生を中心にした英語Sクラスは生徒10人以下の編成です。

　また、中学各学年に配した選修教科「選科」、高校生の選択講座などは、約40講座が開講されています。

　立教大との一貫連携教育も魅力のひとつです。高1で行われる大学教授特別講座などの「立教学院一貫連携教育」は、各人の学力を高めるとともに、進路や人生そのものを考えさせるという効果があります。また、大学講座特別聴講生制度もあり、高3では、立教大の講義を受講し高校や大学の履修単位にすることも可能です。

SCHOOL DATA

◇ 東京都豊島区西池袋5-16-5
◇ 地下鉄有楽町線・副都心線「要町」徒歩5分、JR線ほか「池袋」・西武池袋線「椎名町」徒歩10分
◇ 男子のみ443名
◇ 03-3985-2707
◇ http://ikebukuro.rikkyo.ac.jp/

立教女学院中学校
<small>りっきょうじょがくいん</small>

東京
杉並区
女子校

「知的で、品格のある、凛とした女性」に

　立教女学院の創立は、1877年（明治10年）。プロテスタントの宣教師・ウイリアムズ（Channing Moore Williams）によって設立されました。創立以来、キリスト教信仰を基盤に、「精神的、倫理的なものに価値をおき、他者に奉仕できる人間を育てる」こと、「グローバルな視野を持った知的に有能な人間に育てる」こと、「自由で自立した女性としての行動力ある調和の取れた人間を育てる」ことを目標とした教育が実践されてきました。そのめざす具体的な女性像は、「知的で、品格のある、凛とした女性」です。

　立教女学院の1日は礼拝で始まります。授業前の20分間、自分の心を見つめます。人に仕える精神、平和への意志はここで生まれているのです。また、年間をつうじてさまざまなボランティア活動への参加を奨励しているのも、立教女学院の特徴です。

　具体的な授業においては、国語、数学、英語、理科は中学3年で高校の先取り授業を行っています。中学・高校とも、英語は学習進度別クラス編成を行い、ホームルーム・クラスよりも少人数での授業を展開。国際社会において英語で意見を表明できる「発信型英語能力」の育成をめざしています。

特色ある「ARE学習」

　独自の学習に「ARE学習」があります。自らテーマを求め（Ask）、調べ（Research）、言語化して発表する（Express）学習で、一般的な総合学習にあたります。中学では、学力を養い広く社会に貢献できる人間になることをめざし、高校では、この「ARE学習」をとおして卒業論文を作成します。

　また、立教女学院では、創立者を同じくする立教大への推薦制度があります。他大学を受験する生徒へのサポート体制も整っており、高2・高3では理系コース、文Ⅰコース、文Ⅱコースに分かれるコース制を導入しています。

SCHOOL DATA

◇ 東京都杉並区久我山4-29-60
◇ 京王井の頭線「三鷹台」徒歩2分
◇ 女子のみ597名
◇ 03-3334-5103
◇ http://hs.rikkyojogakuin.ac.jp/

立正大学付属立正中学校

東京 大田区 共学校

「自分の力を発揮する」を育てる。

中学・高校の6年間は、自立をめざし、自分で考え、進んで学び、自分で道を選ぶ力を身につけるための時間です。

立正がめざす自立は、社会やチームのなかで、自分の力を最大限に発揮することです。ときには道を切り拓くリーダーとして、ときには仲間を支えるスタッフとして、理想や目標を実現するために力を尽くせる人が、自立した人だと立正は考えます。そのためには、自分を知ることが欠かせません。仲間の個性を認め、自分と異なる意見を受け入れ、自分の主張をしっかり伝えることも大切です。周囲から認めてもらえるように基本的な学力や人間力も求められます。授業やクラブ活動、行事などの学校生活全体をつうじて、仲間とともに、社会のために「自分の力を発揮する」生徒を育てる。それが、立正の学びです。

R-プログラムの実践と学習効果

毎日の授業だけでなく、将来に渡って必要な力、Research（調べる力）、Read（読み取る力）、Report（伝える力）を蓄えるのがR-プログラムです。

毎朝のHRで新聞や雑誌のコラムを読み、200字で意見や感想をまとめる。翌朝のHRでクラスの数名ずつが自分の意見を発表する。このルーティーンをつづけています。最初は、書けなかった文章がかたちになり、人前に立つのが苦手だった生徒も徐々に慣れ、スピーチができるようになります。いままで自信を持てなかった生徒たちが、自らの成長を体感し、授業にも好影響がでています。毎日読む記事やコラムをつうじ、「単純に知識が増えた」と実感した生徒が、「授業にしっかり取り組めば、もっといろいろなことがわかってくる」ことに気がつき、「読解問題の文章は、確実に速く読めるようになりました」という声を聞きます。立正は、R-プログラムと授業の相乗効果で「自分の力を発揮する」を育てていきます。

SCHOOL DATA

◇ 東京都大田区西馬込1-5-1
◇ 都営浅草線「西馬込」徒歩5分
◇ 男子231名、女子149名
◇ 03-6303-7683
◇ http://www.rissho-hs.ac.jp/

早稲田中学校

東京 新宿区 男子校

「誠」を基本とする人格を養成

早稲田中学・高等学校は、早稲田大のおひざもとにある早稲田大系属校のひとつです。長い伝統を誇り、早稲田大への進学ばかりではなく、他大学進学者も5割程度と、進学校としての趣が強い学校です。男子だけの中高一貫教育を行い、高校からの募集はありません。

「誠」とは、人間としての基本となるべき心の持ち方であり、言行の一致に基づく誠意・真剣さなどとして発現されます。この精神は坪内逍遙により校訓として掲げられ早稲田中・高の人間教育の基本精神となっています。

「個性」の立つべき根幹を早稲田中・高では独立・自主・剛健においています。これは、大隈重信の人格の主要な一面でもありました。早稲田中・高では、こうした個性の発揚・伸長をうながすことに努めています。

推薦入学制度で早大へ

早稲田中・高は早稲田大の系属校として、その歴史を刻んできました。

1981年度（昭和56年度）高校卒業生からは早稲田大への推薦入学制度も発足し、学校所定の推薦基準により早稲田大への進学の志のある生徒を各学部に推薦しています。

その推薦基準は、(1)心身ともに健康であること。(2)大学での勉学に関して、明確な志向と熱意をもち、それにふさわしい能力、適性を備えていること。(3)出席状況が良好であること。(4)高校3年間の7つの教科・教科群の評価平均値において4・0未満の教科・教科群がないこと（10段階評価）となっています。

早稲田中・高では、生徒自身が進学したい大学・学部を決めるため、推薦枠をいっぱいに使わない厳しい選抜を行っていることが大きな特徴です。このような方針のもと、日々の授業は密度が濃く高レベルになっています。その基礎力があって、さらに実力もアップ、早稲田大のほかにも、国公立大学、難関私立大学などへの進学が可能です。

SCHOOL DATA

◇ 東京都新宿区馬場下町62
◇ 地下鉄東西線「早稲田」徒歩1分、都電荒川線「早稲田」徒歩10分、地下鉄副都心線「西早稲田」徒歩15分
◇ 男子のみ942名
◇ 03-3202-7674
◇ http://www.waseda-h.ed.jp/

早稲田実業学校中等部

2期制で充実したカリキュラム

早稲田実業学校は早稲田大の系属校であり、2014年度の高等部卒業生391名のうち、他大学医学部進学者など10名をのぞく381名が早稲田大に推薦入学しています。

その教育課程は、中等部・高等部ともに2期・週6日制です。カリキュラムは、中学校として要請されている課程をふまえながら、バランス感覚を備えた人物育成のため、基礎学力をしっかりと身につけるような工夫がなされています。

生徒の旺盛な知的好奇心に応えるため、工夫を凝らした授業を行っています。高等部2～3年次には早稲田大の講義も受講可能です。

また、PC教室、CALL教室、各種実験室、芸術教室などの設備や外国人講師による指導など、とても充実した授業となっています。各クラスはチームワークがよく、教室はいつも伸びやかな雰囲気で、活気にあふれています。中等部から高等部へは、一定の成績基準を満たせば進学でき、高等部からの入学生と

の混合クラスになります。

希望と自由に満ちた充実した早実ライフ

勉強にいそしみ、スポーツに打ちこみ、芸術に情熱を燃やす、みずみずしい感性を磨く中学時代。受験勉強に明け暮れることなく多感な10代をいきいきと過ごすことは、のちの人生を生きていくうえで、とても大切です。

一人ひとりが元気にスポーツを楽しむ体育祭と、機知に富んだ個性を発表する文化祭は、まさに文武両道を謳う伝統の校風そのもの。

さらに、貴重な学習をする総合学習・校外教室など、生徒の自主性と個性を尊重する早稲田実業ならではの多彩な学校行事をつうじて、友情やきずなが育まれていきます。

男女、仲がよく、互いに助けあいながら学校生活を送るなかで成長していく生徒たち。その明るくはじける笑顔が早稲田実業学校の学校文化を端的に表しているといっていいでしょう。

SCHOOL DATA

◇ 東京都国分寺市本町1-2-1
◇ JR線・西武線「国分寺」徒歩7分
◇ 男子472名、女子236名
◇ 042-300-2121
◇ http://www.wasedajg.ed.jp/

早稲田大学高等学院中学部

早稲田大学建学理念に基づき、次代を生き抜く力を育む

早稲田大学の中核となる人材を育成

2010年（平成22年）早稲田大学高等学院に中学部が誕生しました。早稲田大学の系列校には、早稲田大学が直接運営している「附属校」と、早稲田大学とは別の法人が運営する「系属校」があります。そのなかでも、中学部は早稲田大学が設立する唯一の附属中学校です。

早稲田大学高等学院は、1920年（大正9年）に旧制高校として発足し、長い歴史と伝統があります。

中学部に入学した生徒は、創立以来、高等学院が培ってきた自由とアカデミズムのもとで、早稲田大学の中核となるべく成長していくことが期待されています。

1学年は120名（1クラス30名）という少人数で構成。生徒一人ひとりの個性を伸ばすことをめざし、自学自習の精神を身につけながら、いまなにをすべきかを自分で考え、行

動できる人材へと育てることを目標としています。

つねに探求心を持つ生徒を望む

早稲田大学高等学院は、「入学すれば早稲田大学に進学できるから安心だ」という学校ではありません。自分自身や社会・科学について、深く広く考えることを求められます。

そのため、学問に対する探求心や好奇心を喚起する授業が展開されているほか、生徒の自主的な活動もさかんに行われています。

たとえば、「環境プロジェクト」「国際交流プロジェクト」といった、生徒が主体的に環境問題や国際交流について考え、取り組んでいく活動もあります。

もちろん、クラブ活動もさかんで、高校ではアメリカンフットボール部、軟式野球部、ボート部などの活躍が光っています。中学部は奈良（1年生）、長野（2年生）、長崎（3年生）の宿泊研修があります。

SCHOOL DATA

◇ 東京都練馬区上石神井3-31-1
◇ 西武新宿線「上石神井」徒歩7分、西武池袋線「大泉学園」・「石神井公園」バス
◇ 男子のみ366名
◇ 03-5991-4151
◇ http://www.waseda.jp/gakuin/chugaku/

和洋九段女子中学校

_{わ よう く だん じょ し}

将来を見据えながらいまを大切にする

和洋九段女子中学校では、創立時の教育理念である「和魂洋才」をさらに発展させ、「先を見て齊える」という現在の校訓が生まれました。この校訓には、過去よりも未来よりも、「いま」がいちばん大切であり、将来を見据え、いまなにをするべきかを考えてほしいという意味がこめられています。

この校訓をもとに、「進学指導の強化」、「国際化教育の推進」、「表現力の向上」という3つの項目を重点目標として掲げ、知・徳・体のバランスのとれた女性を育成するための教育を行っています。

きめ細かな指導で生徒の学力をサポート

「進学指導の強化」を重点目標に掲げる和洋九段では、内容の濃い授業が毎日展開されていることに加え、夜8時まで個別ブースで勉強できるスタディステーションが設置されています。ここでは質問も可能で、校内で学習を完了できます。

さらに、国際教育にも力を入れており、夏季留学制度や、交換留学制度などの国際交流プログラムのほか、放課後に開放される「英会話サロン」では、ネイティブの講師と英語だけを使用してコミュニケーションをとることで、自然と英語力が向上します。

そのほか、特徴的な取り組みとして、中1～高3の全学年に設けられている「自主活動」の時間があげられます。生徒の自主性を養うために、それぞれの学年に合った活動を行うもので、最終的には高3で個人論文を完成させます。

また、生活指導の一環として、伝統芸能の鑑賞、小笠原流の礼法の学習なども行っています。これらの活動をとおして、生徒は日本文化を理解し、美しい所作を身につけた女性へと成長していきます。

和洋九段女子中学校では、いまを大切にしながら、将来を見据えることのできる女性を育成しています。

SCHOOL DATA

◇ 東京都千代田区九段北1-12-12

◇ 地下鉄東西線・半蔵門線・都営新宿線「九段下」徒歩3分、JR線・地下鉄有楽町線・南北線・都営大江戸線「飯田橋」徒歩8分

⌂ 女子のみ281名

◇ 03-3262-4161

◇ http://www.wayokudan.ed.jp/

九転十起

平成28年度入試 説明会（保護者の方対象）を下記の通り行います。

本校ホームページにて詳細をご確認の上お申し込みください。

入試説明会日程（各回の定員は500人です。）

第1回	第2回	第3回	第4回	第5回	第6回
10月10日 (土)	10月17日 (土)	10月19日 (月)	10月20日 (火)	10月21日 (水)	10月22日 (木)
14:00～16:00		11:00～13:00			

学校行事（予約不要）

部活動見学体験会	打越祭	
7月19日 (日)	第1部文化祭	第2部体育祭
浅野のもう一つの魅力「部活動」を体験しよう！大好評だった「部活見学体験会」が復活。最新設備を備えた体育館（打越アリーナ）が完成！大人気の運動部系から多彩な文化部系まで約30団体が大集合!!	9月12・13日 (土) (日) ※雨天実施	9月24日 (木) ※雨天順延

学校説明会や学校行事などの最新情報や詳しい情報は本校のホームページをご覧ください。　浅野中学校 検索

 浅野中学校

h t t p : / / w w w . a s a n o . e d . j p /

〒221-0012　神奈川県横浜市神奈川区子安台1-3-1　TEL.045-421-3281(代)　FAX.045-421-4080

JR「新子安駅」・京急急行「京急新子安駅」より徒歩8分
表記時間はJR・京急新子安駅までの所要時間の一例です。
乗り換え時間、待ち時間は含みません。

本年も サレジオ祭 で、
のびのびと学院生活をおくる
サレジアンの姿をぜひご覧ください。

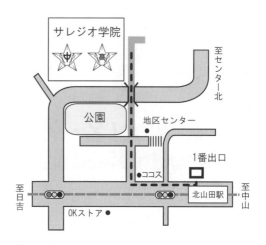

サレジオ祭

9／19（土）・9／20（日）

10:30〜16:30　　　　　9:00〜16:00

小学生のお子さんも一緒に楽しめるゲーム企画や音楽企画、
生徒による模擬店販売や、運動部の招待試合などが人気です。
また、入試相談コーナーや体験授業を行っています。
皆さんお誘いあわせのうえ、お気軽にいらっしゃってください。

学校説明会

9／5（土）・10／3（土）・11／14（土）

14:00〜15:40　本校ドン・ボスコシアターにて
（ご希望の方は終了後、校内見学にご参加いただけます）

中学入試報告会

2016年 3／20（日）

本校ドン・ボスコシアターにて（新6年生対象）

横浜市営地下鉄
グリーンライン 北山田駅 徒歩 5 分

サレジオ学院中学校・高等学校

情操豊かな青少年を中高一貫で育てる
男子校ミッションスクール

〒224-0029　横浜市都筑区南山田3－43－1　℡045－591－8222　　サレジオ学院　検索

国立・私立中学校プロフィール

神奈川

青山学院横浜英和中学校 〈2016年度より横浜英和女学院から校名変更予定〉

神奈川
横浜市

女子校

新校舎で育む英語力と国際教養

横浜英和女学院は、1880年（明治13年）、アメリカの婦人宣教師、ミスH.G.ブリテンにより横浜山手の地に創立されて以来、キリスト教主義学校として、隣人に奉仕できる心の育成に努めるとともに、生徒一人ひとりの個性と能力をいかす教育を行ってきました。そして、2016年度（平成28年度）からは青山学院大の系属校に、2018年度（平成30年度）からは男女共学化となり、新たに生まれ変わろうとしています。

重視されている英語・国際教育

授業は完全週5日制・2学期制で、大学進学はもとより進学後の勉学にも対応できる教育課程と授業内容を組んでいるのが特徴です。

とくに、英会話と基礎段階である中1の英語は少人数で行われ、中2以上では習熟度別、少人数クラス編成となっています。高校では、80以上の自由選択科目のなかから自分の進路に必要なものを自由に選べ、さらに、火曜・木曜放課後補講、土曜セミナーや夏期補講、高3受験講座など、さまざまな学力面でのフォロー体制が整っています。

横浜英和女学院は、オーストラリアに2校、韓国に1校、アメリカに1校、計4校の姉妹校を海外に持っています。短期留学やホームステイ、海外研修旅行、受け入れプログラムなど、多様で活発な交流が行われています。また、2013年（平成25年）春より、アメリカの姉妹校大学を訪問するUSAスタディーツアーも開始しました。このような機会をとおしてグローバルな視野を養い、世界の人々とともに生きることを学んでいます。

また、中高6年間のコミュニケーションスキルプログラム、キャリアサポートプログラムがあり、他者と社会との関係のなかで、自己実現を考える力を育成しています。

2012年（平成24年）7月には新校舎が完成。生徒一人ひとりの夢が育まれる学習環境もますます充実しています。

SCHOOL DATA

◇ 神奈川県横浜市南区蒔田町124
◇ 横浜市営地下鉄ブルーライン「蒔田」徒歩8分、京浜急行「井土ヶ谷」徒歩18分
◇ 女子のみ447名
◇ 045-731-2862
◇ http://www.yokohama-eiwa.ac.jp/

浅野中学校

神奈川
横浜市

男子校

「各駅停車」で育む自主独立の精神

1920年（大正9年）、実業家・浅野總一郎翁によって創立された浅野中学校・高等学校。大学進学実績のよさに加え、伝統である「自主独立の精神」を重視する明るい校風は、多くの保護者からの熱い支持を受け、今日にいたります。

青春の真っただなかに位置する中学・高校時代。浅野は、たくさんの経験・であい・ふれあいを大切にし、ゆっくり伸びのびと歩みながら6年間を大切に使って成長してほしいと願う、いわば「大学受験行きの特急」ではなく、「各駅停車」の学校です。

希望大学への進学を実現するカリキュラム

授業は6カ年を見通してカリキュラムを構成し、大学受験と関連した内容ならびに時間配当になっています。

中1・中2で中学の学習内容を履修しながら、基礎力を身につけます。国語、数学、英語、理科などの教科では中3で高校レベルの内容も学習します。これは、高2からの希望進路に応じた授業体系に移行するためで、オリジナルテキストの導入や中身の濃い授業が、進度をあげることを実現しています。

高2からは志望を基本にクラスが分かれます。長年のノウハウと実績に裏付けされた授業展開で、生徒の学力向上において大きな成果をあげています。

忘れてならないのは、浅野ではなによりも日常の授業を第一に考えていることです。日ごろから予習・復習の学習習慣を身につける指導が行われています。

徹底した学習指導がある一方、「学校は人間形成の場である」という基本をふまえ、日常のあいさつから人との接し方、ルールを守るといったことができて、初めて勉強に言及すべきだとも考えています。

中高一貫独自の指導体制と、当たり前のことを大切にする教育のなかで、浅野生は明るく自由な学園生活を送っています。

SCHOOL DATA

◇ 神奈川県横浜市神奈川区子安台1-3-1
◇ JR線・京浜急行線「新子安」徒歩8分
◇ 男子のみ820名
◇ 045-421-3281
◇ http://www.asano.ed.jp/

栄光学園中学校

えい こう がく えん

理想的な教育環境を実現

JR大船駅から徒歩15分。緑多き小高い丘陵地に栄光学園のキャンパスは立地します。

恵まれた教育環境のなか、栄光学園では、つぎの6つを教育理念として掲げています。「真理を求め、たえず学び続ける人間。素直な心を持ち、人々に開かれた人間。確信したことを、勇気をもって実行する人間。自分の力を喜んで人々のために生かすことのできる人間。己の小ささを知り、大いなる存在に対して畏敬の念をもつ人間。多くを与えられた者として、その使命を果たすことができる人間」。

そして、この理念に基づき、社会に奉仕できるリーダーの育成にあたっています。大学への良好な進学実績はあくまで結果であり、他者に貢献できる人間教育こそが本来の学園の目的です。自分で考え、判断し、実行することができ、さらに謙虚な反省をとおして自己を向上させられる人間の育成をめざしています。

その例をあげると、たとえば、毎週1時限「倫理」の授業があり、人間について幅広い理解力や判断力を養う場として、創立以来大事にされています。

自立をめざす学習指導

じっくりと人間教育にあたる栄光学園の姿勢は、学習においてもつうじるものがあります。自ら学ぶ「自学自習の精神」を養うことに努め、また学習内容の消化・定着をはかるため、毎日最低2時間の家庭学習の習慣化を課しています。

中高6年間は2年ごとに3つのブロックに分けられます。初級段階では基本の学習習慣と生活習慣を学び、中級段階でそれを発展させ、自発的・意欲的に学ぶよう指導します。そして6年間の最終段階では学んできたことを総合し、自らの可能性を追求する指導が行われます。

各ブロックで生徒の発達段階を考慮し、効率的に生徒たちの能力を育成していきます。

SCHOOL DATA

◇ 神奈川県鎌倉市玉縄4-1-1

◇ JR線・湘南モノレール「大船」徒歩15分

◇ 男子のみ563名

◇ 0467-46-7711

◇ http://ekh.jp/

神奈川学園中学校

か な がわ がく えん

「わたしをすてきにする」学校

神奈川学園中学校・高等学校の前身となる「横浜実科女学校」は、1914年（大正3年）、「女子に自ら判断する力を与えること」「女子に生活の力量を与えること」を建学の理念に開校されました。創立以来、宗教色のない学校として、「自覚」「心の平和」「勤勉」を校訓に、現代に生きる人間教育を進めてきました。

神奈川学園では、2000年（平成12年）から、生徒の「学習力」と「人間力」を育てることを目標とした「21世紀教育プラン」を実施しています。21世紀に求められる人間像は、「自立」と他者との「共生」だと考え、「人と出会い、社会と出会う」生き方の探究をプランの骨格としています。その柱となっているのが、中3で沖縄、四万十川、水俣、奈良・京都の4方面から選ぶ国内FWと高1でイギリス、イタリア、アメリカなど6方面から選ぶ海外研修。これらの研修は、日本文化の本質を実感し、世界の広さを知ることで一人ひとりに大きな成長をもたらします。

また、学習面では2008年（平成20年）からの完全中高一貫化にともない、6日制を採用し、無理のない先取り学習を実現し、高1までで必修科目をほぼ学び終えることが可能になりました。

一人ひとりを伸ばす

授業内容も独自性豊かです。各教科で採用しているオリジナルテキスト、中学3年間での「理科100実験」、個別の「まとめノート指導」など、生徒の知的好奇心を刺激し、確かな学力を育てる仕組みにあふれています。また、中学では2人担任制を採用し、一人ひとりをていねいに見守る体制を確立しています。

こうした取り組みの成果もあって、2015年（平成27年）3月卒業生は「難関」とされるG-MARCH以上の大学に、130名が合格しました。

神奈川学園は、一人ひとりの夢の実現を強く確かにサポートしています。

SCHOOL DATA

◇ 神奈川県横浜市神奈川区沢渡18

◇ JR線ほか「横浜」、東急東横線「反町」徒歩10分

◇ 女子のみ577名

◇ 045-311-2961

◇ http://www.kanagawa-kgs.ac.jp/

神奈川大学附属中学校

神奈川
横浜市
共学校

建学の精神は「質実剛健・積極進取・中正堅実」

横浜市に17万㎡ものキャンパスを有する神奈川大学附属中学校・高等学校。ぜいたくなほどの豊かな緑ときれいな空気が学校を包みます。

建学の精神は「質実剛健・積極進取・中正堅実」です。「質実剛健」は飾り気なく真面目で心も身体も強いこと。「積極進取」はなにごとも進んで行うこと。そして、「中正堅実」は質実剛健・積極進取の精神を自覚したうえで、ものごとの本質を見極め、自ら主体的に行動することです。

この建学の精神のもと、神奈川大附属では、生徒一人ひとりが自分のなかに潜む可能性を引き出し、伸ばし、たくましく生きる力を育んでいます。

学校としての基本姿勢は「進学校」ですが、そのなかであくまでも「個」を大切にし、自主独立の精神を尊重して、自分の足でしっかり立つことのできる人間の育成に努めています。

「生きる力」を養う6つの教育目標

こうした人材を育成するために掲げているのが、「生涯教育の立場」「男女共修の立場」「情報化社会への対応」「個別化・個性化の立場」「国際化への対応」「"生き方探し"の進路指導」の6つです。大学進学へ向けて受験科目の指導に重点を置きながらも、それだけに偏らない教育を行うことで、自主独立の精神を育む「生きる力」を生徒たちは身につけます。

進路は、6年間かけて生徒の「生き方探し」をすることと考えられています。職業観の育成から始まり、附属大学の授業体験を経て、就職まで考えた大学選択となります。特進クラス・習熟度別授業は行わず、すべての生徒が希望する大学に進学できるような指導が行われています。附属大学への推薦制度もありますが、建学の精神どおり、「積極進取」で一般受験にチャレンジし、6～7割の生徒がG-MARCH以上に進学しています。

SCHOOL DATA

◇ 神奈川県横浜市緑区台村町800
◇ JR線・横浜市営地下鉄グリーンライン「中山」徒歩15分、相模鉄道線「鶴ヶ峰」バス
◇ 男子361名、女子295名
◇ 045-934-6211
◇ http://www.fhs.kanagawa-u.ac.jp/

鎌倉学園中学校

神奈川
鎌倉市
男子校

校訓に掲げる「礼義廉恥」

古都鎌倉、建長寺の境内に隣接する鎌倉学園は、周囲を深い歴史と豊かな自然がおおいます。

中国の書物「管子」のなかにある「礼義廉恥」を校訓に、「知・徳・体」三位一体の教育が行われています。「礼義」とは、人として身に備えるべき社会の正しい道筋のこと、「廉恥」とは、心清くして悪を恥じ不正をしないということです。

豊かな宗教的環境から醸しだされる家庭的な友愛精神のなか、社会の進歩に適応できる能力・適性を育むための進路指導を重視しています。

適切な進路指導で高い進学実績

情操あふれる人間形成に努める鎌倉学園は、進学指導にも定評があります。中高一貫の徹底したカリキュラムにより、着実なステップアップがはかられています。

中学では、学ぶ習慣と意欲を身につけると

ともに、基礎学力をしっかりと養います。そのため、日々の補習をはじめとして、学期末の特別講習や、土曜日に行われる「鎌学セミナー」などをとおして、徹底した基礎学力づくりが行われています。

そして、忘れてはならないのが、中高一貫教育のもとに行われる、国語・数学・英語の先取り授業です。一歩一歩完璧な理解を積み重ねながら展開されています。

真の「文武両道」をめざす鎌倉学園では、自由で伸びのびとした校風のなか、多くの生徒が自主的にクラブ活動に参加しているのも、特色といってよいでしょう。

また、建長寺の子弟教育のために創立された「宗学林」を前身とする鎌倉学園では、心身のバランスのとれた成長をめざすため、中1から高1まで座禅教室の時間が設けられています。そのほかにも多彩な行事を行うことで、バランスのとれた人格形成を心がけています。

SCHOOL DATA

◇ 神奈川県鎌倉市山ノ内110
◇ JR線「北鎌倉」徒歩13分
◇ 男子のみ521名
◇ 0467-22-0994
◇ http://www.kamagaku.ac.jp/

鎌倉女学院中学校
かまくらじょがくいん

神奈川
鎌倉市
女子校

湘南地区女子中の草分け的存在

鎌倉女学院は「真摯沈着」、「尚絅」を校訓として特色ある女子教育を実践し、多くのすぐれた女性を世に送りだしてきました。現在は、心身ともに健康で国際性豊かな人間教育を目標として、国際社会で活躍できる知的で洗練された女性エリートの育成に努め、各々のめざす上級学校への進学に対応した、6年一貫教育を行っています。

そのなかで、中学3年間は、将来に向けて基礎学力をしっかり身につける大切な時期と考え、主要5教科（国数英社理）を重視する教育課程を編成し、日々のきめ細かい指導によって、無理なく着実に実力を養成していきます。

また、生涯にわたって楽しむことができる教養を身につけることを目的とし、茶道・華道・書道・バイオリン・フルートの5講座が学べる特修の設置など、生徒一人ひとりの能力を引きだす、いきとどいた教育をめざしています。

鎌倉から世界に発信する

学習面とともに重視されているのが、国際的な社会人となるためのさまざまな経験です。

たとえば、異文化を理解し、それと共生していくためには、自国の文化理解が不可欠です。古都鎌倉という学校環境をいかして歴史遺産に触れ、体験的に学ぶことによって、自国の歴史・文化の特色を理解していきます。

また、20年以上前から国際交流プログラムに取り組んでおり、現在は海外姉妹校交流プログラム（アメリカ）とカナダ英語研修（どちらも高校の希望者が対象）のふたつの海外研修を実施しています。

湘南地区の女子中学校の草分け的な存在としての伝統を持ちながらも、こうして社会の国際化にも対応する教育を柔軟に取り入れるなど、つねに進化をつづけているのが鎌倉女学院のよさだといえるでしょう。

SCHOOL DATA

◇ 神奈川県鎌倉市由比ガ浜2-10-4
◇ JR線・江ノ島電鉄線「鎌倉」徒歩7分
◇ 女子のみ497名
◇ 0467-25-2100
◇ http://www.kamajo.ac.jp/

鎌倉女子大学中等部
かまくらじょしだいがく

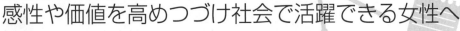

神奈川
鎌倉市
女子校

感性や価値を高めつづけ社会で活躍できる女性へ

鎌倉女子大学中等部・高等部の建学の精神は、「感謝と奉仕に生きる人づくり」「ぞうきんと辞書をもって学ぶ」「人・物・時を大切に」の3つの柱からなります。それぞれ言い換えれば「周囲に感謝し、他者には親切に接する」「率先して動き、謙虚に学ぶ」「人には誠実に、物には丁寧に、計画性を持って努める」ということです。これらの精神のもと、「自己の感性や価値を高め続け社会で活躍できる女性を育てる」という教育目標を掲げ、「実践力・思考力・共生力」といった「生きる力」を身につけていきます。そのために、今年度から土曜日授業の導入や新たな語学研修の実施など、学校改革が進められています。

生徒を育てる充実した学び

中1からふたつのコースに分かれて学びます。「進学コース」では、高等部卒業後も学びつづけるための基礎学力を着実に習得し、鎌倉女子大学をはじめとした大学進学に備え

ます。「特進コース」では、各分野でリーダーとなる女性を育成するために、高い学力と知識を身につけ、難関大学合格をめざします。

学習指導では「国・数・英・社・理」を重点科目と位置づけ、若い熱意あふれる教科主任の先生と経験豊かなベテランの先生がイニシアティヴをとり、各授業担当者のモデルとなる教材研究や授業研究を推進する「世代間主導体制」がとられています。また、今年度から、学力の定着と向上を目的に、「学習支援センター」が設置され、個々の学習状況に応じた、きめ細やかな支援が行われています。

そして、新たに始まった「海外語学研修」（中3〜高2の希望者）では、英語のコミュニケーション能力や人種・国籍を超えたものの見方や考え方を身につけ、人間としての寛容性を高め、真の国際人としての感覚を養い、自分の考えを英語で表現できる力を培います。こうした充実した学びが鎌倉女子大学中等部・高等部には用意されているのです。

SCHOOL DATA

◇ 神奈川県鎌倉市岩瀬1420
◇ JR線「本郷台」徒歩15分、JR線・湘南モノレール「大船」徒歩23分・バス10分
◇ 女子のみ141名
◇ 0467-44-2113
◇ http://www.kamakura-u.ac.jp/

カリタス女子中学校

神奈川 川崎市 女子校

生徒の自律をうながす校舎

カリタス女子中学校の「カリタス」とは、ラテン語で「慈しみ・愛」を意味する言葉です。カナダの聖マルグリット・デュービルが創立した修道女会の名称に由来しています。「祈る」「学ぶ」「奉仕する」「交わる」の4つの心を持った人間像をめざし、思いやりの心と自律した学びの姿勢を育んでいます。

現在、カリタス学園は、幼稚園から高校までを擁し、中学・高等学校は6年間の一貫教育を展開しています。

国際的センスを磨くふたつの外国語

カリタスでは、創立当初から英語とフランス語の教育に取り組んできました。フランス語の授業では中学生の女の子を主人公とした学校自作の教科書が使用され、身近に感じながら学べるように工夫されています。また、外国で自分の国や自分の考えをしっかり語るための教育、真の国際人を育てる教育も行われています。

新校舎をとおして新たな学習を提案

2006年（平成18年）に現在の校舎となってから、カリタスでは「教科センター方式」を採用しています。この方式は、すべての教科が教科ゾーンを持ち、生徒たちはつねに「教科教室」に出向いて授業を受けるというものです。この方式を採用することにより、生徒は教室で授業を待つのではなく、授業に必要な準備をして授業に向かう「自律した学習姿勢」を身につけるようになるのです。さらに、各教科ゾーンの「教科センター」には、授業の枠をこえて教科に関連する内容などが生徒の興味を引くかたちで展示され、生徒の知的好奇心を刺激しています。

そのほかにも、校舎は緑と光、空気をふんだんに取り入れており、学校全体がコミュニケーションの場となるように設計されています。カリタス女子中学高等学校は21世紀を見通した新たな教育活動を展開しています。

SCHOOL DATA
- 神奈川県川崎市多摩区中野島4-6-1
- JR線「中野島」徒歩10分、JR線・小田急線「登戸」徒歩20分・バス
- 女子のみ576名
- 044-911-4656
- http://www.caritas.ed.jp/

関東学院中学校

神奈川 横浜市 共学校

創立100年へ向けて

6日制カリキュラム

創立96周年を迎えた関東学院では、土曜日の午前中にも通常授業を行う週6日制カリキュラムを実施しています。そして、成績中位の生徒たちが当たり前にG-MARCHレベル以上の大学に合格することを念頭においた指導が行われています。

中2から高1まで、成績上位者を1クラスにした「ベストクラス」を設置。合わせて、英語では中2・中3、数学では中3・高1で習熟度別授業を実施しています。2クラスを3つに分け、きめ細かい指導で個々の能力を伸ばします。高2以降は文系、理系それぞれに「難関大学受験クラス」を1クラス設けています。このクラスは大学入試センター試験から大学入試がスタートするという姿勢で、目標が一致した生徒同士が切磋琢磨しあい、高い目標を実現させています。

進学実績では、併設の関東学院大への推薦での進学者は全体の約5％前後にとどまります。2015年（平成27年）3月の卒業生のG-MARCHへの合格者数は4年前に比べて約2倍になり、実績も上昇しています。

個性を磨き、心を育てる研修行事

関東学院では毎年宿泊研修があります。「現場主義、地球的視点、人権と平和」というモットーで、教室外での「学び」も重要だと考えているからです。

高2で実施する全員参加の海外研修では、海外や国内の希望のコースに分かれ、平和について学び、考えていきます。

また、希望制でオーストラリア、台湾での語学研修やハワイ島での理科研修も行っており、「人」や「世界」に積極的に会う場が用意されています。

さまざまな価値観を持った人とであい、教室のなかだけでは得られない「学び」を実践している関東学院です。

SCHOOL DATA
- 神奈川県横浜市南区三春台4
- 京浜急行線「黄金町」徒歩5分、横浜市営地下鉄ブルーライン「阪東橋」徒歩8分
- 男子553名、女子230名
- 045-231-1001
- http://www.kantogakuin.ed.jp/

関東学院六浦中学校

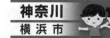

神奈川
横浜市
共学校

10年後20年後の社会を見据えた教育

関東学院六浦は、キリスト教の精神を基本とし、「人になれ　奉仕せよ」を校訓として掲げています。自己の利益にとらわれず、他者のために努力できる人として社会に貢献することを願い、生徒が各自の持っている才能を信じ、成長して、校訓を実践する人となることをなによりも大切にしています。

ホンモノの英語に触れる

英語学習では、ホンモノの英語に触れる機会を多くするために、2015年度からは6人のネイティブ教員が英語の授業を担当しています。これからの英語力は、「読む」「書く」「聞く」「話す」の4技能が求められ、グローバル化社会で活躍するためには、この英語の4技能をツールとして獲得することが必要不可欠です。低学年からネイティブ教員による英語の授業を数多く実施し、10年後、20年後の社会を生徒たちが生き抜くための英語コミュニケーション能力を獲得していきます。とく

に1年生においては、週6時間すべての英語の授業をネイティブと日本人教員によるチーム・ティーチングで行い、生きた英語に多く触れることのできる授業を展開します。

豊富な海外プログラム

今後さらにグローバル化が進むであろうことを予測し、生徒たちが海外を舞台に学びを深めることができるようなプログラムを数多く展開しています。1年生から参加できるフィリピンのセブ島での語学研修では、1日8時間のマンツーマン英語の授業を約1週間受けることにより、効率よく学習することができます。ほかにもアメリカ短期研修、オーストラリアターム留学、マレーシアターム留学などのプログラムを取り入れています。また、海外での教育ボランティアを体験するカンボジアでのプログラムも行っており、2014年度に実施した海外プログラムには、5カ国に107名の生徒たちが参加しました。

SCHOOL DATA

◇ 神奈川県横浜市金沢区六浦東1-50-1
◇ 京浜急行線「金沢八景」・「追浜」徒歩15分
◇ 男子334名、女子189名
◇ 045-781-2525
◇ http://www.kgm.ed.jp/

北鎌倉女子学園中学校

神奈川
鎌倉市
女子校

「高雅な品性」を育む教育

北鎌倉の緑美しい高台に、北鎌倉女子学園中学校・高等学校はあります。東邦大学の創立者である、額田豊博士によって1940年（昭和15年）に開校され、「豊かな知性と情感を具え、深い思考と的確な判断のもとに誠実に自らの人生を生き、やさしく他と調和しつつ社会に寄与する女性」の育成をめざしています。

週6日制を堅持し、6年間を「基礎確立期」、「基礎発展期」、「実力充実期」、「合格力完成期」の4つのタームに分けてそれぞれのタームごとに目標を設定しています。

「基礎確立期」では、学習習慣の確立と基礎学力の定着、「基礎発展期」では、課題の発見と克服、「実力充実期」では、総合力の向上、「合格力完成期」では、志望校合格に向けた実力の養成をめざします。

中学校ではめずらしい音楽科

北鎌倉女子学園には、普通コースとは別に、

中学校では数少ない音楽コースがあります。

高等学校音楽科を含めた6年間の一貫教育は、音楽の基礎を固め、幅広く学んでいく理想的な環境といってよいでしょう。

また、普通コースでは、国語・数学・英語を理解度に応じた分割授業とし、高1進級時に「普通クラス」と「特進クラス」に分かれます。

そして、高2から「文理進学」、「特進文系」、「特進理系」と3コースに分かれ、それぞれ個人の希望進路に沿って実力を養成していきます。

そうした綿密なカリキュラムと、先生がたの手厚いサポート体制により、近年では、G-MARCHへの進学率も上昇し、自分の夢をかなえる生徒が増えてきています。

北鎌倉女子中学校・高等学校では、あふれる自然と歴史ある街にかこまれ、勉強だけではなく、さまざまな学校行事や、日常をとおして、豊かな品性と知性を育んでいます。

SCHOOL DATA

◇ 神奈川県鎌倉市山ノ内913
◇ JR線「北鎌倉」徒歩7分
◇ 女子のみ132名
◇ 0467-22-6900
◇ http://www.kitakama.ac.jp/

公文国際学園中等部

神奈川 横浜市　共学校

国際社会で活躍する人材を育てる未来志向の学校

公文国際学園は1993年（平成5年）、公文式学習の創始者、公文公によって創立されました。「国際学園」という名を校名に冠した背景には、「この学園から巣立っていく子どもたちが、やがて世界のなかでリーダーシップを発揮して諸問題を解決できるような、グローバルな視野を持つ個性的な人間になってほしい」との願いがこめられています。

学園には制服も校則もなく、あるのは生徒の自由と責任を謳った生徒憲章だけ。なにもかもが自由という意味ではなく、自分に与えられた自由を守るため、自分の行動に対して責任を持つように求められているのです。

公文式と3ゾーン制

公文国際学園の特徴的な勉強のひとつに公文式学習があります。

中1～中3では授業前に毎朝20分間朝学習を行っていますが、中2まではこの時間と、週1回決められた曜日の放課後に公文式教材での学習を行います。国語・数学・英語のなかから1教科必修で、他教科も希望すれば学習できます。中3からは任意となります。

そして、「3ゾーン制」というほかの学校には見られない制度を取り入れています。中高6カ年を基礎期・充実期・発展期と3つに分け、それぞれに教育目標を設定。各ゾーンごとに校舎と責任者を配しています。このゾーン制によって、生徒の発達段階に合わせた、より専門的で細やかな指導が行われます。

そのほかにも、公文国際学園には生徒主体の学校行事や体験学習がたくさんあります。中1での「寮体験プログラム」や、生徒自らが企画、投票し、当日の運営まで行う中3での「日本文化体験」がその代表です。魅力的な学校施設や男女寮といった教育環境も整っています。6年間という学園生活をとおして、これらのすべてが、自らの進路を切り拓く力を養い、将来、世界へと羽ばたいていく力となっていることにまちがいありません。

SCHOOL DATA

- ◇ 神奈川県横浜市戸塚区小雀町777
- ◇ JR線「大船」スクールバス8分
- ◇ 男子226名、女子259名
- ◇ 045-853-8200
- ◇ http://kumon.ac.jp/

慶應義塾湘南藤沢中等部

神奈川 藤沢市　共学校

貫かれる「独立自尊」「実学」の精神

1992年（平成4年）、慶應義塾湘南藤沢中等部・高等部は、藤沢市にある慶應義塾大と同じキャンパス内に男女共学・中高一貫6年生の学校として開校しました。創立以来、情操豊かで、想像力に富み、思いやりが深く、広い視野に立ってものごとを判断し、社会に貢献するために積極的に行動する人、知性・感性・体力にバランスのとれた教養人の育成をめざしてきました。

慶應義塾の各小・中・高等学校は、創立者・福澤諭吉の「独立自尊」という共通する教育理念を持っていますが、各学校の教育方針はそれぞれ独立しています。

慶應義塾湘南藤沢は、「社会の良識が本校の校則」という考えのもと、校則のない自由な雰囲気が特徴となっています。

異文化交流と情報教育

各クラスは、2名の担任教員制となっています。そのため、生徒は、状況に応じて異なる担任の先生にアプローチすることが可能です。生徒の多様な感性と、ふたりの担任の異なる個性が融合して独特の雰囲気がつくりだされています。

「異文化交流」を教育の柱とする慶應義塾湘南藤沢では、帰国子女入試を経て入学してきた者が生徒の約25％という高い割合を占めていることも特徴です。ネイティブ・スピーカーの教員も多数おり、異文化の交流が自然なかたちで学校のなかに生まれています。

また、パソコンを利用した「情報」の授業が行われ、中等部では情報活用・解析・プレゼンテーション能力の育成、高等部ではコミュニケーション・データ解析能力の育成を主眼においた「情報教育」が行われています。

こうして、これからの次代を担う生徒に最も必要だと思われる、外国語やコンピューターによるコミュニケーション能力、データ解析能力をしっかり身につけさせることがめざされています。

SCHOOL DATA

- ◇ 神奈川県藤沢市遠藤5466
- ◇ 小田急江ノ島線・相鉄いずみ野線・横浜市営地下鉄線「湘南台」バス15分、JR線「辻堂」バス25分
- ◇ 男子252名、女子246名
- ◇ 0466-49-3585
- ◇ http://www.sfc-js.keio.ac.jp/

慶應義塾普通部

「独立自尊」の精神を胸に

　慶應義塾は「独立自尊」を基本精神として、「気品の泉源」であり「智徳の模範」となる人材の育成をめざしています。

　創立者・福澤諭吉がめざした「高い品性とすぐれた知性を人格の基盤として、独立した思考と行動を行うことのできる個人の育成」を創立以来掲げてきました。

　とくに中学生の時期は人間の基礎を築く大切な時期ととらえ、中等教育において「独立自尊」の人格形成に資することのできる理想の教育をめざしています。

「少人数学級」が大きな役割

　慶應義塾普通部では、中1では1クラスの人数が24人という、少人数制を採用しています。少人数教育は、将来の有望な人材を育成するには必要不可欠となっています。

　入学後の1年間を、自ら学び自ら考えるための基礎的な学力を身につける時期と位置づけるとともに、入学直後からの親密な友だちづくりを、人数が少ないクラス規模で行います。また、授業へ積極的に参加する環境として、中1での少人数学級が大きな役割を果たします。日々の授業において一人ひとりに光をあてることができ、授業の形態そのものが参加型になり、各人の理解も深まっているようです。

　少人数学級は、先生にとっても、生徒のつまずきをいち早くキャッチし、迅速な対応ができるので大きなメリットです。

　普通部卒業後は、慶應義塾の一貫教育の高校段階に進むことになります。慶應義塾高校に進む生徒が最も多いのですが、慶應義塾志木高校、慶應義塾湘南藤沢高等部、そして、慶應義塾ニューヨーク学院のいずれかに、普通部からの推薦で進学可能です。

　高校卒業後は、慶應義塾大の10学部に進学することができます。ほとんどの生徒が、この慶應義塾の一貫教育システムに沿って慶應義塾大に進学しています。

SCHOOL DATA

- ◇ 神奈川県横浜市港北区日吉本町1-45-1
- ◇ 東急東横線・横浜市営地下鉄グリーンライン「日吉」徒歩5分
- ◇ 男子のみ700名
- ◇ 045-562-1181
- ◇ http://www.kf.keio.ac.jp/

相模女子大学中学部

「ワタシ」を育てる。「わたし」を見つける。

　相模女子大は、女子の先進教育機関として明治中期に開学した110余年の歴史を誇る学園です。「高潔善美」を建学の精神に掲げ、高い理想にまっすぐ向かう心、美しいもの・善いものを愛する心、強さと真の女性らしさを持った女性の育成をめざします。

　「英知」「誠実」「友愛」の教育目標のもと、確かな学力の定着をはかるとともに、多彩な行事やクラブ活動をとおして、真剣にものごとに取り組む姿勢や人を思いやる心を育んでいます。

6年間で拓く、自己実現の道

　相模女子大学中学部・高等部では、6年間で各時期に適切な学びのための一貫カリキュラムを組んでいます。

　数学・英語は、進路実現を見据えた独自の進度で学習が進み、週6日制の実施により、国語・数学・英語ばかりでなく、社会・理科の授業時数も多く確保されています。中3に設置されている「特進準備クラス」は、高等部「特進コース」に直結するクラスとして、学習進度も速く、発展的な内容までを学ぶ大学受験を意識した授業が展開されます。

　中1では、「茶道」が必修となっており、ものごとや人に対して礼と真心をもって向きあう姿勢を学びます。

　また、各界で活躍されるかたがたをお招きしての「講話」や、中3・高1で実施される「キャリア講演会」などをとおして働くことを具体的に知るなど、女性としての生き方を見つめる機会を大切にしています。

　相模女子大・短期大学部を有する総合学園ですが、他大学を受験する生徒も全力でサポートしており、国公立大や早稲田大、慶應義塾大、上智大などの私立大への合格者も例年輩出しています。もちろん、相模女子大を希望する生徒には優先的な内部進学制度があり、興味・関心や適性に合わせて多様な選択肢のなかから進む道を選ぶことができます。

SCHOOL DATA

- ◇ 神奈川県相模原市南区文京2-1-1
- ◇ 小田急線「相模大野」徒歩10分
- ◇ 女子のみ283名
- ◇ 042-742-1442
- ◇ http://www.sagami-wu.ac.jp/chukou/

サレジオ学院中学校

キリスト教精神に基づく人間形成

サレジオ学院は、1960年（昭和35年）にカトリック・サレジオ修道会により創立された目黒サレジオ中学校を前身とするカトリック・ミッションスクールです。創立以来、キリスト教精神に基づく豊かな人間形成をめざした教育が行われています。また、他人や動物、自然環境にいたるまで、すべてを大切なものとして受けとめる「存在の教育」にも力を入れています。

中1では週に2時間「宗教の授業」があり、聖書を教材として、「人間らしく生きること」についてサレジオ会の神父や先生といっしょに考えます。また、世の中のさまざまなできごとからテーマを見つけ、人生の道しるべとなるような話を聞く「朝の話」を、朝のホームルームのなかで週3回放送により行っています。

このようなキリスト教精神に基づいた人間教育に加え、生徒の夢をかなえるための進路指導もきめ細やかに行われています。

高校での募集を行わないサレジオ学院の6カ年一貫教育では、高2まですべてが終えられる先取りのカリキュラムを組み、高3では大学受験のための演習を行います。毎日の授業に加え、勉強合宿や、春・夏・冬休みの講習なども実施します。6年間の積み重ねは、国公立大、難関私立大へのすばらしい進学実績となって表れています。

「家庭との協力」を重視

サレジオ学院は、家庭と協力した教育を重視して、「父親聖書研究会」や「母親聖書研究会」をつくり、聖書に触れながら教育の問題について考える機会を持っています。さらに、教育懇談会や地区別懇談会などをとおして、家庭との相互理解を深め、積極的に協力しあい、生徒の教育にあたっています。

家庭と学校に見守られ、「愛と信頼の教育」を受けることのできる場がサレジオ学院中学校です。

SCHOOL DATA

◇ 神奈川県横浜市都筑区南山田3-43-1
◇ 横浜市営地下鉄グリーンライン「北山田」徒歩5分
◇ 男子のみ182名
◇ 045-591-8222
◇ http://www.salesio-gakuin.ed.jp/

自修館中等教育学校

伸びのびと「生きる力」を身につける

自修館中等教育学校の創立は1999年（平成11年）です。「自主・自律の精神に富み、自学・自修・実践できる『生きる力』を育成する」、「21世紀が求める人間性豊かでグローバルな人材を輩出する」ことを教育目標に、自修館では「探究」をはじめとする特色ある教育を展開しています。

「探究活動」「こころの教育」

自修館のユニークな取り組みのひとつが「探究」活動です。生徒一人ひとりが自分でテーマを設定し、調査・研究を進めていきます。文献による基礎研究を重ねるほか、「フィールドワーク」と呼ばれる取材活動を行い、専門家へのインタビューや現地調査によっても見識を深めていきます。こうした活動をつうじて自分で課題を解決していく能力を養っています。

特色ある取り組みのふたつ目は、「こころの教育」の「セルフサイエンス」です。日常生活での自分の行動パターンを振り返り、受け手の気持ちなどを考えていく授業です。前期課程では、命やモノを大切にすること・責任を持って自分の役割を果たすことの意義を学び、後期課程では、進路ガイダンスの時間として自分の将来について考えます。

理想とする学びのサイクル

教育スケジュールは「2.3.4システム」を採用しています。

2 STAGE―6年間を大きく2期に分け、「自己の発見」と「自己の実現」というテーマを意識し、生徒はそれぞれのステージで自己の課題を認識します。

3 STEP―こころと身体の発達に合わせ、基礎・発展・実践の3段階の学習ステップを踏み、しっかりと力を身につけます。

4 STANCE―4学期制を導入し、各学期で休暇と学校行事を取り入れながら、一定のリズムでやりがいのある学びを実現します。

SCHOOL DATA

◇ 神奈川県伊勢原市見附島411
◇ 小田急線「愛甲石田」徒歩18分・スクールバス5分・JR線「平塚」スクールバス25分
◇ 男子205名、女子131名
◇ 0463-97-2100
◇ http://www.jishukan.ed.jp/

湘南学園中学校

しょうなんがくえん

社会の進歩に貢献できる明朗で実力ある人間を育てる

　創立80周年の節目の年、2013年にユネスコスクールに加盟した湘南学園。「グローバル社会の進歩に貢献する、明朗で実力ある人間を育てる」ことを教育目標にした、伸びやかで活気あふれる男女共学校です。中高6カ年をかけ高い学力を培うとともに、将来の積極的な人生につながる「人間力」を育みます。

　学力を伸ばす一貫教育の充実を追求し、学年の枠組をはずした、より学習効果の高いカリキュラムが構成されています。中学では、基礎学力の習熟・定着と、学習習慣の形成を重視。高3では大学へ直結する演習に徹底して取り組みます。中学での数学・英語の週1回の「放課後指名補習」や、夏休みの全員対象にした「到達度別総復習」、朝の「希望講習」など、6年間をとおして「トコトン生徒の学習につきあう」姿勢がとられています。

湘南学園ESDの推進

　次世代には、たくましく生きる「人間力」(知力・気力・体力・行動力・コミュニケーション力)も重要です。20年以上の歴史を持つ「総合学習」を軸に、「ESD＝持続可能な開発のための教育」の推進を掲げ、国内外で多くの体験や交流の機会を設けています。中3は全員で中国・瀬戸内へ民泊体験を含む旅行を、高2では国内4コース分散型で、豊富な体験・交流の学習を実施し「生き方・考え方」から学ぶ取り組みを重視します。

　また、グローバル化を見据え、6つの海外研修を用意。校内では多彩な「国際交流体験プログラム」を年間をつうじて実施。オーストラリアノックス校との交換留学をはじめ、新たに国際ロータリークラブ青少年交換留学も実現。海外セミナープログラムを柔軟に選択・参加することで、グローバルな視点に立った考えを深め、広げることができます。湘南の海と、江ノ島が望める快適な環境のなかで、一人ひとりの個性を重んじながら、伸びやかに6年間を過ごせる湘南学園です。

SCHOOL DATA

◇ 神奈川県藤沢市鵠沼松が岡3-4-27
◇ 小田急江ノ島線「鵠沼海岸」、江ノ島電鉄線「鵠沼」徒歩8分
◇ 男子324名、女子297名
◇ 0466-23-6611
◇ http://www.shogak.ac.jp/highschool/

湘南白百合学園中学校

しょうなんしらゆりがくえん

キリスト教精神に基づき愛の心を学ぶ

　湘南白百合学園の創立は、1936年(昭和11年)にフランスのシャルトル聖パウロ修道女会によってつくられた「片瀬乃木幼稚園」を始まりとします。以来、キリスト教精神に根ざした世界観・価値観を養い、神と人の前に誠実に歩み、愛の心を持って社会に奉仕できる女性を育成することを目的としています。

規律ある校風と人間性を養う宗教行事

　毎朝の朝礼では聖歌を歌い、祈ることで1日が始まります。

　中1から高3まで、聖書を学ぶ宗教倫理の授業が週1時間あり、年4回のミサも行われます。こうした活動をつうじ、生徒は「神とともに生きる自分、心の中にいつも神をおく」ことを意識しています。また、規律を守ることも大切にしています。

　学園生活で培われた人間性は、大学や社会に進出して遺憾なく発揮され、湘南白百合学園の名をいっそう高めています。

的確な進路指導で確かな進学実績

　社会に奉仕するためには高度な学問と教養を身につけることが重要です。

　進路指導の確かさには定評があり、数多くの生徒が現役で難関大学へ進学するなど、大学進学実績でも優秀な成果を残しています。

　きめ細やかなカリキュラムに加え、補習や補講も充実しています。先取り授業も積極的に行われ、高2までにほとんどの課程を習い終え、高3では大学受験を想定した演習に移行します。

　また、語学研修プログラムを充実させ、生きた英語の習得に力を入れています。

　中学では韓国のインターナショナルスクールやオーストラリアでの研修、高校ではアメリカのカレッジでの研修が可能です。

　すぐれた教育哲学により、名門女子校として神奈川県で独自の地位を築いている、湘南白百合学園です。

SCHOOL DATA

◇ 神奈川県藤沢市片瀬目白山4-1
◇ 湘南モノレール「片瀬山」徒歩7分、江ノ島電鉄線「江ノ島」徒歩15分、小田急江ノ島線「片瀬江ノ島」徒歩20分
◇ 女子のみ549名
◇ 0466-27-6211
◇ http://www.shonan-shirayuri.ac.jp/

東京
神奈川
千葉
埼玉
茨城
寮制

逗子開成中学校
ずしかいせい

神奈川
逗子市
男子校

伝統をいしずえとして新しい時代を開く

逗子開成中学校は1903年（明治36年）の創立から110年を超える伝統のある学校です。夏は海水浴客でにぎわう逗子も、海岸から1歩入れば、静かな学び舎が広がっています。

校名の開成とは、中国の古典「易経」にある「開物成務」に由来します。これは「人間性を開拓、啓発し、人としての務めを成す」という意味で、逗子開成の教育の原点にもなっています。

6年後の難関国公立大合格をめざす

逗子開成では国公立大現役合格を進学目標としています。中高6年間一貫教育から生まれるゆとりをいかし、まず入学後は基礎学力の徹底をめざします。その土台を基に、中3〜高1では大学入試センター試験に対応できる学力を定着させ、高2〜高3は受験の準備期間としています。授業は週5日制で、週末は自習室が解放されています。

土曜日には行事やクラブ、多彩な土曜講座があり、平日とは趣を変えたさまざまな体験ができます。

立地をいかした歴史ある「海洋教育」

海が近いことを誇りに、創立当初から行われているのが「海洋教育」です。クラブ活動などで一部の生徒が行うのではなく、カリキュラムとして全生徒に対し行っています。

その柱でもある、中1〜中3までの生徒全員で行う逗子湾でのヨットの帆走実習は、生徒にとって貴重な体験です。また、ヨットを操るだけでなく、中1では自分たちが乗るヨットの製作も行われます。海洋に関する講義も開かれ、生徒たちはヨットに関する基礎知識を学んだり、世界の海が抱える環境問題について考える機会を持ちます。

海が近く、長い歴史のある逗子開成だからこそできる海洋教育で、生徒たちは自然に向きあい自立の心を育んでいます。

SCHOOL DATA

◇ 神奈川県逗子市新宿2-5-1
◇ JR線「逗子」・京浜急行線「新逗子」徒歩12分
◇ 男子のみ869名
◇ 046-871-2062
◇ http://www.zushi-kaisei.ac.jp/

あ行
か行
さ行
た行
な行
は行
ま行
や行
ら行
わ行

聖光学院中学校
せいこうがくいん

神奈川
横浜市
男子校

カトリックを基盤とした中高一貫教育

聖光学院中学校・高等学校は、神奈川県屈指の進学校として知られ、毎年高い人気を博しています。

根岸森林公園にも隣接し、豊かな自然にかこまれた教育環境のもと、キリスト教精神を根幹とした6カ年一貫教育が行われています。聖書の学習をとおして、キリスト教精神とキリスト教文化を学び、豊かな心を育てることを教育の目標としています。

ていねいな授業づくり

大学進学実績においてめざましい成果をあげている聖光学院。その第一の要因は、充実した授業の成果にあります。

聖光学院では、手づくりのていねいな授業の実施が心がけられています。多くの授業が、教員自ら執筆・製本したオリジナル教材によってすすめられています。それを可能にするのが、校内に完備された町の印刷所ほどの印刷システムです。これにより、教員によって

製本された教材の作成が可能なのです。

教材をはじめカリキュラムや授業の進行方法など、すべてにわたって生徒のための工夫と気配りがなされており、生徒一人ひとりの個性を大切に、その能力を伸ばす教育が実践されています。

ひとりの教員が全クラス担当する授業も

特徴的な授業方法のひとつに、ほとんどの科目で、ひとりの教員が学年5〜6クラス全部を教えていることがあります。これは中1〜高3まで、各学年で行われていることです。教員側は大変なことですが、それぞれの教員がより学年全体の生徒とかかわることが可能となり、大きな成果を生んでいます。

また、職員室の入り口には立ち机が並び、職員室を訪れた生徒が気軽に教員に質問できる場所となっています。生徒と教員の距離が近く、生徒思いの教育が随所に見られる聖光学院です。

SCHOOL DATA

◇ 神奈川県横浜市中区滝之上100
◇ JR線「山手」徒歩8分
◇ 男子のみ693名
◇ 045-621-2051
◇ http://www.seiko.ac.jp/

聖セシリア女子中学校

神奈川　大和市　女子校

校訓は「信じ、希望し、愛深く」

聖セシリア女子中学校は、1929年（昭和4年）、時代を越えた人間としての宗教的道徳観、価値観なしに真の教育はありえないという信念のもと、「カトリック精神による豊かな人間形成」を教育目標に掲げて創立されました。「信じ、希望し、愛深く」を学園の校訓とし、校称も創立50周年を機に「聖セシリア女子」と改め、今日にいたります。

1クラス約32名、1学年4クラスの少人数制の聖セシリア女子は、温かな校風で誠実な生徒が多いことに定評があります。また、卒業生のほぼ100%が「入学してよかった」と回答するほど、充実した学校生活を送ることができる学校です。

学習効果の高い6年制カリキュラム

中高一貫教育を行う聖セシリア女子では、6年間をとおした継続的で効果的な学習を可能とする指導内容を配置しています。

教科では、言語は学習の基礎をなすという理念のもと国語、英語はもちろん、思考の論理性を高める数学も言語教育のひとつとして考え、重点的に学習しています。

また、英語は進学希望の実現につながるだけでなく、国際理解・文化交流のためにも必要であることから、「使える英語」の修得がめざされています。

中学校での教育の特徴は、1年では学習習慣を身につけることから始まり、自主性と計画性を持った学習姿勢を育て、さらなる基礎学力の充実をはかり、応用の拡大へと発展させていきます。そして高校では、培った学力をもとに「どのような生き方をしたいのか」を考え、自らの手で将来を切りひらくための糧となる「こころと力」を育みます。

放課後の希望制の課外活動として、（公財）井上バレエ団の講師によるバレエレッスンが取り入れられていることも大きな特徴です。バレエをとおして芸術に親しむとともに、豊かな情操や感性を育てます。

SCHOOL DATA

◇ 神奈川県大和市南林間3-10-1
◇ 小田急江ノ島線「南林間」徒歩5分、東急田園都市線「中央林間」徒歩10分
◇ 女子のみ385名
◇ 046-274-7405
◇ http://www.cecilia.ac.jp/

清泉女学院中学校

神奈川　鎌倉市　女子校

周りの人々を幸せにすること、これがほんとうの愛

湘南鎌倉の玉縄城跡に建つ清泉女学院中学・高等学校。その敷地面積は7万㎡です。校内で理科の野外実習ができる豊かな自然と教室の窓から江の島や箱根や富士山を見渡すことができる環境です。

創立は1947年（昭和22年）。1877年（明治10年）にスペインで創立されたカトリックの聖心侍女修道会を母体とし、「神のみ前に清く正しく愛深く」をモットーに、他者のために生きること、目に見えない精神的価値を大切にすること、社会の流行や風潮に流されない価値観を育てることを目標にしています。朝礼と終礼の時間で行うお祈りは、自己と向き合う時間でもあり謙虚な心を育みます。

また、「隣人を愛せよ」というキリストの教えに基づき、多くの奉仕活動や福祉活動が創立当初からつづいています。

与えられた才能を大切に伸ばす

学習面では、中高6年間を2学年ずつ3つに分けた中高一貫教育が行われています。

中1・中2では、学習への基本的な姿勢と基礎学力の育成、中3・高1では、幅広い視野の形成と自学自習の態度の育成（中3での卒業論文作成や高1の職場見学は進路を意識する機会になっています）、高2・高3では、各自の目標を達成するための総合的な学力と大学受験を突破するための学力を育成します。

とくに英語は、1時間1時間が「小さな異文化体験」の場になっています。使える英語をめざして中1からネイティブスピーカーによる少人数の授業が行われるほか、とくに低学年では毎日の宿題、小テスト、ノートチェック、補習などていねいな指導を行っています。

また、文化祭、体育祭、合唱祭の三大祭をはじめ、さまざまな行事をつうじて幅広い「人間力」を育むことができるのも清泉女学院の魅力です。

SCHOOL DATA

◇ 神奈川県鎌倉市城廻200
◇ JR線・湘南モノレール「大船」バス5分
◇ 女子のみ535名
◇ 0467-46-3171
◇ http://www.seisen-h.ed.jp/

聖和学院中学校

「聖書をとおした心の教育」を実践

キリスト教精神に基づいた「神は愛なり」という言葉を建学の精神に、「愛をもって人に尽くし、慎しみ深く温順で何事にも真摯に取り組む勤勉さをもった女性、そして礼儀正しく心情豊かな子女の育成」を校訓とする聖和学院中学校・高等学校。「WISE」を教育テーマとし、国際社会で活躍する聡明な女性の育成をめざしています。そのため、聖和学院では、国際社会に必要とされる実用的な英語力を確実に身につけることに力を入れています。

国際人としての英語とマナー

聖和学院の英語への取り組みは入学前から始まります。3月末の3日間にわたり、ネイティブスピーカーの先生といっしょに過ごす英語の事前準備学習が行われ、そこでさまざまなイベントをつうじて英語に親しむ素地がつくられます。そして中学1年では、ネイティブスピーカーと日本人のふたりの先生が担任となり、英語でのコミュニケーション力の向上をはかります。こうして日常的に英語を使う場面が増えていきます。神奈川県では高校で唯一英語科を設置しているという事実も、英語教育への充実度を裏付けています。そして、英語だけではない、国際人としてふさわしいマナーや教養も、JALマナー講座や土曜講座などで学んでいきます。

22歳の自分を夢見て

こうした取り組みにより、聖和学院では22歳での夢の具現化に向けて進路指導を行っています。なぜなら、大学を卒業し、実際に社会に羽ばたいていく年齢を具体的にイメージすることにより、日々の生活に明確な目的を持ち、努力することができるからです。現在22歳となり、夢をかなえた先輩たちが多くいることが、聖和学院の伝統でもあり、さらに在校生たちがこれからの聖和学院中学校・高等学校をつくっています。

SCHOOL DATA

◇ 神奈川県逗子市久木2-2-1
◇ JR線「逗子」徒歩8分、京浜急行線「新逗子」徒歩10分
◇ 女子のみ60名
◇ 046-871-2670
◇ http://www.seiwagakuin.ed.jp/

洗足学園中学校

謙愛の心で社会に有為な女性を育てる

洗足学園は、社会に有為な女性を育てることを教育の目標に掲げ、前田若尾先生によって創立されました。

大学進学において、国公立大や難関私立大へ多数の合格者を輩出し、高い実績を残しています。もちろん、大学への実績だけが洗足学園の教育の成果ではありません。社会のなかで活躍し、社会に奉仕・貢献できる女性を育むことにその主眼はあります。

綿密に練りあげられたカリキュラムと進度や学習内容を保証するシラバス。8名のネイティブ教員との協力で進められる、英語教育における先進的な取り組み。調査・研究・考察・発表・議論を随所に取り入れた各教科での学習と、総合的な学習をつうじての、生きるための力となる学習。

このように洗足学園では、たんに大学合格だけをめざすのではなく、社会で必要とされる力を育てる魅力的な教育が実践されているのです。

2015年度（平成27年度）より対話型、探究型の授業を企図し、65分授業に移行しました。生徒自らが考え、発話をすることで21世紀型の学力を獲得していきます。

感性を磨き世界に視野を広げる

音楽大学を併設していることから、音楽の授業では楽器の演奏を取り入れています。1年生はヴァイオリン・クラリネット・トランペット・フルートから楽器を選択し、専門の指導者のもと、グループで楽しく学ぶことができます。

また、洗足学園には20年以上にわたって実施されてきた海外留学と海外語学研修制度があります。夏休みに行うアメリカやイギリスへの短期間のホームステイから、1年間の長期のものまで選ぶことができます。

これらのプログラムによって生徒は視野を広げ、英語力アップにも大きな効果をもたらしています。

SCHOOL DATA

◇ 神奈川県川崎市高津区久本2-3-1
◇ JR線「武蔵溝ノ口」、東急田園都市線・東急大井町線「溝の口」徒歩8分
◇ 女子のみ1475名
◇ 044-856-2777
◇ http://www.senzoku-gakuen.ed.jp/

捜真女学校中学部

神奈川
横浜市

女子校

キリスト教に基づき、真理を探究

捜真女学校の歴史は1886年（明治19年）、宣教師ミセス・ブラウンが7名の少女たちを教えたのが始まりです。その後、2代目校長のカンヴァース先生が、教育の究極の目標は「真理を捜すことである」と考え、1892年（明治25年）に校名を現在の「捜真女学校」と改めました。

自分を見つめる毎日の礼拝

キリスト教に基づいた人間形成は、捜真女学校の教育の柱であり、日々の中心となっているのが毎日行われる礼拝です。

生徒は礼拝での聖書の話に耳を傾け、感謝の祈りを捧げています。そして礼拝で聞いた話が、生徒の心に蒔かれた種となり、それがやがて芽吹き、熟してその人の人格になっていくのです。

また、礼拝だけではなく、自然教室などのキリスト教のさまざまな行事やイベントをとおして、神を知り、神に触れる機会を設けています。

英語を学び、世界に触れる

捜真女学校がキリスト教教育とともに重視しているのが英語教育です。中学部では、1クラスをふたつに分けた少人数教育が行われています。もちろん英会話はネイティブの教員が担当し、英語の基礎の定着をめざします。

また、教室のなかだけで勉強するのではなく、英語を使用しての「異文化理解」を積極的に行っています。10日間のアメリカ短期研修や、3週間のオーストラリア短期研修、また3カ月もの長期にわたるオーストラリア学期研修など、希望者には手厚い留学サポートが用意されています。

2016年（平成28年）に創立130年を迎える捜真女学校中学部。これまでの長い歴史のうえに、新しい価値を創造し、キリスト教に基づいた人間形成と、愛の心を持った優しくたくましい女性の育成が行われています。

SCHOOL DATA

◇ 神奈川県横浜市神奈川区中丸8
◇ 東急東横線「反町」・横浜市営地下鉄ブルーライン「三ツ沢下町」徒歩15分
◇ 女子のみ493名
◇ 045-491-3686
◇ http://soshin.ac.jp/

相洋中学校

神奈川
小田原市

共学校

豊かな人間性と確かな学力を

箱根連山や丹沢山系が見渡せる、まわりを緑でかこまれた小田原の小高い丘の上に位置する相洋中学校・高等学校。「質実剛健　勤勉努力」の校訓のもと、受験難易度の高い大学への進学をめざしています。

相洋では、6年間の一貫教育を効果的なものにするため、中学校課程と高等学校課程における教育内容を精査し、ムダや重複をなくした計画的・継続的・発展的に編成したカリキュラムを実施しています。6年間を3期に分け、中学校課程では、自らの生き方に対する自覚を深め、自分をいかす能力を養う「自学自習」の力を育て、高等学校課程では、主体性の確立と創造的な思考、行動力の育成に力をそそいでいます。

6カ年の余裕あるカリキュラム

3期に分かれた学習過程の第1期は中1から中3の前半までの2年半です。ここでは「基礎学力の充実期」として、徹底した基礎学力の習得とともに自学自習の精神を養成します。第2期は、中3の後半から高2までの2年半です。「学力の伸長発展期」として、第1期で築いた基礎学力をおおいに伸ばしていくのです。この期間に中学と高校の教育課程をほぼ修了します。これはけっして無理につめこんだ結果ではなく、一貫コースだからこそ実現できるものです。

そして第3期は、高3の1年間です。6年間の総まとめとなる第3期は「大学進学の準備」と位置づけられ、個人の目的・目標に合わせて集中的に学習するために、受講教科の多くが選択制となっています。そのため、少人数での演習授業が行われ、理解の定着がはかられるほか、補習やサテライト講座など細かなフォローアップ体制が整えられており、志望大学合格へ総合的な学力が完成していくのです。こうして、相洋中学校・高等学校では確かな学力を身につけ、自分の夢に近づいていけるのです。

SCHOOL DATA

◇ 神奈川県小田原市城山4-13-33
◇ JR線ほか「小田原」徒歩15分
◇ 男子88名、女子75名
◇ 0465-23-0214
◇ http://www.soyo.ac.jp/

橘学苑中学校

行こう、世界へ（グローバル人材の育成）

　橘学苑中学校・高等学校は創立以来、3つの精神を大切に受け継いできました。

一、心すなおに真実を求めよう

一、生命の貴さを自覚し、明日の社会を築くよろこびを人々とともにしよう

一、正しく強く生きよう

　この精神に基づき、グローバルな視点で主体的に世界にでていくことのできる人間の育成をめざしています。

　そのため海外での体験や外国のかたがたと接する機会を多く設けるなど、世界に視野を広げる教育に取り組んでいます。英語教育では、中学1年からネイティブ教員による会話の授業を取り入れ、中学の英語の授業はすべてT.T.制で行われるなど、実践的な英語力の育成をめざしています。全員が英検にチャレンジし、英語による発表会も実施しています。また、中学3年で実施している「ロンドン短期海外研修旅行」では、ホームステイや現地校での学習など、英語を使って生活を体験す

ることで、英語への自信をつけ、異文化理解を深め、学習への意欲を高めています。ほかにも、希望者を対象に、「カナダ短期海外研修」を実施しており、イギリスとは異なる文化を持つ国での学習体験もできます。

特色ある高校コース制

　高校は、3つのコースがあります。

　国際コースは、1年間のニュージーランド留学が必修で、英語力や問題解決力、コミュニケーション力を身につけます。

　デザイン美術コースは、創作活動に打ちこみながら表現力と創造力を養い、フランス研修旅行では、質の高い芸術作品に触れることによって学習への意欲を高めます。

　文理コースは、進路別に特別進学クラスと総合進学クラスに分かれ、志望に沿った科目を重点的に学んでいくことができます。

　創立の精神を大切に、世界につながる生徒をサポートする橘学苑中学校・高等学校です。

SCHOOL DATA

◇ 神奈川県横浜市鶴見区獅子ヶ谷
　1-10-35

◇ JR線「鶴見」ほかバス

◇ 男子31名、女子19名

◇ 045-581-0063

◇ http://www.tachibana.ac.jp/

中央大学附属横浜中学校

横浜から世界へ

　中央大学附属横浜中学校・高等学校は、横浜・港北ニュータウンに位置し、真新しいキャンパスは、活発なコミュニケーションが生まれる、光あふれる開放的な環境で、人としての大きな成長のステージとなります。中高大一貫教育で実現するキャリア形成として、卒業生の85％が中央大へ進学でき、さらに自身の将来を視野に入れ、さまざまな分野へ進むために必要な幅広い基礎力と自立した人間性をしっかり身につけることができます。

本物の学びを追求する

　中学課程では、学習の基礎固めを中心に、毎日の課題、小テスト、授業ノートの点検を実施。学習のつまずきを早い段階で防止し、授業はもちろん、家庭での自主的な学習の習慣づけを徹底します。また、多彩な課外活動のプログラムをつうじた体験学習を重視。身のまわりの事象への興味や関心を育て、幅広い人間性の土台を築きます。さらに、学校行

事などでは、生徒の自主的な取り組みを尊重し、積極的な姿勢で参加できる力を養います。こうしたさまざまな経験を積み重ねることで、多様な考え方や価値観を身につけ、将来の選択肢を広げます。

つながる世界、ひろがる未来

　中大横浜では国際理解教育に力を入れています。その根幹には、日常生活のなかで人間力・学力・感性・協調性・発信力を磨き、多様な経験をつうじて真のグローバル人材が育つという思いがあります。自国文化への理解を深めるために、伝統文化、古典芸能を体験し、豊かな感性と世界への発信力の基礎を養います。その発信力を高める英語教育、さらには海外研修、留学機会を拡充し、自主的チャレンジをあと押しします。

　国際交流都市であるこの横浜から、世界へ。活躍のフィールドを広げる力を育む、中央大学附属横浜中学校・高等学校です。

SCHOOL DATA

◇ 神奈川県横浜市都筑区牛久保東
　1-14-1

◇ 横浜市営地下鉄「センター北」
　徒歩7分

◇ 男子260名、女子354名

◇ 045-592-0801

◇ http://yokohama-js.chuo-u.ac.jp/

鶴見大学附属中学校

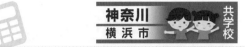

神奈川　横浜市　共学校

学びの心で世界をかえる

創立は1924年（大正13年）。90年という長い歴史のもと、これまでに4万名近い卒業生を世に送りだしています。2008年（平成20年）より完全共学化をはかり、新校舎も完成し、さらなる躍進のスタートがきられました。

教育ビジョンは、「自立の精神と心豊かな知性で国際社会に貢献できる人間（ひと）を育てる」。より高いレベルの進路を実現できる学力を養いつつ、禅の教育に基づく"こころの教育"をつうじて、優しさや思いやりなど豊かな人間性を育成しています。

「学力向上」「人間形成」「国際教育」を柱として

鶴見大学附属の教育目標は、「学力向上」、「人間形成」、「国際教育」です。この目標のもと、近年、さまざまな教育改革を実践し注目されています。

そのひとつが「完全週6日授業体制」。50分授業で、主要5教科を中心とした授業時間数を大幅に確保しています。

ふたつ目は、「教科エリア型フェローシップ」です。生徒は、授業中疑問に感じたことをすぐに教科メディアにある教員の研究室で質問し解決できます。自習室では、質問や宿題、受験勉強ができるほか、発展学習と苦手克服を目標とした補習授業を行います。

もちろん、国際的に活躍できる力を身につけるためのネイティブによる英会話授業や中3でのオーストラリア研修旅行など、国際教育も充実しています。

授業は、「進学クラス」と「難関進学クラス」に分かれて行われます。

「進学クラス」は、生徒一人ひとりに対するきめ細やかな指導をつうじて、基礎学力を確かに身につけ、学ぶ意欲を高めます。

「難関進学クラス」は、先取り授業や、より発展的な内容の授業を行い、一定レベル以上の大学への進学を目標とします。無理なくゆとりのある授業内容で、個々のスピードに合わせられることが特徴です。

SCHOOL DATA

◇ 神奈川県横浜市鶴見区鶴見2-2-1
◇ 京浜急行線「花月園前」徒歩10分、JR線「鶴見」徒歩15分
◇ 男子176名、女子138名
◇ 045-581-6325
◇ http://www.tsurumi-fuzoku.ed.jp/

桐蔭学園中学校・中等教育学校

神奈川　横浜市　別学校

一人ひとりの生徒の可能性を拓く

1964年（昭和39年）、「私学にしかできない、私学だからできる教育の実践」を掲げて誕生した桐蔭学園。毎年、多くの国公立大や難関私立大に合格者を送りだしています。たんに大学受験を勝ち抜くための「学力・知性」の形成だけではなく、「行動力・社会性」を育み、「創造力・感性」を磨くことも重要視しており、具体的で多彩なプログラムが用意されています。

新たな取り組み

桐蔭学園は、つねに先駆的な教育活動を実践し、独自のシステムを確立してきました。開校から50年を経て、これまでに築いた実績と蓄積したノウハウをいかし、アクティブラーニング、キャリア教育、個別学習支援などの"アジェンダ8"（改革の8つの行動）を策定し、子どもたちの将来を見据えた新たな取り組みをスタートしました。一人ひとりの可能性を拓く、総合力学習を展開していきます。

男女別学

教育体制の大きな特色は、性差による発達段階に応じた指導を行う「男女別学制」です。ホームルームなど生活の基盤を男女別にし、中学・中等1年から高校2年・中等5年までは男女に分かれたキャンパスで指導し、大学受験を控えた高校3年・中等6年になると進学棟という校舎に移り、ホームルームは男女別々のままですが、授業は合同で行います。

習熟度別授業と到達度教育

学力を効果的に向上させるには、一人ひとりに合った指導が必要です。そこで、数学や英語などの教科で習熟度別クラスを編成し、年4回の定期考査の成績でメンバーを入れ替えています。また、日常履修する基礎事項の定着をはかるために、全教科で、中学では70％以上、高校では60％以上の点数を取れるまで指導する、到達度教育が行われています。

SCHOOL DATA

◇ 神奈川県横浜市青葉区鉄町1614
◇ 東急田園都市線「市が尾」「青葉台」バス15分、小田急線「柿生」バス20分
◇ 中学校男子716名、女子356名・中等教育学校前期課程（男子のみ）482名
◇ 045-971-1411
◇ http://toin.ac.jp/

東海大学付属相模高等学校中等部
とう かい だい がく ふ ぞく さ がみ こう とう がっ こう

神奈川
相模原市

共学校

使命感と豊かな人間性を持つ人材を育てる

創立者・松前重義先生の建学の精神を受け継ぎ、「明日の歴史を担う強い使命感と豊かな人間性をもった人材を育てる」ことにより「調和のとれた文明社会を建設する」理想を掲げる、東海大学付属相模高等学校中等部。東海大を頂点とした中・高・大の一貫教育を行っています。

中・高・大の一貫教育

東海大相模では、学習・行事・部活動がバランスよく行われるためのカリキュラムを考えています。基本的には、学校5日制のなかで、月1回土曜日にも授業を実施しています。また、じゅうぶんな授業時数の確保や進路に見合った学習指導の徹底をはかるために2学期制を採用しています。

カリキュラム全体としては、幅広い視野に立ったものの見方・考え方を培うことを目的としています。中等部では自ら考え自ら学ぶ力を培い、高校進学への基礎学力の定着をはかることのできる発展的に自学自習するシステムとなっています。

例年90％ほどの生徒が東海大へ進学しています。この、東海大への進学は、高校3年間の学習成績、学園統一の学力試験、部活動、生徒会活動など、総合的な評価をもとに、学校長が推薦する「付属推薦制度」により実施されています。東海大は18学部17学科を持つ総合大学です。進路の決定に際しては、担任や進路指導の先生ときめ細かい相談を重ね、生徒それぞれに適した進路を選んでいきます。

大学との連携のひとつとして、進路がほぼ決定した3年生の後期には、東海大の授業を経験できる「体験留学」が実施されています。これは、ひと足先に大学での授業を味わうことができ、大学入学後の勉強におおいに役立っています。大学に直結した付属校のメリットをいかし、受験勉強という枠にとらわれない教育を実践している東海大学付属相模高等学校中等部です。

SCHOOL DATA

◇ 神奈川県相模原市南区相南 3-33-1

◇ 小田急線「小田急相模原」徒歩8分

◇ 男子313名、女子178名

◇ 042-742-1251

◇ http://www.sagami.tokai.ed.jp/

桐光学園中学校
とう こう がく えん

神奈川
川崎市

別学校

安定した国公立・私立上位大学への進学

7年連続で国公立大学合格100名突破！

桐光学園中学校・高等学校は、男女別学の中高一貫教育のメリットをいかした独自のカリキュラムを展開。基礎学力の定着と学習習慣の確立をめざした小テストや放課後の講習、夏期講習、補習などのきめ細かな指導で生徒の個性を見極め、伸ばします。サマーキャンプやスキー教室、合唱コンクールなど充実した学校行事、クラブ活動も大変さかんで、才能をおおいに発揮し活躍できる環境があります。

高校2年から国立文系・国立理系、私立文系・私立理系の4つのコース選択を行い、希望する進路に合わせた専門的な学習を進めることで、国公立大学合格者は7年連続で100名を突破、MARCHの合格者数は全国1位となりました。

カナダ修学旅行と各種研修制度

充実した国際教育が行われていることも桐光学園の魅力です。高校2年生全員が参加するカナダ修学旅行では、現地の高校生との交歓会を実施しています。

ほかにも、希望者を対象とした短期間の国内語学研修、アメリカ・UCLAへの語学研修、イギリス・イートンカレッジへの語学研修、カナダへのホームステイと語学研修など、グローバル社会に生きる「新しいリーダー」の育成プログラムは年々充実しています。

帰国生や留学生の受け入れとともに、外国の大学への受験数も増加しています。

他に類を見ない充実度「大学訪問授業」

日本の各学問分野を代表する大学教授を招き、桐光学園で年間約20回行う「大学訪問授業」では、過去に立花隆、茂木健一郎、村上陽一郎、香山リカ、姜尚中、内田樹といった先生方の熱い講義が行われました。中学1年生から高校3年生までの希望者が受講でき、書籍にもなっています。

SCHOOL DATA

◇ 神奈川県川崎市麻生区栗木3-12-1

◇ 小田急多摩線「栗平」徒歩12分、小田急多摩線「黒川」・京王相模原線「若葉台」スクールバス

◇ 男子750名、女子441名

◇ 044-987-0519

◇ http://www.toko.ed.jp/

藤嶺学園藤沢中学校

とう れい がく えん ふじ さわ

「世界は僕らを待っている」〜茶道・剣道必修〜

2001年（平成13年）、「国際社会に太刀打ちできる21世紀のリーダー育成」をめざし開校した藤嶺学園藤沢中学校。まだ開校15年という若い中学校ではありますが、母体となる藤嶺学園藤沢高等学校は今年100周年を迎える歴史ある伝統校です。

藤嶺学園藤沢の教育で特徴的なのは、アジアに目を向けた国際人を養成していることです。21世紀の国際社会におけるアジア、オセアニア地域の重要性が増す現在、エコ・スタンダードとしての東洋的な価値観や文化を見直すことにより、国際教育の原点を世界のなかのアジアに求めていきます。

さらに、国際語としての英語教育をしっかり行いながらも、身近なアジア・オセアニアに目を向けた国際教育を実践し、勇気と決断力を持った国際人を育てています。

3ブロック制カリキュラム

学習においては、6年間を3ブロックに分け、基礎（中1・中2）、発展（中3・高1）、深化（高2・高3）と区切ることで、ムダのないカリキュラムを実現しています。

基礎ブロックは、すべての教科の土台にあたる基礎学力をつくる時期です。基礎学力を確実につけることを主眼に、授業のほかにも補習を行い、きめ細かく生徒を見守ります。

発展ブロックは、中学と高校の橋渡しをする時期。養った基礎を発展へとスムースに移行するための学習プランを用意しています。また、学力をさらに伸ばすために、希望者を対象とした発展補習も行います。

中高一貫教育の総仕上げを行う深化ブロックは、将来の進路を決定する大切な時期でもあります。志望系統別のクラス編成を行い、生徒一人ひとりの進路を確実に導けるようにします。

藤嶺学園藤沢中学校では、こうした計画的なカリキュラムにより、生徒が抱く未来への夢を実現できるようにサポートしています。

SCHOOL DATA

- ◇ 神奈川県藤沢市西富1-7-1
- ◇ JR線・小田急線・江ノ島電鉄線「藤沢」・小田急線「藤沢本町」徒歩15分
- ◇ 男子のみ315名
- ◇ 0466-23-3150
- ◇ http://www.tohrei-fujisawa.jp/

日本女子大学附属中学校

に ほん じょ し だい がく ふ ぞく

「自ら考える、学び、行動する」

生田の緑豊かな森のなかに、日本女子大学附属中学校・高等学校はあります。

建学の精神は、創立者・成瀬仁蔵が唱えた、「自ら考える、自ら学ぶ、自ら行動する」こと。これをもとに、日本女子大附属では学習面と生活指導面の綿密な連携により、生徒の自主性、主体性を養う教育を実践しています。

ていねいな個別指導

「勉強とは知識量を増やすためにするものではない」、そう考える日本女子大附属では、自ら学ぶ姿勢と創造力を養成するために、生徒の理解力に合わせた教育を行っています。

授業では生徒の理解を確かなものとするため、教員手づくりのプリントなど多くの学習教材を活用しています。

実験や実習、発表などをつうじて、一人ひとりが積極的に参加できる授業形式を採用しているのも大きな特徴と言えるでしょう。

中学では、自主的に学習する姿勢を育てるため、個別指導に力を入れています。国語・数学・英語をはじめ、多くの授業で1クラスにつきふたりの教員が担当しています。

ティームティーチングにより、生徒の理解度に応じて適切に指導し、質問にもていねいに答えられるので、理解も深まります。

このようにして深い探求心や粘り強さを育成しています。

バイオリン演奏が必修科目

音楽の授業では、バイオリン演奏が生徒全員の必修科目となっています。これは、バランスのとれた人間性を養うための情操教育の一環で、音楽会では、日ごろの練習の成果を披露します。

また、特徴的なのは、運動会や文化祭など多くの行事が、生徒を中心として企画運営されていることです。そこには、日本女子大附属の「自ら考え、自ら学び、自ら行う」という教育理念が息づいています。

SCHOOL DATA

- ◇ 神奈川県川崎市多摩区西生田1-1-1
- ◇ 小田急線「読売ランド前」徒歩10分
- ◇ 女子のみ740名
- ◇ 044-952-6705
- ◇ http://www.jwu.ac.jp/hsc/

日本大学中学校

神奈川 横浜市 共学校

新校舎のもと充実度アップ

中・高・大一貫教育を旗印とする日本大学中学校・高等学校。14学部、20大学院研究科を有する日本最大の総合大学である日本大学のメリットをいかした、幅広く、きめ細かなカリキュラムで教育を実践しています。

伝統と文化を理解する心を育成

1930年（昭和5年）の創設当時の校訓「情熱と真心」が受け継がれている日大中・高。文武両道のもと、生徒一人ひとりが情熱を燃やすことを願っています。

中学の道徳では「スポーツ、華道、書道」を取り入れ、「あいさつする心」、マナーやルールといった「社会規範を守る心」を喚起させるとともに、日本の「伝統と文化を理解する心」を育成することに主眼がおかれています。校外活動や学校行事などは、思いやりの心を育んだり、心のつながりを尊重したりすることで、中学生としての人間形成ができるように実施しています。

学力の充実と強化に力をそそぎ、また「つまずき」をなくすために、各教科における補習授業を実施し、生徒の理解に細心の注意を払った授業展開を行っています。さらに、現代社会で重要視されている「英語力」、「情報教育」においても、クラスを分けた柔軟な指導がなされています。

「本意」入学をめざした進路指導

こうした6年間一貫教育のもと、日大高からは、例年約60%の生徒が日本大へ進学し、約30%前後が他大学へ進学しています。

進路指導は、生徒一人ひとりの多岐にわたる希望に応じた進路の選択ができるよう、担任・進路指導部が適確な対応を実施しています。また、進路先の選択については、本人の意志を尊重した「本意」入学が最も重要と考え、個別指導にも力が入れられています。

未来に羽ばたく生徒を育む日本大学中学校・高等学校です。

SCHOOL DATA

◇ 神奈川県横浜市港北区箕輪町2-9-1

◇ 東急東横線・目黒線・横浜市営地下鉄グリーンライン「日吉」徒歩12分

◇ 男子424名、女子346名

◇ 045-560-2600

◇ http://www.nihon-u.ac.jp/orgni/yokohama/

日本大学藤沢中学校

神奈川 藤沢市 共学校

一人ひとりが輝ける環境

日本大学の教育目標である「世界の平和と人類の福祉とに寄与すること」を柱とし、「健康・有意・品格」の校訓のもと、心身ともにバランスのとれた「豊かな人間形成」と「国際的な素養の育成」をめざす日本大学藤沢高等学校。

この高校のもと、2009年（平成21年）に開校したのが、日本大学藤沢中学校です。半世紀以上の実績を誇る日大藤沢高校の教育のコンセプトを広げ、可能性とモチベーションを高める6年間をめざしています。

大学と連携したハイレベルな教育

英会話の授業では、クラスをふたつに分け、ネイティブと日本人のふたりの先生で授業が進められます。理解度に差がでやすい数学と英語においては中学2年から習熟度別授業が行われ、生徒の理解力に応じた授業が展開されます。また、夏休みや冬休みの長期休暇を利用して全員参加の特別授業が行われるな

ど、多角的にさまざまな学習をすることができます。

さらに、多様な学部・学科を持つ日本屈指の総合大学である日本大のネットワークを活用した体験授業が実施されています。フィールドワークでは大学の施設を利用した農業実習が行われるなど、中学・高校・大学の「10カ年教育」を実施し、大学の施設を利用し、大学生とふれあうことで、より刺激的かつ高度な学習環境を構築しています。

そのため、高校進学時には原則として「特進クラス」をめざすことになります。つまり特進クラスに直結するハイレベルな教育の実践を前提としているのです。

日本大への進学希望者は「全員進学」を目標とした受験指導が行われていますが、大学附属校であっても、高い希望を持ち、国公立大や難関私立大へ進学することももちろん可能で、そうした受験に対応した授業を展開しています。

SCHOOL DATA

◇ 神奈川県藤沢市亀井野1866

◇ 小田急江ノ島線「六会日大前」徒歩8分

◇ 男子183名、女子183名

◇ 0466-81-0125

◇ http://www.fujisawa.hs.nihon-u.ac.jp/

フェリス女学院中学校

「キリスト教」を基盤に

フェリス女学院中学校は、1870年（明治3年）にアメリカ改革派教会が日本に派遣した最初の婦人宣教師メアリー・エディー・キダーによって設立されました。

日本最初の女子校として、また大学進学にもすぐれた成果をあげる神奈川県の名門校として、高い知名度を誇り、今日にいたっています。

145年というフェリスの歴史を支えてきたものは、「キリスト教」に基づく教育を堅持することでした。

それは、いまも変わることのないフェリスの教育原理となっています。

他人のためにをモットーに

「キリスト教」につぐ、フェリスの第2の教育方針は「学問の尊重」です。これは学院のモットーである「For Others＝他者のために」という言葉にも関係し、自分のためだけでなく他者のために役立ち、国際的にも通用する質のよい本物の学問を追究することを意味しています。

「進学校」といわれるほどにフェリス生が大学をめざすのは、こうした「他者のために」役立つ、より質の高い学問を求める姿勢の現れです。

また、第3の教育方針は「まことの自由の追求」です。創立以来「自由な校風」として知られるフェリスですが、ここでいう「自由」とは、外的規則や強制に頼らず、一人ひとりが自主性な判断で規制の意味を知り、他人への思いやりを持って行動することを意味しています。

こうした教育方針のもと、フェリスでは、「他者のために」各自が与えられた能力をいかして生きる、愛と正義と平和の共同社会・国際社会をつくる責任にめざめた人間の育成をめざしています。

さらに2014年（平成26年）には、新体育館が完成しました。

SCHOOL DATA

◇ 神奈川県横浜市中区山手町178
◇ JR線「石川町」徒歩7分、みなとみらい線「元町・中華街」徒歩10分
◇ 女子のみ553名
◇ 045-641-0242
◇ http://www.ferris.ed.jp/

武相中学校

豊かな人間性を持った社会人の育成

武相中学校では、豊かな人間性を持った社会人の育成を目標に、「道義昂揚」「個性伸張」「実行徹底」の3つを建学の精神としています。そして、バランスのとれた豊かな人間性を育むために、「知」に重きをおくだけでなく、「徳」「体」を強調し、自分自身を律すること、周囲の人と協調することなどを身につけるとともに、どんなことにも負けない頑強な体力づくりにも力を入れています。

そのため、クラブ活動もおおいに奨励し、多彩な学校行事を準備し、楽しいなかにも意義ある学校生活を実現します。

広く・深く・高く

教育方針は、「広く・深く・高く」です。これをもとに、6年間の中高一貫教育を3期に分け、特徴ある教育を展開していきます。

前期は心と身体の両面から、学習の基礎・生活の基本を身につける時期。全学校生活をとおして、喜びを共有できる豊かな心とたくましい身体から鍛練・継続していくことへの意欲を身につけます。

中期は高い学力を修得し、将来の明確なビジョンを創造していく時期。豊かな個性を持って、進路に合わせた学習を自主的に展開伸長していく力を身につけます。

後期は自己実現に向けた第一歩をふみだす時期。これまでに培われた知育・徳育を持って発展的な生活を送り、受験難度の高い大学や志望する大学に挑戦し、現役合格の目標を達成していく学力と精神力を身につけます。

ニュージーランドへ3カ月留学

幅広い視野を持った「真の国際人」育成を目的に、中3の1月から3カ月、ニュージーランドでの海外研修を実施します。ホストファミリーとの生活、現地校での学習、ボランティア体験、企業・大学などの訪問をつうじ、生きた英語を学び、海外の社会や習慣のちがいを五感で感じることができます。

SCHOOL DATA

◇ 神奈川県横浜市港北区仲手原2-34-1
◇ 東急東横線「妙蓮寺」・「白楽」、横浜市営地下鉄「岸根公園」徒歩10分
◇ 男子のみ69名
◇ 045-401-9042
◇ http://www.buso.ac.jp/

法政大学第二中学校 〈2016年度より男女共学化〉

神奈川
川崎市　共学校

出会い、向き合い、「自分」をつくる。

130年におよぶ歴史を有する法政大学。その伝統の学風「自由と進歩」のもとに発足したのが、法政大学第二中学校・高等学校です。学力・体力、人格をきたえあげていく最も大切なこの時期、個性豊かな友人たちとの切磋琢磨のなかで、批判力と想像力の基礎を培い、豊かな感性を身につけることを目標に、中高大10カ年の一貫教育を視野においたオリジナルな教育活動を展開しています。

21世紀を担う新しい人間性と学力を培う

こうした教育目標のもと、中学校では、基礎学力・体力を確実に身につけること、体験をとおして知識の体系化・総合化をめざした取り組みを重視しています。

大学の見学や大学生チューターによる講座も設置され、大学教授や大学生との交流で、視野を広げながら自分の将来・進路を展望できるのも、法政大学第二ならではといってよいでしょう。

そして、高等学校では生徒の個性を豊かに開花させていくカリキュラム体系を取るとともに、教科教育・進路指導・生活指導において、生徒の発育・発達段階に対応した教育を創造的に行っているのが特徴です。

教科教育では、真の個性の伸長をめざし基礎学力と科学的思考力をしっかりと身につけることを重視しています。また、進路・生活指導においては、生徒の生き方の視点から進路指導を視野におき、中高6カ年の学習期間において、つねに「自ら考え、自ら判断する」教育を大切にしています。

このように充実した教育内容を誇る法政大学第二は、さらなる教育内容の向上をはかるため、付属校の可能性を最大限に追求する大きな学校改革を推進します。具体的な内容としては「2016年度入学者から中高同時共学化」「2016年度に新校舎完成（2014年度一部運用開始）」となります。詳細はHPでご確認ください。

SCHOOL DATA

◇ 神奈川県川崎市中原区木月大町6-1
◇ 東急東横線・目黒線「武蔵小杉」徒歩10分、JR線「武蔵小杉」徒歩12分
◇ 現在は男子のみ527名（2016年度より共学）
◇ 044-711-4321
◇ http://www.hosei2.ed.jp/

聖園女学院中学校

神奈川
藤沢市　女子校

カトリック精神に基づく人間教育

聖園女学院は標高50mの高台にあり、鳥獣保護区にも指定されている広大な雑木林にかこまれています。小鳥のさえずりを聴き、四季折おりの花を愛でながら過ごす6年間は、優しい心、情感豊かな心を育みます。

聖園女学院ではおりに触れて、学院生活のなかで「本物のあなたでありなさい」と生徒に語りかけます。「ありのままの自分を受け入れてもらえる」「無条件に愛されている」という安心感を持つことによってキリストの愛を実感し、その愛で社会に貢献できる女性へと成長します。また、ミサ、クリスマスの集い、ボランティア活動などを体験することにより、カトリック精神の価値観を学び、思いやりの心を育みます。

進学に向けた学習も人生の糧とする

聖園女学院での6年間は学びの連続です。なかでも、「学習」を人生の大きな糧としています。学習は、他者の立場でまとめられた

法則や知識を積極的に受け入れること。本質的な意味で、他者の立場で考える取り組みとして大切にしています。

中学では、国語・数学・英語に多くの時間を積み重ねます。これは、高校での理科・地理歴史・公民などで、自然界や世界に関する理解を深めるための地力となります。

また、2015年度（平成27年度）から、タブレットを用いたチームプロジェクトワークを行います。聖園生が21世紀の国際社会・日本社会・地域社会で他者のために他者とともに生きるために「課題の発見・解決に挑戦する姿勢」を身につけるため、中1では「人間ドキュメンタリー」、中2〜高2では「企業インターンシップ」に取り組みます。

大学合格実績では、6年前から国公立大・早慶上智の合格数が約2.5倍（11→27）、G-MARCHの合格数も約1.4倍（23→33）に伸びているのも、進学に向けた学習を人生の糧とした聖園女学院生の努力のたまものなのです。

SCHOOL DATA

◇ 神奈川県藤沢市みその台1-4
◇ 小田急江ノ島線「藤沢本町」徒歩10分
◇ 女子のみ322名
◇ 0466-81-3333
◇ http://www.misono.jp/

緑ヶ丘女子中学校

神奈川　横須賀市　女子校

自立した女性を育てる6年間

　東京湾や横須賀港を見下ろす、横須賀市の高台に立つ緑ヶ丘女子中学校・高等学校。町中の喧騒から離れ、多くの緑にかこまれた落ち着いた雰囲気のキャンパスが自慢です。

　そんな緑ヶ丘女子では、誠実さとまごころを持って人生を歩んでほしいという願いが込められた言葉「至誠一貫」のもと、キリスト教の「愛の精神」を心の糧に「新時代の社会で活躍し、貢献できる自立した女性の育成」をめざした教育が行われています。

3つの教育の柱

　緑ヶ丘女子では、基礎となる3教科（国語・数学・英語）の学習を中心に、生徒一人ひとりの個性、興味、適正を考えたきめ細かな教育が行われています。

　女性の活躍の場が日本だけにとどまらない21世紀において、「共生の思想と異文化のなかで生活する力」「国際社会で通用する専門知識や資格」「使える英語」がよりいっそう求められていると考えており、「実践に役立つ本格的英語力」の習得が緑ヶ丘女子の「英語教育」の大きな特徴です。

　いまの世界のなかで生き抜く柔軟性や力を養うというコンセプトのもと隔週土曜日の「サタデークラス」という時間を使いさまざまな体験的な活動を行っているほか、海外研修や数多くの行事が用意されています。裏千家の茶道を学ぶ「作法」の時間もまた、心を育てる時間となっています。

　そして、キリスト教の「愛の精神」を大切にする緑ヶ丘女子では、週に1時間の聖書の時間や、月に1回の礼拝、各種行事などをつうじて、他人を思いやる心、社会に奉仕する心を養い、豊かな人間性を育んでいきます。

　こうして、国際社会で通用する自立した女性をめざし、社会に巣立つための素地を6年一貫教育のなかで段階的、系統的、効果的に育てているのが緑ヶ丘女子中学校・高等学校です。

SCHOOL DATA

◇ 神奈川県横須賀市緑が丘39
◇ 京浜急行線「汐入」徒歩5分、JR線「横須賀」徒歩15分
◇ 女子のみ21名
◇ 046-822-1651
◇ http://www.midorigaoka.ed.jp/

森村学園中等部

神奈川　横浜市　共学校

自分の進むべき「路」を森村学園で

　創立100周年を記念した全校舎の大規模整備を、2011年（平成23年）に終えた森村学園。東急田園都市線つくし野駅から徒歩5分というアクセス良好な場所に立地しながらも、正門をくぐれば、校舎、グラウンド、テニスコートなど学園全体が一望でき、背後には広大な自然が広がります。感受性の強い多感な6年間を過ごすには、この緑あふれる学び舎は、非常に魅力的だといえるでしょう。

多角的に「路」を見つける

　現在のTOTO、ノリタケ、日本ガイシなどの創業者である森村市左衛門が、東京・高輪に創立したのが森村学園です。森村翁が実業界で得た人生訓「正直・親切・勤勉」を校訓とし、生徒が自分の「路」を進む力を自ら培うことができるように人間教育、進路指導を行っています。

　進路指導では、「進路指導」と「進学指導」を区別化し、6年一貫教育のなかで生徒一人ひとりの夢の実現をサポートしています。

　「進路指導」は自分の進むべき「路」を探すための指導です。人生の軸となる「将来なにになりたいのか」という問いかけを生徒に発しつづけていきます。

　一方、「進学指導」では、生徒が希望する大学に合格できる学力を身につけさせる指導を行っています。高2から文系・理系コースに分かれて大学入試を意識した演習型授業へ移行し、高3では多くの科目で実際の入試問題を用いた演習授業を展開します。

　また、さらにグローバル化が進む時代を見据え、森村学園では「言語技術」という教科を導入しました。「言語技術」の授業は、つくば言語技術教育研究所の支援を得て行っており、世界で通用するコミュニケーション能力の習得をめざしています。

　これからの自分と時代を見つめ、自分の「路」を切り開いていける生徒を育成する森村学園です。

SCHOOL DATA

◇ 神奈川県横浜市緑区長津田町2695
◇ 東急田園都市線「つくし野」徒歩5分、JR線・東急田園都市線「長津田」徒歩13分
◇ 男子256名、女子347名
◇ 045-984-2505
◇ http://www.morimura.ac.jp/

山手学院中学校
やまてがくいん

神奈川
横浜市

共学校

世界を舞台に活躍できる能力を身につける

1966年（昭和41年）、「未来への夢をはぐくみ、その夢の実現をたくましくになっていく人」すなわち「世界を舞台に活躍でき、世界に信頼される人間」の育成を目的に創設された山手学院中学校・高等学校。マロニエ並木を歩いて到着するキャンパスは、富士山や鎌倉の山並みをのぞむ緑豊かな高台にあります。

「世界を舞台に活躍でき、世界に信頼される人間」を育てるという目標を実現するため、山手学院では、教室のなかで世界について学ぶだけではなく、柔軟な吸収力のあるこの時期に、直接「世界」に飛びこみ、体験することが大切だと考えています。

そのため、全生徒にその機会を与えるものとしてつくられたのが、「国際交流プログラム」です。「中3でのオーストラリアホームステイ」、「高2での北米研修プログラム」を柱として、「リターン・ヴィジット」、「交換留学」、「国連世界高校生会議」など、数多くのプログラムを実施しています。

メリハリのある学校生活で大学合格

山手学院では、週5日制・3学期制を採用しています。土曜日の午前中には土曜講座を実施。多彩な講座が設置され、中学生から高校生まで、多くの生徒が受講しています。さらに、中学入学生は「中高6年一貫コース」として、国公立大学への進学に向けて必要な、幅広く確かな学力を育成しています。

月～金曜日に集中して行われる授業。多彩な土曜講座。活発な部活動。この3つの活動によって生みだされるリズム感、メリハリのある学校生活が山手学院の特色です。

こうした生徒を伸ばすオリジナルな学習指導の結果、2015年度（平成27年度）は、国公立大へ60名、早慶上智大179名、MARCHには491名の合格者を輩出しています。現役合格者が多いのも大きな特徴で、2015年（平成27年）は卒業生の92.8％が現役合格しています。

SCHOOL DATA

◇ 神奈川県横浜市栄区上郷町460
◇ JR線「港南台」徒歩12分
◇ 男子351名、女子251名
◇ 045-891-2111
◇ http://www.yamate-gakuin.ac.jp/

横須賀学院中学校
よこすかがくいん

神奈川
横須賀市

共学校

世界の隣人とともに生きるグローバル教育

学習のフォローが充実

横須賀学院は1950年（昭和25年）、青山学院第二高等部を引き継いで創立されました。その歴史的経緯から、2009年（平成21年）に教育提携協定が締結され、2012年（平成24年）に再調印されています。

横須賀学院は、進路実現のための確かな学力と隣人愛に満ちた豊かな人格形成を目標とする全人的教育を実践しています。とくに中学校では、「共に生きる」という教育目標のもと、温かい思いやりに満ちた人間関係を築いていきます。

中高一貫コースでは、検定外教科書なども併用しながら、6年間を見とおした学習をしています。授業で解決できなかった内容については、専属のスタッフが常駐し、19時まで開室している学習室を利用することもできます。また国公立・難関私大をめざす特別講座を開講していますが、クラブ活動などと重なっている場合には、iTunesUを使って、家庭などでの受講が可能となっています。

将来につながるさまざまな経験

2014年度（平成26年度）からは、「世界の隣人と共に生きるグローバル教育」とテーマを定め、語学研修プログラムの充実、インターナショナルスクールでのボランティアなどをとおして、英語運用力の育成に力を注いでいます。また国語科のプレゼンテーション試験、学術研究入門などの講座をとおして、自ら考え、課題を発見する力を育てます。

学習面以外においても、宗教教育に加え、「共に生きる」という教育目標を具現化するために、6年間のさまざまな体験学習プログラムが組まれています。「仲間作り」のための新入生オリエンテーション（中1）、清里自然教室（中2）、沖縄自然教室・職業体験（中3）、サイパン体験学習（高2）など、盛りだくさんです。

SCHOOL DATA

◇ 神奈川県横須賀市稲岡町82
◇ 京浜急行線「横須賀中央」徒歩10分
◇ 男子124名、女子108名
◇ 046-822-3218
◇ http://www.yokosukagakuin.ac.jp/

横浜中学校

社会で必要な確かな学力と豊かな人間力の養成

生徒が自分の夢や目標を実現するためには、さまざまな分野に対応する基となる「確かな学力」と、しっかりとした自分の考えや目標を持ち、将来を見据えて自分の世界を切りひらいていく力、人間的な幅や魅力を持った「豊かな人間力」が必要です。

確かな学力を身につける学習指導

横浜では、「確かな学力」とは、定着させた知識を整理しまとめ、表現できる力であると考え、知識の定着のため生徒の学習を支援するYSAPを全学年で実施しています。「ベーシック」(中1・中2)、「アドバンス」(全学年)、「トップ」(高2・高3)の3つの講座で学力アップをはかります。少人数制で一人ひとりに対応、アドバンス講座はクラブ活動終了後に受講が可能です。知識を活用する、スピーチコンテスト、海外語学研修、サイエンスキャンプ、作文コンクールなど発信型プログラムで発信力も養っています。

豊かな人間力を育む4つの柱〜 LIFE 〜

生徒はさまざまな体験を重ねることによって人としての幅を広げることができます。横浜では、ライフデザイン教育(L)・国際教育(I)・情操体験教育(F)・表現コミュニケーション教育(E)を「豊かな人間力」を育む4つの柱としています。そして、さまざまなプログラムをとおして、社会で信頼を受ける人材の育成をはかっています。

思考力や表現力を育む理科教育

実験は中学3年間で約30回、簡易カメラやペットボトルロケットの製作など、教科複合的な教育も行います。また、JAMSTECやズーラシア・東京ガス工場などの見学会、磯の生物観察会・サイエンスキャンプなどの実習を行うなど、体系的な取り組みを実施しています。討論・レポート制作・発表会で、科学的思考力や表現力を育んでいます。

SCHOOL DATA

◇ 神奈川県横浜市金沢区能見台通47-1
◇ 京浜急行線「能見台」徒歩2分
◇ 男子のみ160名
◇ 045-781-3395
◇ http://www.yokohama-jsh.ac.jp/

横浜共立学園中学校

「ひとりを大切にする」キリスト教教育

横浜の街並みを見下ろす山手の高台に横浜共立学園中学校はあります。創立は1871年(明治4年)、日本で最も古いプロテスタント・キリスト教による女子教育機関のひとつであり、横浜を代表する人気の女子校です。

3人のアメリカ人女性宣教師により設立されたアメリカン・ミッション・ホームに起源を持つ横浜共立学園の教育の根底にあるものは、「ひとりの人間を無条件に尊重し愛する」キリスト教精神です。学園では、キリスト教に基づく教育が実践されています。

そのキリスト教教育の基本は、「神を畏れる」ことにあります。「神を畏れる」とは、人間が神の前に謙虚になるということです。毎朝行われる礼拝をとおして、自分が神様からかけがえのない存在として等しく愛されていることを知ります。

横浜共立学園が創立以来「ひとり」を大切にする教育を行ってきた根拠がここに存在します。

高い大学進学実績

横浜を代表する私立女子校として知られているだけに、その大学進学実績には目を見張るものがあり、難関大学に数多くの合格者をだしています。医学部への進学者が多いのも特色のひとつで、総じて理系人気には高いものがあります。また、特筆すべきは、きわ立って高い現役合格率です。これは「まじめで、よく勉強する」生徒の性格を表す結果でもありますが、その背後には中高一貫の利点をいかし、効率を追求した横浜共立学園のカリキュラムの存在があります。

しかし、名門進学校の横浜共立学園は、けっして受験一本槍の学校ではありません。生徒のほとんどが部活動に所属し、ボランティア活動も積極的に行われています。同じ部活動の先輩が一生懸命に勉強して現役で希望する大学に入っていく、それもよいプレッシャーになっているのかもしれません。

SCHOOL DATA

◇ 神奈川県横浜市中区山手町212
◇ JR線「石川町」徒歩10分
◇ 女子のみ553名
◇ 045-641-3785
◇ http://www.kjg.ed.jp/

横浜女学院中学校

神奈川
横浜市
女子校

「愛と誠」の人間教育

プロテスタントのキリスト教精神による女子の人間教育を行う横浜女学院中学・高等学校。

自分を深く見つめ真実の生き方を求める「キリスト教教育」、可能性を最大限に伸ばし知性と感性を深める「学習指導」、個性を尊重しあい、信頼と友情を築く「共生教育」の3つを教育理念に、イエスの教え「愛と誠」の人間教育を実践しています。

そんな横浜女学院の1日は、礼拝で始まります。礼拝は横浜女学院のキリスト教教育の基であり、全校礼拝やクラス礼拝、英語礼拝などをとおして、時代を越え世界につうじる、人間としての真実の生き方を学びます。

また、「共生教育」においては、21世紀に輝いて生きる人を育てるため、新しい女子教育をめざしています。

特色あふれるカリキュラム

近年、着実に大学進学実績を伸ばしている

横浜女学院。

生徒の成長に即して、中学高校の6年間を「基礎期」（中1・中2）、「展開期」（中3・高1）、「発展期」（高2・高3）の3ステージ制に分け、それぞれのステージに応じて広い視野にたった進路教育を行い、生徒それぞれの自己実現をめざしています。

生徒が主役の女子教育の場では、習熟度別授業と豊富な課外活動、補習授業や受験対策講座、進路と興味に応じた「選択制」、夢を実現させる「キャリア教育」「ESD教育」などが行われています。またグローバルな視野を育てる「国際教育」に力をそそぎ、今年度は、スーパーグローバルハイスクール（SGH）アソシエイト校に指定されました。

横浜女学院ならではのカリキュラムで、一人ひとりの可能性を最大限に伸ばし、学びと喜びと真理の探求をとおして、人生をより豊かにする知性と感性そして品性を高めていきます。

SCHOOL DATA

◇ 神奈川県横浜市中区山手町203
◇ JR線「石川町」徒歩7分
◇ 女子のみ441名
◇ 045-641-3284
◇ http://www.yjg.y-gakuin.ed.jp/

横浜翠陵中学校

神奈川
横浜市
共学校

Think & Challenge!!

横浜翠陵のスローガンは「Think & Challenge!」。学校生活のすべての場面に用意された数多くのチャレンジが、自分の殻を破り、無限の可能性を引きだします。解けない問題から逃げずに挑みつづけた経験、苦しいことと正面から向きあった体験が自信へとつながり、つぎのステップへと挑む自分の糧となります。

徹底的に向きあいます!!

学習活動も自分への挑戦の場。一人ひとりの「わかった」「できた」を引きだすためにじゅうぶんな授業時間数を確保。さらに、学習プロセスを「DUT理論」に基づきD=Desire（意欲）、U=Understand（理解）、T=Training（実践演習）に分類。挑戦する心＝Dを育て、学力をつけるために必要となる訓練＝Tを可能にします。挫折しそうなときには、教員が徹底的に向きあい、フォローアップします。DUTのどの段階でつまずいたかを探り、自分

の力で正解にたどり着けるよう導きます。「できる」実感の積み重ねが、つぎへの意欲につながり、確実な学力とチャレンジ精神を養います。

中学時代に基礎を徹底的に固め、高校進学時に特進・国際・文理の3つのなかから各自の希望進路に沿ったコース選択をします。希望するコースに向けて力をつけるため、中学3年生では、7時間授業「ブラッシュアップレッスン」も用意しています。

もちろん勉強以外にも、横浜翠陵にはチャレンジの機会が数多くあります。部活動はもちろん、ひとり1家庭の2週間ホームステイによるニュージーランド海外教育研修や、6年間歩ききるトレッキングなどの行事でも、自分の限界を乗り越える経験を積み重ね、たくさんの「できた！」を実感できます。大きな自信を持って、人生の大きな目標に向かっていくたくましい「人間力」を育んでいきます。

SCHOOL DATA

◇ 神奈川県横浜市緑区三保町1
◇ JR線「十日市場」・東急田園都市線「青葉台」・相鉄線「三ツ境」バス
◇ 男子76名、女子60名
◇ 045-921-0301
◇ http://www.suiryo.ed.jp/

横浜創英中学校

「使える英語」を横浜創英で

2003年（平成15年）、75年もの歴史を誇る横浜創英高等学校のもとに開校した横浜創英中学校。

その横浜創英では、充実した国際教育を目標として、ネイティブスピーカーによる英会話授業、放課後のイングリッシュ・アワー、カナダのトロント近郊での海外語学研修といった多彩なプログラムを導入しているのが特色です。

なかでもイングリッシュ・アワーは、横浜創英独自のユニークなプログラムで、中1を中心に、7時限目に行われる20分間の「楽しい英会話」の時間です。

英語だけを使って、日常的なコミュニケーションに「必要な言葉」から、耳で覚えることを基本としています。

「読み・書き」はもちろん、「話せる」ことを重視した「使える英語」の習得をめざす横浜創英の英語教育を体現していると言えるプログラムです。

さまざまな進路希望に対応

横浜創英では、年々生徒の進路目標が高くなっており、とくに国公立大志望が激増しています。また、それ以外にも希望進路はさまざまです。この要望に応えるために、高校からは「特進コース」「文理コース」「普通コース」の3コースを用意しています。

最大の特徴はセンター試験に対応した「特進コース」の存在です。このコースでは国公立大への現役合格をめざし、週3回7時間授業を導入して、高1では基礎の徹底、高2・高3年では応用力の育成をはかっていきます。

「文理コース」「普通コース」は、それぞれの生徒が志望する大学や学部に応じて学習ができるプログラムが整っています。

このように変革する高校に呼応して、中学では基礎学力の定着度を細かにチェックするシステムが多くあり、高校での発展学習につなげていくかたちができあがっています。

SCHOOL DATA

◇ 神奈川県横浜市神奈川区西大口28
◇ JR線「大口」徒歩8分、京浜急行線「子安」徒歩12分、東急東横線「妙蓮寺」徒歩17分
◇ 男子73名、女子71名
◇ 045-421-3121
◇ http://www.soei.ed.jp/

横浜隼人中学校

「必要で信頼される人」を育成

横浜市にありながらも、遠くに富士山を仰ぐ緑豊かな自然環境にある横浜隼人中学校・高等学校。敷地面積は、なんと約5万4000㎡もの広さです。学校全体を写した航空写真を見ると、その広大なキャンパスの姿に驚かされます。そんな恵まれた教育環境のもと、生徒が将来、それぞれの場で重要な役割を担える「必要で信頼される人」に育つことをめざした教育が行われています。勉強だけでなく、「他人への思いやり」、「環境へのやさしさ」、「差別や偏見のない広い視野」、そして「困難に打ち勝つ勇気」を身につけることを大切にした教育が行われているのです。2015年11月ごろに新校舎が完成予定です。

「横浜隼人」21世紀の教育

さらにすぐれた教育環境をつくりだすため、横浜隼人では、「『横浜隼人』21世紀の教育」という教育プログラムを実践しています。これは、生徒の能力・適性に合わせ、一人ひとりの生徒の無限の可能性を広げていくための具体的な施策で、「進学のためのプログラム」と「人間形成のためのプログラム」が柱となっています。

「進学のためのプログラム」では、基礎・基本を重視して多様な学習プログラムが実践されています。通常の授業に加え、放課後の時間（ハヤトタイム）・講習・さまざまなテストなどの充実した学習プログラムにより、学習習慣を定着させ、将来の大学受験を容易にします。さらに、生徒の能力に合わせ、中2より習熟度別授業を実施するとともに、毎月第1・3・5土曜日は授業を行っています。

「人間形成のためのプログラム」では、生徒同士、そして生徒と教員とのコミュニケーションを大切にしています。スポーツ・クラブ活動を積極的に奨励する「部活動」、英語で教えるイマージョン教育などのプログラムを展開する「国際人を創る」ための取り組みを行っています。

SCHOOL DATA

◇ 神奈川県横浜市瀬谷区阿久和南 1-3-1
◇ 相鉄線「希望ヶ丘」徒歩18分
◇ 男子122名、女子63名
◇ 045-364-5101
◇ http://www.hayato.ed.jp/

横浜富士見丘学園中等教育学校

神奈川
横浜市

女子校

新しく機能的な校舎で「自立した女性」を育てる

相鉄線の二俣川駅から歩いて約15分、閑静な住宅街がつづくなだらかな坂をあがれば、横浜富士見丘学園中等教育学校のシックな赤レンガの新校舎が現れます。

マザーホールと呼ばれる図書館棟を中心に、アンジェラホール（大講堂）、校舎棟、体育館棟などが手をつなぐように配置されているのが特徴的で、さらに校舎内は木を多く使うことで温かみが感じられるつくりになっています。

シックハウス症候群、バリアフリー、耐震などの健康・安全面にも配慮されており、なかでも耐震面は最新工法により通常の1.5倍の耐震強度が確保されています。

また、ソーラーパネル、風車、校内LAN環境整備など、環境教育・情報教育の最先端機能も充実しています。

横浜富士見丘学園中等教育学校は、その優雅な姿からは想像できない技術が満載されているのです。

完全6年一貫制でゆとりある教育

私立の女子校としては、日本で初めての中等教育学校であり、その最大の特徴は中学と高校の境目がない完全な6年一貫教育です。

授業は2学期制で、週6日制。ゆとりを持って多くの時間数を確保しています。

一昨年、初めての女性校長が誕生し、女性の自立、社会参加をめざした新たな教育が開始されています。その中心は、「使える英語力」と「思考型学習の徹底」です。カリキュラムは、第1ステージ（1・2年）では知的好奇心の刺激に重点をおき、第2ステージ（3・4年）では未来設計に挑み、第3ステージ（5・6年）で受験に打ち勝つ実力を養成します。

ゆとりがありながらもしっかりと計画された教育が行われている横浜富士見丘学園中等教育学校。知的で品位ある人間性と、洗練された国際感覚を持ち、社会に貢献できる「自立した女性」の育成をめざしています。

SCHOOL DATA

◇ 神奈川県横浜市旭区中沢1-24-1
◇ 相鉄線「二俣川」徒歩15分
◇ 女子のみ164名
◇ 045-367-4380
◇ http://www.fujimigaoka.ed.jp/

横浜雙葉中学校

神奈川
横浜市

女子校

抜群の教育環境を誇る

横浜雙葉の象徴である三角帽子の鐘楼を中心に、山手の高台にはコロニアル風の校舎が広がります。独特の風が吹きわたる山手地区でも、ひときわ色濃く異国情緒を醸しだすかのようです。丘の上からは港や市街が、さらに富士山や房総半島も見通せます。

横浜雙葉は1872年（明治5年）最初の来日修道女マザー・マチルドによってその基礎が築かれました。1900年（明治33年）にカトリック学校横浜紅蘭女学校として始められ、1951年（昭和26年）に現在の名称に改称されました。「徳においては純真に、義務においては堅実に」という校訓と、キリスト教の精神を象徴する校章は、全世界の「幼きイエス会」系の学校に共通となっています。

生徒の夢を紡ぐ校舎とカリキュラム

最新の情報ネットワークを駆使した西校舎には、図書館やITワークショップルームをはじめ宗教教室などが配置されています。大き

な吹き抜けには光が降りそそぎ、白い壁と大理石の床が清潔なコントラストをなします。生徒たちは、このすばらしい校舎で貴重な青春のひとときを過ごします。

2002年度（平成14年度）から大きく刷新されたカリキュラムは、さらに進化し、文系と理数系を問わず強化し、少人数授業を導入するなど、定評ある横浜雙葉の教育がいっそうきめ細やかなものになっています。

横浜雙葉に入学すると、在校生が織りなす新入生のためのミサで出迎えられます。ミサはクリスマスのほか、年に数度実施されます。

横浜雙葉は敬虔なカトリックの学校ですが、宗教を強制せず、信仰の有無も合否判定に影響させません。

生徒一人ひとりが、家庭的なかかわりをとおして自分の使命を見出し、未来の共生社会を築くために具体的にグローバルな視点を持ち、行動することができるよう育まれています。

SCHOOL DATA

◇ 神奈川県横浜市中区山手町88
◇ みなとみらい線「元町・中華街」徒歩6分、JR線「石川町」徒歩13分、JR線「山手」徒歩15分
◇ 女子のみ565名
◇ 045-641-1004
◇ http://www.yokohamafutaba.ed.jp/

求めなさい そうすれば与えられる
探しなさい そうすればみつかる
門をたたきなさい そうすれば開かれる
（マタイ7章7節）

Misono Jogakuin Junior & Senior High School

MIS♥NO

学校説明会 ※予約不要

1月23日（月・祝） 9:30〜11:30（予定）
過去問題勉強会（6年生対象）
体験入学（小学生対象）
卒業生によるパネルディスカッション・進路
出題のポイント説明など（保護者対象）

2月13日（日） 9:30〜11:30（予定）
面接シミュレーション
体験入学（小学生対象）
出題のポイント説明など

ナイト説明会 ※要予約

8月7日（金） 18:00〜19:30
受付開始 7月18日（土）〜

親子校内見学会 ※要予約

（小5・6年生の親子限定）
7月18日（土） ①9:00〜 ②10:50〜 ③12:40〜 ④14:30〜
受付開始 6月11日（木）〜

10月24日（土） ①9:00〜 ②10:50〜 ③12:40〜 ④14:30〜
受付開始 9月19日（土）〜

授業見学会 ※要予約

11月・1月・2月に各1回実施予定
※1月は6年生限定、2月は5年生以下限定

聖園祭（文化祭）

9月19日（土）・20日（日） ※予備日21日（月）
※教員・保護者・高3生による入試相談コーナーあり

2015年3月卒業生の50.0%が国公立・早慶上智・GMARCH理科大に合格

みその
聖園女学院 中 学 校
高等学校

〒251-0873 神奈川県藤沢市みその台1-4
TEL.0466-81-3333 http://www.misono.jp/

昭和学院
秀英中学校・高等学校

〒261-0014　千葉市美浜区若葉1丁目2番　TEL:043-272-2481　FAX:043-272-4732
http://www.showa-shuei.ed.jp/　[昭和学院秀英]　[検索]

showa gakuin ●
Shuei
SHOWA GAKUIN
SHUEI JUNIOR & SENIOR HIGH SCHOOL

着々と、夢に向けて

学校説明会［受験生・保護者対象］　　　　　　　　要予約

[第1回]	7/25 土 10:00〜	[第2回]	7/25 土 13:00〜
[第3回]	9/26 土 10:00〜	[第4回]	10/17 土 10:00〜
[第5回]	10/31 土 10:00〜		

予約受付開始日	
第1回目・第2回目	第3回目以降
7/1 水 〜	9/1 火 〜

●学校説明会への参加は予約が必要です。
●時間および予約方法等の詳細は本校ホームページをご覧ください。

体育祭
6/7 日 9:00〜

雄飛祭（文化祭）
9/13 日 9:00〜
※受付は14:00まで

国立・私立中学校プロフィール

千　葉

市川中学校
いち かわ

千葉
市川市
共学校

人間教育と学力伸長の両立

2003年（平成15年）の校舎移転を契機に、共学化や土曜講座などの新たな試みに取り組んでいる市川中学・高等学校。よき伝統の継承（不易）と進取の精神（流行）が市川の持ち味です。

市川ならではの人間教育

市川の教育方針は「個性の尊重と自主自立」。この教育方針のもと、「独自無双の人間観」「よく見れば精神」「第三教育」の3本の柱を立てています。

「独自無双の人間観」とは、「人はそれぞれ、素晴らしい個性・持ち味があり、異なった可能性を持つかけがえのないものだ」という価値観を表します。

「よく見れば精神」（一人ひとりをよく見る教育）は「生徒一人ひとりに光をあて、じっくりと『よく見る』精神が、生徒の潜在能力を引き出し、開発し、進展していく」というものです。

また「第三教育」とは、家庭で親から受ける「第一教育」、学校で教師から受ける「第二教育」につづき、自ら主体的に学ぶ生涯教育をさします。

国公立大学や難関私立大学への多数の進学実績とともに、市川ならではの人間教育が、多くの保護者の支持を集める大きな理由となっているようです。

カリキュラム変更で授業時数増加

2009年（平成21年）からは文部科学省よりSSH（スーパーサイエンスハイスクール）の指定を受けています。これにともない、理数系の授業や施設が非常に充実し、外部の発表会では優秀な成績を収めています。

さらに、2010年度（平成22年度）から6日制に移行、カリキュラムが大幅に変更され数学・英語などの授業時間数が増加しました。

「人間教育の市川」、「進学の市川」が両輪となって突き進む市川中学校・高等学校です。

SCHOOL DATA

◇ 千葉県市川市本北方2-38-1
◇ 京成線「鬼越」徒歩20分、JR線・都営新宿線「本八幡」、JR線「市川大野」バス
◇ 男子598名、女子387名
◇ 047-339-2681
◇ http://www.ichigaku.ac.jp/

暁星国際中学校
ぎょう せい こく さい

千葉
木更津市
共学校

世界に輝く人間をめざす

豊かな緑に包まれ、18万㎡もの広大な敷地を有する暁星国際小学校、暁星国際中学・高等学校。暁星国際学園の歴史は、東京の暁星学園の開校に始まります。

暁星学園では、創立当初より、多数の帰国生徒が学んできました。1979年に帰国生受け入れをおもな目的として暁星国際高等学校を開校。1981年には暁星国際中学校を併設しました。1984年、暁星国際中・高および暁星君津幼稚園は暁星学園から分離し、学校法人暁星国際学園となりました。1995年に暁星国際小学校を、2004年には新浦安幼稚園を開設し、現在にいたります。

キリスト教精神に基づく教育

教育目標は、「あなたがほかの人にしてほしいと願うことを人にしてあげること」というキリスト教精神に基づき、①国際的感覚にすぐれ②新時代に対応する③諸機能の調和した④健全な社会人を育成すること、です。

これらの目標達成のため、暁星国際学園は開校以来一貫して寮を併設しています。寮での共同生活をとおして人間を形成し、自立心やコミュニケーション能力の育成に努めてきました。さらに帰国子女や留学生を積極的に受け入れて、多様な文化を受容して広く友愛を育むことのできる環境を整えています。

暁星国際学園では、特色あるコース制①「レギュラーコース（特進・進学）」②「インターナショナルコース」③「ヨハネ研究の森コース」④「アストラインターナショナルコース」を設けて、日々の授業に最善の配慮を行い、生徒の個性を尊重した指導に努めています。昨年度から「アストラインターナショナルコース」に女子の生徒が誕生しました。

また、グローバル化に対応できる生徒の育成のために、英語教育にとくに力を入れています。ネイティブと日本人の教員による授業が毎日それぞれ1時間ずつ設けられ、豊富な内容で徹底した語学教育を実践しています。

SCHOOL DATA

◇ 千葉県木更津市矢那1083
◇ JR線「木更津」・「姉ヶ崎」・「川崎」・「新浦和」、JR線ほか「横浜」スクールバス
◇ 男子127名、女子77名
◇ 0438-52-3291
◇ http://www.gis.ac.jp/

国府台女子学院中学部

心のチカラ、学びのチカラを育む

　1926年（大正15年）、平田華蔵先生により創立された国府台女子学院。仏教の教えを現代に受け継ぎ、揺るぎない「芯の強さ」を育む教育を実践している学校です。

　中学部では中1・中2で基礎学力の充実をめざし、演習による知識の定着をはかっています。中3では選抜コース（1クラス）を設けているほか、数学・英語の習熟度に応じたクラスを設置。週1時間の読書指導、1クラスを2分割して行う少人数の英会話（全学年）など、生徒の学習意欲を引き出す授業に心がそそがれているのが特徴です。

　もちろん、繊細な感性や慈しみ、思いやりの心を育む「心の教育」も実践。芸術鑑賞や学院祭などさまざまな行事をとおして、人間教育の輪が広がるよう努めています。

高等部には「英語科」も

　高等部には「普通科」と「英語科」が設置されています。

　普通科は中学からの選抜コースのほか、高2から「文系か理系かの選択」と「国公立系か私立系かの目標」に応じて類別コースに分かれ、進路に合わせた学習に取り組みます。高3では、多様な選択科目と少人数制の実践的なカリキュラムを設けているのが特色です。

　こうしたきめ細かな学習の結果、大学進学では、国公立大・難関私立大へも、ほとんどの生徒が現役で合格しています。4年制大学現役進学率は89.4％にのぼります。

　2015年度（平成27年度）は北海道大、東京外大、筑波大をはじめとする国公立大へ30名、早稲田大、慶應義塾大、上智大に48名という合格者を輩出していますが、そこには、生徒がその個性に応じて、さまざまな大学へ進学している国府台女子学院の大きな特徴が表れているといえるでしょう。

　心の教育を大切にするとともに、着実にすぐれた進学実績をあげている国府台女子学院です。

SCHOOL DATA

◇ 千葉県市川市菅野3-24-1
◇ 京成本線「市川真間」徒歩5分、JR線「市川」徒歩12分またはバス
◇ 女子のみ605名
◇ 047-322-7770
◇ http://www.konodai-gs.ac.jp/

芝浦工業大学柏中学校

創造性の開発と個性の発揮

　増尾城址公園に隣接した自然にかこまれ、恵まれた教育環境にある芝浦工業大学柏中高。建学の精神「創造性の開発と個性の発揮」のもと、①広い視野（興味・関心・知的好奇心）の育成、②豊かな感性と情緒の育成、③思考力の強化と厚みのある学力の養成を教育方針に掲げ、その教育が展開されています。

多様な進路に対応するカリキュラム

　2015年度より新たにグローバル・サイエンス（GS）とジェネラルラーニング（GL）の2コースで高校のカリキュラムを編成しています。このクラス編成は、生徒の個性に合った学習をより進めていくためのものであり、GSはアクティブ・ラーニングを実施しながら東京大をはじめとする最難関国公立大をめざすクラス、GLは補習などを適宜実施しつつ5教科7科目を高いレベルで学習し、国公立大、難関私立大をめざすクラスです。

　芝浦工大柏では、ほぼ全員が4年制大学へ

の進学を志望し、また生徒の約3分の2が理系志望、約3分の1が文系志望となっています。そのため進路指導は、生徒の興味、適性、志を大切にしています。そして、生徒一人ひとりが持てる能力をじゅうぶんに発揮でき、生きがいを持って進める道を見出せるように、学習、ホームルーム、面談をとおして、きめ細かな進路指導を行っているのが特徴です。

　受験対策は、1～3年次に夏期講習会を実施するほか、各学年で希望者を対象に放課後の講習・補習を行い、実力養成に努めます。

　東京大3名、京都大1名、東京工大1名、一橋大1名など最難関国公立大で現役合格者を輩出。その他、東北大、お茶の水女子大、筑波大、千葉大、気象大などを含めた現役国公立大学・大学校合格者は37名です。早慶上理にはのべ119名が合格し、国公立・早慶上理GMARCHいずれかの合格をつかんだ生徒の率も55.6％と過去最高になっています。

SCHOOL DATA

◇ 千葉県柏市増尾700
◇ 東武アーバンパークライン「新柏」徒歩25分・スクールバス、JR線・東武アーバンパークライン「柏」スクールバス
◇ 男子421名、女子152名
◇ 04-7174-3100
◇ http://www.ka.shibaura-it.ac.jp/

渋谷教育学園幕張中学校

千葉
千葉市
共学校

「自らの手で調べ、自らの頭で考える」

幕張新都心の一角、「学園のまち」に渋谷教育学園幕張中学校・高等学校はあります。まわりには県立高校、県立衛生短大、放送大、神田外語大、千葉県総合教育センターなど多くの文教施設が集まり、まさに学ぶには理想的な環境といえます。

創立は1983年（昭和58年）、中学校の創立は1986年（昭和61年）と、比較的若い学校と言えますが、毎年多くの卒業生を東京大をはじめとする超難関大学に送りだしており、千葉県屈指の進学校です。

また、渋谷教育学園幕張といえば、先駆的なシラバスの導入でも有名です。このシラバスは、つねに改訂や工夫が行われ、充実度の高い大学合格実績をしっかり支えていると言ってよいでしょう。

しかし、けっして進学だけを重視している学校ではありません。「自らの手で調べ、自らの頭で考える」という意味の「自調自考」を教育目標に掲げており、生徒の自発性を尊重した教育を行っています。そして、心の成長・陶冶をめざし、他者への理解、思いやり、連帯性を重視しています。

国際人としての資質を養う

生徒の眼前にグローバルな世界と未来とが開けていることを考え、渋谷教育学園幕張では、外国人教員による少人数外国語教育、長期・短期の海外留学、海外からの帰国生および外国人留学生の受け入れを積極的につづけています。

この環境を地盤として、異なる知識や体験の交流、共有化を進め、また、日常的学習の場も含めて国際理解へのよりいっそうの視野の拡大をはかっているのです。

敬愛され、伸びのびと活動し、貢献しうる日本人の可能性をさらに追求し、21世紀の地球と人間生活の反映に貢献できる人材の育成をめざす渋谷教育学園幕張中学校・高等学校です。

SCHOOL DATA

◇ 千葉県千葉市美浜区若葉1-3
◇ JR線「海浜幕張」徒歩10分、京成千葉線「京成幕張」徒歩14分、JR線「幕張」徒歩16分
◇ 男子638名、女子248名
◇ 043-271-1221
◇ http://www.shibumaku.jp/

昭和学院中学校

千葉
市川市
共学校

キャンパスも、教育体制も、学校全体が一新

JR線・都営新宿線・京成電鉄線から歩いても15分（バス5分）という、大変便利な千葉県市川市の閑静な住宅街に昭和学院中学校はあります。

その建学の精神は、創立者伊藤友作先生がしめされた校訓「明敏謙譲」、すなわち「明朗にして健康で、自主性に富み、謙虚で個性豊かな人間を育てる」ことにあります。

この変わらぬ建学の精神のもと、四季折々の豊かな自然の息吹を感じる新しいキャンパスで、中学・高校の6年間を過ごすことができます。

効果的な学習指導

昭和学院では、中高一貫という私学の特性をいかし、6年間の教育課程をつうじて生徒の能力・適性に応じたきめ細やかな進路指導を行っています。

中学1年から特進クラスをおくなど、習熟度に応じたきめ細かいクラス編成と教育内容を実施しています。

高校では、放課後の7時間目には学習会（補習等）を実施するとともに、夏休みや冬休みなど長期の休暇にも校内補習を実施しています。そのほか、業者テストの実施や予備校との連携をはかるなど充実した進学指導に努めています。

また、学力の向上だけでなく、昭和学院では中学生としての基本的な生活習慣を身につけることにも力をそそいでいます。

生徒会を中心に「あいさつ運動」をはじめ、福祉施設訪問などの「ボランティア活動」もさかんです。また、中学1年からキャリア教育を始め、生徒一人ひとりの進路設計を考えさせます。社会人としての責任やマナーなどを学び、進路設計にいかしています。

確かな学力・豊かな心・健やかな身体を育むための教育を基本方針とし、部活動への参加も奨励し文武両道の精神が伝統となっています。

SCHOOL DATA

◇ 千葉県市川市東菅野2-17-1
◇ JR線・都営新宿線「本八幡」・京成電鉄「京成八幡」徒歩15分
◇ 男子110名、女子255名
◇ 047-323-4171
◇ http://www.showa-gkn.ed.jp/js/

昭和学院秀英中学校

独自のプログラムで伸びる進学実績

「明朗謙虚」「勤勉向上」を校訓とする昭和学院秀英中学校・高等学校。「質の高い授業」「きめ細やかな進路指導」「豊かな心の育成」という3つの実践目標のもと、独自の充実したカリキュラムを展開しています。

昭和学院秀英の授業は、ただの詰め込みではなく、生徒の思考力・実践力・表現力を高め、もっと生徒が学びたくなるよう、日々教員が努力し、改善をしているところに大きな特徴があります。

たとえば、昭和学院秀英には独自の作文教育と読書教育があります。これは1985年（昭和60年）の創立以来つづけられているもので、「読む」「考える」「書く」を繰り返すなかで「自ら考える」習慣を身につけ、思考力・実践力・表現力を養います。

また、国際的視野と語学力を身につける人材育成をはかるため、高1の夏休みには、アメリカのワシントン州で約3週間にわたるホームステイを実施する海外研修旅行があります。

全員が「特進クラス」

昭和学院秀英はいわゆる「特進クラス」といった特別なクラスは設置していません。中・高の6年間にわたって質の高い授業を生徒全員に行うことで、他校で「特進」「特別」と呼ばれるクラスと同様の内容、レベルの教育を提供することができるのです。

生徒のほぼ100%が大学への進学をめざしているため、進路指導は進路に適応した指導と助言が行われ、高校1年次では不得意科目克服のための補習、2・3年次では進学のための補習を放課後などを活用して実施、また春期・夏期・冬期の休暇中には講習も実施しています。

国公立大・私立大への優秀な入試合格実績とともに早稲田大・慶應義塾大、上智大をはじめとする有力私立大への指定校推薦もあり、難関大学への進学実績が伸びつづけている昭和学院秀英中学校・高等学校です。

SCHOOL DATA

◇ 千葉県千葉市美浜区若葉1-2
◇ JR線「海浜幕張」徒歩10分、JR線「幕張」・京成千葉線「京成幕張」徒歩15分
◇ 男子260名、女子288名
◇ 043-272-2481
◇ http://www.showa-shuei.ed.jp/

聖徳大学附属女子中学校

「和」の精神で輝く未来へ

聖徳大学附属女子中学校・高等学校は、千葉県松戸市郊外の静かな環境で、社会で自分らしく輝ける女性を育んでいます。

教育理念である「和」の精神に基づき、「思いやる力」「かなえる力」「助け合う力」を養う全国屈指の人間教育プログラムが特徴です。その一例として、正しい礼儀作法を身につける「礼法」の授業、食材の生産者や調理してくれた方々への感謝を大切にしながら全校生徒と教員全員で昼食をとる「会食」の時間などがあげられます。こうした学びをつうじて、生徒は将来幅広い分野で活躍するための学芸・情操を身につけていくのです。

志望に応じたクラス編成

聖徳大学附属女子には、中1から進路別に3つのクラスが用意されています。

「S選抜クラス」は、個々の理解度や習熟度に合わせたきめ細かな学習指導により、確かな学力を身につけ国公立・最難関私立大をめざします。高校でも「S選抜クラス」としてそのまま編成され、志望大学に応じたプログラムで戦略的な受験指導が行われます。

「選抜クラス」は、国公立・難関私立大を目標とします。放課後や長期休業中に行われるゼミが特徴です。なかには東大生から学習指導が受けられるゼミもあり、生徒の学びをサポートしています。高校では、「特進コース」となり、習熟度別授業により個々の学力を無理なく伸ばしていきます。

「進学クラス」は、日々の学習と、部活動や行事を両立し、資格取得にも積極的に挑戦するクラスです。高校では幅広い進路に対応する「進学コース」へ進みます。

また、高校には音楽科も設置されており、希望者は音楽科へ進学することも可能です。

中高一貫教育ならではのムリ・ムダのない最適なカリキュラムと人間的な成長に大切な教養教育を重視し、人生を輝かせる力を養う聖徳大学附属女子中学校・高等学校です。

SCHOOL DATA

◇ 千葉県松戸市秋山600
◇ 北総線「北国分」「秋山」徒歩10分、JR線「松戸」「市川」・京成線「市川真間」バス
◇ 女子のみ231名
◇ 047-392-8111
◇ http://www.seitoku.jp/highschool/

西武台千葉中学校

「西武台シンカ論」で突き進む

2011年（平成23年）より、東京大・東京工大・一橋大などの難関国公立大および早稲田大・慶應義塾大・上智大などの難関私立大への現役合格をめざす「中高一貫特選コース」がスタート。2012年（平成24年）4月より校名を西武台中学校から変更した西武台千葉中学・高等学校は、「西武台シンカ論」を新時代へのマニフェストとして掲げています。

これは、生徒一人ひとりのニーズに応えて個性と能力を伸ばし、志気と体力を高め、「可能性の実現」へ導いていくものです。

現役合格を力強くサポート

西武台千葉で新しく導入された中高一貫特選コースは、中高6カ年を3つのステージに分けて展開します。

第1ステージは、中1から中2までの「基礎期」。第2ステージは、中3から高1までの「発展期」。そして第3ステージが、高2から高3までの「進路実現期」です。

高2修了までに高3の内容を学習し、高3では主として大学入試センター試験や志望大学の2次試験問題の演習期間にあて、難関大学の現役合格を力強くサポートしていきます。

また、第2ステージまでは、従来からある進学コースとの入れ替えを毎年行い、生徒同士が切磋琢磨することで、学力の向上や高いモチベーションの維持をはかっています。

学習内容の特徴としては、一貫用テキストの使用、日本人教師と外国人講師のチームティーチングによる英語力の強化など、きめ細かな教育を提供しています。

部活動も活発

また、西武台千葉では、運動部と文化部合わせて18の部活動が行われており、中学生の8割以上がいずれかの部活動に参加しています。学習、部活動、学校行事などをとおして、知・徳・体のバランスがとれた豊かな人間形成をめざしているのです。

SCHOOL DATA

◇ 千葉県野田市尾崎2241-2
◇ 東武野田線「川間」徒歩17分
◇ 男子90名、女子92名
◇ 04-7127-1111
◇ http://www.seibudai-chiba.jp/

専修大学松戸中学校

生徒一人ひとりの"夢プラン"を支える

専修大学松戸中学校・高等学校は、「国際舞台を視野に入れる」「難関大学をめざす」「報恩奉仕」を教育方針とし、ハイレベルな国際教育と理数系教育、充実した学習環境を提供しています。

英語・理数教育の充実が強み

専修大学松戸の教育において特筆されるのは、英語教育と理数教育の充実です。

英語教育は、国際人を育むことを目標に、中学卒業時には全員が英語検定準2級以上の取得をめざしています。

アンビションホール（高志館）を国際交流・英語学習の中核として位置づけ、英会話の授業やランチタイムアクティビティで利用しています。週7時間ある英語授業のうち、2時間でネイティブ教員と日本人教員によるチームティーチングが実施されています。

中学3年の6月にはアメリカ・ネブラスカ州への13日間の修学旅行を行っています。

姉妹校との交流、体験授業への参加、ホームステイが3つの柱となり、「使える英語力」の向上と国際感覚の養成をはかります。

理数教育では、数学は中学2年までに中学課程を修了し、中学3年より高校課程に進みます。高校3年では演習授業を中心に展開しています。理科は中学時より物理、化学、生物、地学に分けた専門別授業を行っています。2012年度（平成24年度）からは「理科実験」を中学1年・中学2年で1時間ずつ行い、さまざまな実験を取り入れた授業をつうじて、生徒の理数系への関心を高めています。生徒にとっては難しい点も、補習などでフォローアップしていきます。

さらに体育の授業数も増えたことで、部活動と合わせ、勉強だけに偏らないバランスがとれた人材を育てています。生徒一人ひとりのモチベーションを高め、"夢"の実現を全力で支援する専修大学松戸中学校・高等学校です。

SCHOOL DATA

◇ 千葉県松戸市上本郷2-3621
◇ JR線・地下鉄千代田線「北松戸」徒歩10分、新京成線「松戸新田」徒歩15分
◇ 男子267名、女子234名
◇ 047-362-9102
◇ http://www.senshu-u-matsudo.ed.jp/

千葉日本大学第一中学校

千葉 船橋市　共学校

自立し、文武のバランスがとれた人に

千葉日本大学第一中学校・高等学校は、その建学の精神に基づき、「世界に役立つ日本人」の育成に努めている、日本大学の特別付属校です。

「『真』『健』『和』」の校訓のもと、勉強だけ、部活動だけではなく、社会性を身につけ、バランスのとれた自立した生徒の育成をめざし、人間形成の場として規律ある校風を標榜していきます。

学習においては、中高で重複する内容を整理・統合し、内容の深い合理的な学習指導を実践します。また、生徒一人ひとりの個性や将来の志望に合わせ、多様なコース・科目を設定し、選択幅の広い独自のカリキュラムを実現しています。演劇や古典芸能などを鑑賞する機会を多く設けているのも特徴です。

ゆとりある6年間でしっかり学力養成

中学では、1・2年次を基礎学力の養成期と位置づけ、主要教科の時間数を増やし、同時に時間外講習を開講することで、完全な理解に基づいた学力の養成と、高校段階までふみこむ学習指導を実践しています。

高校では、生徒の特性や希望する進路などに応じた適切な学習計画が立てられるようにカリキュラムを設定しています。

2年次からはクラスを文系・理系に分け、最終学年の3年次は本人の進学志望に応じて、文系・理系ともに他大学進学コース、日本大学進学コースに分かれます。

日本大への進学は付属校推薦で行うとともに、他大学への進学もしっかりサポートしています。こうした指導の結果、2014年度の大学合格実績は日本大209名、千葉大・埼玉大・信州大・東京外大・東京芸大・東京工大をはじめとする他大学232名（いずれも在校生）という数字となって表れています。

付属校のゆとりある6カ年一貫教育のもと、生徒の多岐にわたる進路を応援する千葉日本大学第一中学校・高等学校です。

SCHOOL DATA

◇ 千葉県船橋市習志野台8-34-1
◇ 東葉高速鉄道「船橋日大前」徒歩12分、JR線「津田沼」・新京成線「北習志野」バス
◇ 男子381名、女子250名
◇ 047-466-5155
◇ http://www.chibanichi.ed.jp/

千葉明徳中学校

千葉 千葉市　共学校

無限の可能性を引き出し、輝かせる

2011年（平成23年）に開校した千葉明徳中学校。教育理念「明明徳」に基づき、さまざまな活動をとおして生徒一人ひとりのすぐれた特質を引き出し、輝かせるための教育を行っています。この理念を具現化するために「人間性の向上（こころを耕す学習）」と「学力の向上（文理両道のリベラルアーツ）」を2本柱とし、教育を展開しています。

「心を育てる」「知を磨く」

自分と他者との関係性に気づくことは、社会を生きぬくためにとても重要なことだという考えに基づいて、千葉明徳では「つながり」という視点から心を育てる教育を行います。それが千葉明徳独自の「こころを耕す学習」です。おもな取り組みには、さまざまな体験学習や「自分を識る学習」などがあげられます。もうひとつの柱として、子どもたちの持つかぎりない可能性を引き出すために、「文理両道のリベラルアーツ」という総合的・重奏的な教育に挑戦します。文系・理系に偏りなく、基礎基本にじっくり取り組み、深く幅広い教養を養います。週6日制で豊富な授業時間を確保し、学習するうえでいちばん大切な原理原則を理解することに力をそそいでいます。また、始業前の20分間を利用し、朝学習を実施したり、成果のあがらない生徒に対しては放課後に補習を行い、基礎学力の定着をはかっています。

千葉明徳では、高校入試のない利点をいかし、6年間を効率的に、そして有意義に過ごすことができます。また教科によっては中高一貫教育の効率性を活用して先取り学習を行い、すべての学年で補習、講習を充実させたりするなど、中学と高校が完全に連携し、目標達成に向けて全力でサポートしています。

緑豊かで落ちついた環境のなかで、生徒たちの人間性と学力を向上させることにより、社会を力強く生きぬく若者（行動する哲人）を育てるのが千葉明徳中学校です。

SCHOOL DATA

◇ 千葉県千葉市中央区南生実町1412
◇ 京成千原線「学園前」徒歩1分
◇ 男子74名、女子73名
◇ 043-265-1612
◇ http://www.chibameitoku.ac.jp/junior/

東海大学付属浦安高等学校中等部

千葉
浦安市
共学校

中高大10年間の一貫教育

東京ディズニーリゾート近くの閑静な住宅街に位置する東海大学付属浦安高等学校中等部。東海大学が掲げる建学の精神に基づき、中等部から大学まで10年間の一貫教育を実践しています。

教科学習では、テーマ学習を中心とした調査や実験実習が行われ、問題発見・解決型の授業を行っているところが特徴です。英語教育にはとくに力を入れており、外国人講師と日本人教師がふたりでチームを組んで授業を展開しています。また、中等部3年次には、ニュージーランドでの英語研修も行われ、生きた英語に触れるチャンスが用意されています。

学校施設も充実しています。明るい雰囲気の校内には、理科実験室や特別教室が学びやすく配置され、体育館や武道場、温水プールなどもあります。こうした学校施設を活用した部活動もさかんです。趣味の域から専門性の高い活動までたくさんの部活動が用意されています。

東海大への推薦枠が充実

中等部卒業後は、ほとんどの生徒が東海大学付属浦安高等学校へ進学します。

そして、大学への進学は、さまざまなかたちの学校長推薦により、国内9キャンパスを有する大学、3つの短期大学、ハワイの短期大学がある学校法人東海大学を中心に可能となっています。大学への推薦にあたっては、高校3年間の学習成績はもちろんのこと、学校生活全般にわたる資料が集積・検討され、特別推薦や奨励推薦をはじめとする各種推薦により入学者が決定します。

2015年（平成27年）も、卒業生の80％が東海大学関係へ進学を果たしました。

中等部での3年間だけでなく、大学までの10年間を見据えながら学校生活を送ることのできる、東海大学付属浦安高等学校中等部です。

SCHOOL DATA

- ◇ 千葉県浦安市東野3-11-1
- ◇ JR線「舞浜」徒歩18分・バス10分、JR線「新浦安」・地下鉄東西線「浦安」バス10分
- ◇ 男子228名、女子110名
- ◇ 047-351-2371
- ◇ http://www.urayasu.tokai.ed.jp/

東京学館浦安中学校

千葉
浦安市
共学校

広く国際的な視野に立つ有為な人材を育成する

東京ベイエリアの国際性豊かな地域に位置する東京学館浦安中学校・高等学校。高校は創立34年。地域からの信頼も厚く、進学実績を着実に積みあげています。

創立者・鎌形剛先生が提唱された「広く国際的な視野に立って活動する、有為な人材を育てなくてはならない」という建学の精神を実践しています。

そしてこの建学の精神を体現するため、3つの綱領を掲げ、生徒一人ひとりの実行目標にしています。その第1が「自己の開発」。生徒の才能を掘りおこし、豊かに伸ばすことをしめしています。ふたつ目は「判断と責任」。善悪を自主的に判断し、責任を持って行動することを目標としています。そして3つ目は「相互扶助」。互いに協力しあうことを学び、社会に奉仕できる人材を育てます。

独自の英語教育が自慢

多彩なカリキュラムが展開されている東京

学館浦安中では、とくに英語教育に力を入れており、「生きた英語、活かせる英語力」をモットーに、週に5時間の英語の授業が行われています。

ネイティブスピーカーによる英会話をはじめ、テキストも生徒たちが英語に親しむことのできる興味深くユニークなものを使用しています。さらに、中学3年次には英国修学旅行を実施します。この修学旅行は英語学習の成果が試される場であり、高校・大学と進学していく際の大きな意欲をかたちづくるものとなっています。

高校段階でも、生徒一人ひとりの希望に添うべく、柔軟なカリキュラムが組まれています。生徒たちの希望する進路は、国公立大や私立大、文系・理系などさまざまです。その各個人に合ったコースが選択できるようになっているのが特徴です。選択授業を含め、コースは6種類。生徒自身の自主性を重視したフレキシブルな教育体制となっています。

SCHOOL DATA

- ◇ 千葉県浦安市高洲1-23-1
- ◇ JR線「新浦安」徒歩13分・バス5分
- ◇ 男子66名、女子36名
- ◇ 047-353-8821
- ◇ http://www.gakkan-urayasu-jr.jp/

東邦大学付属東邦中学校

千葉 習志野市　共学校

「自分探しの旅」にでよう

東邦大学付属東邦中学校は、1961年（昭和33年）に、東邦大学の附属校として開校されました。併設の高等学校は1952年（昭和27年）に開設されています。

母体の東邦大学は、医学部・看護学部・薬学部・理学部の4学部および医学部付属の3つの病院を持ち、自然科学の研究、教育、医療に重要な役割を果たしてきた大学として広く知られています。

週6日制、週35時間を確保して行われる正課の授業では、「精選と深化」による指導計画を工夫して、演習や実験実習を多く盛りこみながらも、高3の1学期には全学習範囲を終えます。

カリキュラムはリベラルアーツ型で、選択科目を多様に設けることで生徒の進路実現をサポートします。

Exploring Study（自分探し学習）

東邦大学付属東邦中では、建学の精神「自然・生命・人間」の具体的な道筋として、「自分探しの旅」を学びのテーマとしています。

これは、学習はもちろんのこと、部活動や学校行事など、さまざまな体験を積みながら、つねに真の自分を探し、見つめようという意味であり、生徒にとっては将来の進路選択における心がまえであるとともに、人生や人間についての根源的な問題へとつうじるテーマとなっています。

そして、生徒一人ひとりが幅広く、能動的に「自分探しの旅」をつづけるために用意されている多彩な学習を体系化したものが「Exploring Study（自分探し学習）」です。

進学校として生徒の進路実現をサポートするプログラムであり、また、生徒がやがて大学に進学して専門的な学問研究などに挑戦する際、それに必要な厚みのある知識を定着させ、さらには未来のリーダーとして人間社会に貢献できる高い志と豊かな人間性を育てるものとなっています。

SCHOOL DATA

◇ 千葉県習志野市泉町2-1-37
◇ 京成線「京成大久保」徒歩10分、JR線「津田沼」バス
◇ 男子518名、女子354名
◇ 047-472-8191
◇ http://www.tohojh.toho-u.ac.jp/

二松學舍大学附属柏中学校

千葉 柏市　共学校

今年度より「グローバルコース」開設

2011年（平成23年）に開校した二松學舍大学附属柏中学校。夏目漱石も学んだ138年の二松學舍の長い歴史に、初の附属中学校誕生として、新たな1ページが加わりました。

躍進する二松學舍大学附属柏中学校は、今年度から「グローバルコース」を新設し、グローバル・特進・選抜の3コース制となりました。

将来生徒一人ひとりが、他人のこと・社会のこと・地球環境のことを考え、役に立つ人間になることを目標に、質の高い教育をめざしています。

教育の特徴は、グローバル教育とICT教育です。新入生全員がタブレットを持ち、授業や特別活動、記録管理に役立てます。

そして、二松學舍大学附属柏の教育を語るうえで欠かせないのが「論語教育」です。「論語」は、生徒の生きる力を育む最良の教材だと考えられています。授業をつうじて、自分のやるべきことや自分の課題を考え、「自問自答」により人間力を高めていきます。

校舎は豊かな自然にかこまれ、四季をとおして生命の息吹を感じながら勉強できる恵まれた教育環境です。グラウンドは、東京ドーム3個ぶんの広さとなっており、2011年（平成23年）2月に完成した新体育館は、バレーボールコートが6面取れる広さを誇っています。

ユニークな「○○の教室」で自問自答

環境教育を行う「沼の教室」をはじめ「都市の教室」、「雪の教室」（スキー研修）、「古都の教室」、「田んぼの教室」（田植えから稲刈りまでを体験）などを展開します。これらの活動のなかでも、自問自答力（自ら体験し、自ら問題を発見し、自ら答える力）を育成し、中3では集大成となる卒業論文（「研究論文"自問自答"」）を全員が書きあげます。

新しい歴史を刻み始めた二松學舍大学附属柏中学校。今後の飛躍が楽しみな1校です。

SCHOOL DATA

◇ 千葉県柏市大井2590
◇ JR線・地下鉄千代田線・東武野田線「柏」、東武野田線「新柏」、JR線「我孫子」スクールバス
◇ 男子86名、女子76名
◇ 04-7191-3179
◇ http://nishogakusha-kashiwa.ed.jp/

日出学園中学校

学ぶ楽しさを実感できる中高6年間

日出学園は、1934年（昭和9年）に幼稚園・小学校として創立されたのが始まりです。以来、1947年（昭和22年）に中学校が、1950年（昭和25年）に高等学校が開設され現在にいたっています。建学の精神は校訓「誠・明・和」の3文字にこめられ、「誠」は心を重んじる教育、「明」は自主的・積極的な明るさをつくる教育、「和」はともに力を合わせることの大切さを学ぶ教育を意味しています。

生徒の進路に合わせた授業を展開

日出学園中高の在校生は、ほとんど全員が大学進学を希望しています。中高一貫教育のメリットを最大限にいかしたカリキュラムが組まれており、中学では、各教科の基本的な内容の習得・理解定着をめざします。高校では、各自が進路志望に応じた教科を選択し、自主的に学習することによって大学入試に対応できる学力を養います。2013年度（平成25年度）より学校週6日制に変わりました。

カリキュラムも新しくなり、より充実した環境で学習に取り組むことができます。

学習の基礎をしっかりと固めるため、数学と英語においては、中学2年から習熟度別少人数授業を実施しています。それぞれの学力に対応した授業を受けることで、学力向上をはかります。また国語においては、教科書を中心に授業を進めていく「国語」と、文法や言語活動を中心に進めていく「言語表現」に分けて授業を行っています。すべての学習の基礎となる「読む・書く・話す・聞く」力をつけていくことを目標にしています。

このように、学習面において細やかな配慮がいきとどき、生徒たちは伸びのびと、そして着実に学力を養いつつ成長しています。その結果、近年は国公立大・難関私立大などへの合格実績も次第に上昇してきています。

中高6年間の一貫教育のなかで、勉学の楽しみを味わいながら、豊かな心を持つ人間を育てる、日出学園中学・高等学校です。

SCHOOL DATA

◇ 千葉県市川市菅野3-23-1
◇ 京成線「菅野」徒歩5分、JR線「市川」徒歩15分またはバス
◇ 男子126名、女子173名
◇ 047-324-0071
◇ http://high.hinode.ed.jp/

麗澤中学校

「心」を育て、自分（ゆめ）を育てる

グローバル社会で生き抜く力を養成

「感謝の心・自立の心・思いやりの心」を育みながら、知力を身につける「知徳一体」の教育を実践する麗澤中学校・高等学校。

日本の文化や行動様式には、グローバル社会が必要としていることがらが多くあります。その日本人としての「当たり前」を伸ばし、すぐれた発信力を持つ"地球規模で高い能力を発揮できる人材"を輩出するため、麗澤は5Lの育成に取り組んでいます。5LとはLanguage（英語力）・Logical Thinking（論理的思考力）・Liberal Arts（教養）・Literacy（情報活用力）・Leadership（リーダーシップ）のこと。

5Lを高めることで、すぐれた知識と知性、ものごとの本質を見極める深い洞察力や判断力、周囲を牽引する圧倒的な行動力を養います。そして、連綿と受け継がれる麗澤教育のエッセンスや豊富な体験型学習、最先端の教育理論に裏打ちされたカリキュラムなどで5

Lを磨き、国際社会で高い能力を発揮する「本物の叡智」を兼ね備えた人材を育成します。

こうした教育に加え、今年度からは新たに2コース制をスタートさせました。

■アドバンスト叡智コース…高度な教科学習を基盤に、5Lをさらに強化する「Lアワー」を設置。グローバル社会で求められる論理的な思考力に裏打ちされたコミュニケーション能力、体験・体感を基に考え抜く知的なタフさなどを培い、東京大に合格する力、グローバルリーダーとして必要な力を養成します。

■エッセンシャル叡智コース…「実践的英語教育」や「言語技術教育」などをさらに充実・発展させ、グローバル社会に必要とされる本質的な力を養成します。文武両道を実践しながら、難関大学をはじめとする幅広い選択肢のなかから、最適な進路をめざします。

創立以来受け継いできた伝統と、新たな改革による充実した教育で生徒を育てる麗澤中学校・高等学校です。

SCHOOL DATA

◇ 千葉県柏市光ヶ丘2-1-1
◇ JR線・地下鉄千代田線「南柏」バス5分
◇ 男子206名、女子245名
◇ 04-7173-3700
◇ http://www.hs.reitaku.jp/

和洋国府台女子中学校

気品ある女性に

和洋国府台女子中学校・高等学校の創立は、1897年（明治30年）。100年を越える伝統を誇ります。校名の「和洋」とは、「和魂洋才」の精神に由来し、日本の伝統文化を大切にしながらも、海外のすぐれたものを積極的に取り入れる姿勢を表しています。

創立以来、たんなる技術教育にとどまらない、日本女性としての品位と教養を身につけることを重視した人間教育をつづけてきました。女性としての豊かな感性と品格を養う教育を実践し、自分をいかして社会のために貢献する大切さを学んでいます。

こうした教育理念のもと、茶道を取り入れた「礼法」では日本女性として欠かせない知識を学び、日本人としての心を磨きます。また、琴を学ぶ「邦楽」では正に心の"琴線"をふるわせ、日本古来の"響き"を体得しています。合唱コンクールでは、音のハーモニーの大切さを学ぶとともに、さらなる友情の輪を広げています。

生きた英語をしっかり学ぶ

ネイティブ教師による英会話の授業は、1クラスを3分割し10人程度の少人数で実施。3年間をつうじて毎週1時間、能力別のきめ細かな指導をしています。英会話を楽しむことを第一目標に、歌やゲームなども取り入れています。言葉の壁を越え、理解しあえる喜びは、自信や学習意欲の向上につながります。また、文化のちがいを学ぶことで、国際人としての感覚を養います。

6年一貫教育のなかでは、語学研修も豊富にそろえています。中学では3年間の集大成として、卒業後の春休みに8日間のイギリス研修を希望者対象に行っています。夏休みにブリティッシュヒルズ語学研修（2泊3日）、冬休みに佐倉セミナーハウスで英語宿泊研修（3泊4日）の機会があります。高校では希望者にオーストラリアの姉妹校への短・長期の留学なども用意されています。

SCHOOL DATA

◇ 千葉県市川市国分4-20-1

◇ JR線「市川」・「松戸」、京成線「市川真間」、北総線「北国分」バス

◇ 女子のみ278名

◇ 047-374-0111

◇ http://www.wayokonodai.ed.jp/

世界へ羽ばたけ!!

確かな未来はここから始まる

Soar Around The World 2016

Senshu Matsudo Frontier Spirit

SINCE 2000

中 高 専修大学松戸中学校・高等学校

〒271-8585 千葉県松戸市上本郷2-3621 TEL.047-362-9102　http://www.senshu-u-matsudo.ed.jp/

専修大学松戸
高等学校・中学校・幼稚園
公式ロゴマーク

中学校見学会 (要予約)

7/12(日)・**18**(土)・**19**(日)

3日間とも9:30〜 ※6/29(月)より電話予約

中学校説明会 (予約不要)

10/3(土)、**11/7**(土)、**12/13**(日)

3日間とも10:00〜

ダイジェスト版 **1/10**(日) 14:00〜

文化祭 一般公開 (予約不要)

9/19(土)・**20**(日) 9:00〜

平成28年度 中学入学試験 ■試験科目:3回とも4科目(面接なし)

▶第1回1/20(水)〈定員100名〉 ▶第2回1/26(火)〈定員30名〉 ▶第3回2/3(水)〈定員20名〉

※第2回入試の定員には、帰国生枠(若干名)を含みます。なお、帰国生枠に出願の場合のみ、面接試験があります。
※詳細については募集要項をご参照ください。

モバイルサイトは
こちらから▶▶▶

 専松 🔍

Wayo Konodai Girl's Junior High School

和やかにして　洋々たる

和洋

特色ある英語教育

　高い英語力を身に付け、世界を舞台に活躍できる人材を育てるために、楽しくアクティヴな英会話の授業を設けています。１～３年生まで通常クラスをレベル別に３クラスに分けて、１０人以下の少人数クラスで、週１時間行っています。

　また、冬休みには１～３年生が参加できるオーストラリア姉妹校の教師による英語研修合宿、３年生の夏休みにはブリティッシュヒルズ語学研修を、３月にはイギリスへの８日間の研修旅行を用意しています。

英会話の授業風景

実験・観察を重視した理科教育

　理科の授業は週４時間。「実体験から学ぶ科学」を掲げ、週２時間、３年間で１００項目の実験・観察を取り入れています。五感を使った体験型授業を展開し、身の回りの自然科学への理解を深めています。

　液体窒素を使った状態変化の実験やブタの心臓の観察など本校独自の内容を取り入れ、理科への興味・関心を養っています。３年生では課題研究に取り組むことで、自然科学への探求方法を学習し、科学的思考や応用力を養います。

理科実験（ブタの心臓の解剖）

■学校説明会
　9月19日（土）
　10月17日（土）
　11月 7日（土）
　12月12日（土）
　1月 9日（土）

※各行事の詳細はHPをご覧ください。

■体育大会
　9月27日（日）
■学園祭
　10月24日（土）
　10月25日（日）

鮮やかな色のバス、生徒がデザインしました。

スクールバス運行		
松戸駅/北国分駅	⇔	本校
市川駅/市川真間駅	⇔	本校

和洋国府台女子中学校
http://www.wayokonodai.ed.jp/
〒272-0834　千葉県市川市国分4-20-1　Tel:047-374-0111

国立・私立中学校プロフィール

埼　玉

Be your best and truest self.

「最善のあなたでありなさい。そして、最も真実なあなたでありなさい。」

このモットーがめざしていること、それは生徒一人ひとりが
ほんものの自分として生きる人間に成長することです。

学校見学会（予約不要）

第2回　7月24日（金）

第3回　8月20日（木）

＊各回とも9：30開始
＊各回とも同一内容
　上履きをご持参ください

学校説明会（予約不要）

第1回　10月3日（土）午前・午後

第2回　11月7日（土）午前・午後

第3回　12月5日（土）午前

＊午前の部は9：30開始、午後の部は1：30開始
＊各回とも同一内容
　上履きをご持参ください

文化祭（予約不要）

9月5日（土）10：00〜
9月6日（日）　9：30〜

＊チケット制ですが、受験生と保護者の方は
　チケットなしで入場できます
＊質問コーナー・入試要項販売があります
　上履きをご持参ください

カトリックミッションスクール

 浦和明の星女子中学校

（併設）浦和明の星女子高等学校
〒 336-0926　埼玉県さいたま市緑区東浦和6-4-19
〔TEL〕048-873-1160　〔FAX〕048-875-3491
〔URL〕http://www.urawa-akenohoshi.ed.jp
Access JR武蔵野線　東浦和駅　徒歩8分

校訓 **愛・知・和**

21世紀を担う国際感覚豊かな人間教育

MONASH University
Peninsula Campus

学校説明会

7/11（土）**10：00～** ＊授業見学できます	**10/25**（日）**11：00～** ＊文化祭当日
8/ 8（土）**10：00～**	**11/ 6**（金）**10：00～**
9/12（土）**10：00～**	**11/26**（木）**10：00～** ＊授業見学できます
10/10（土）**10：00～**	**12/ 5**（土）**10：00～**
10/24（土）**13：00～** ＊文化祭当日	**12/14**（月）**10：00～** ＊授業見学できます

入試対策会（授業体験）＊要予約
11/22（日）**9：00～**

文化祭
10/24（土）・**25**（日）**10：00～**
＊24日（土）10：00～ 中学ステージ発表あり

4年生・5年生対象 学校説明会
平成28年 **2/20**（土）**10：00～**
＊授業見学できます

＊上記日程は予定です。最終的な確認はホームページ等にてご確認ください。

🏫 学校法人開成学園

大宮開成中学校

〒330-8567　埼玉県さいたま市大宮区堀の内町1-615　TEL.048-641-7161　FAX.048-647-8881
URL http://www.omiyakaisei.jp　E-mail kaisei@omiyakaisei.jp

浦和明の星女子中学校

埼玉　さいたま市　女子校

「一人ひとりを大切に」

「正・浄・和」という校訓のもと、お互いを「かけがえのない人間」として尊重し、「一人ひとりを大切にする」校風がある浦和明の星女子中学校。「一人ひとりを大切に」というと、少人数教育を思い浮かべるかもしれませんが、浦和明の星女子が考えるそれは、「その生徒をその生徒としてみる」「その生徒がその固有の使命に生きるよう手助けする」という意味です。

モットーである「Be your best and truest self（最善のあなたでありなさい。最も真実なあなたでありなさい。）」は、あなたはあなたであるよう、真剣に努力することを求め、そして「ほんものの自分」をめざして成長することを期待しています。

バランスのとれたカリキュラムと進路指導

カリキュラムは6年間の一貫教育です。生徒の理解や進度を考慮した、3段階に分けたプログラムを組んでいます。

中1・中2は「基礎学力の定着」期、中3・高1は「学力の充実」期、そして高2・高3は「学力の発展」期です。それぞれの時期に合わせた学習で確実に学力を養成していきます。

さらに、授業を中心としたていねいな日々の勉強を大切にしているため、授業内容は6年間をとおしてどの教科も創意工夫されています。週5日制ですが、毎月第1週の土曜日は「自主の日」として、希望する生徒が自主的に学校で活動できるようになっています。

また、進学校にありがちなハードな補習や勉強合宿は行いません。たんに試験を目的とした勉強は、学びの一端ではあっても、学習そのものではないと浦和明の星女子では考えられているからです。

大学進学は大切なことですが、大学に入ることが最終目標ではありません。生徒の自己実現を助けていくような進路指導が心がけられています。

SCHOOL DATA

◇ 埼玉県さいたま市緑区東浦和6-4-19
◇ JR線「東浦和」徒歩8分
◇ 女子のみ524名
◇ 048-873-1160
◇ http://www.urawa-akenohoshi.ed.jp/

浦和実業学園中学校

埼玉　さいたま市　共学校

実学に勤め徳を養う

2005年（平成17年）春、伝統ある浦和実業学園高等学校のもと、「すべての生徒に価値ある教育を」をスローガンに開校した浦和実業学園中学校。初年度から多くの受験生の注目を集め、新たな完全一貫制の教育がスタートしています。

校名の「実業」が表すものは、「社会にでて実際に役立つ学問、アクティブな学問」のこと。浦和実業学園では生徒一人ひとりの個性を存分に伸ばすことにより、国際社会に羽ばたく人材育成をめざしています。その教育には3つの柱が存在しているのが特徴です。

個性を伸ばす3つの柱

ひとつ目は「英語イマージョン教育」です。中1・中2の全クラスにネイティブの副担任を配し、生徒と生活をともにし、育てるという感覚で「英語に浸る」イマージョン教育環境で学校生活を送りながら、より実践的な英語力を身につけることをめざしています。

ふたつ目は「徳育」です。総合的学習や各種行事など、学校生活全般をとおして、あいさつ、思いやりの心、感謝といった心の教育を行います。これは社会生活における「生きる技術」ともいえるものです。

3つ目は「キャリア教育」です。生徒本人の自主性を重んじる進路ガイダンスを年4回、6年間で合計24回実施します。

生徒が考える将来像を最大限に尊重しながら将来のプランニングを行い、その人生計画を実現するためのきめ細かなサポート体制を整えています。職業体験学習をはじめ、外部のさまざまな職種の人びとから話を聞く「講話」の時間もあります。

教育カリキュラムは週6日・35単位の授業を組み、系統的かつ効率的な授業を展開するとともに、進学希望に対応した選択教科プログラムを導入し、各学年に応じた進学指導を行い、生徒の希望を確実にサポートしています。

SCHOOL DATA

◇ 埼玉県さいたま市南区文蔵3-9-1
◇ JR線「南浦和」徒歩14分
◇ 男子94名、女子97名
◇ 048-861-6131
◇ http://www.urajitsu.ed.jp/jh/

大妻嵐山中学校

「自立、そして社会で活躍する女性」を育てる

豊かな自然環境に恵まれた大妻嵐山中学校・高等学校。キャンパスには「大妻の森（自然観察園）」や「ビオトープ（野生生物の成育場所）」などがあり、自然観察の場が整備されています。こうした教育環境のもと、大妻嵐山では、「聡明な女性」「社会に貢献できる人材」「科学する心・表現する力」の育成をめざした教育が行われています。

理数系の授業を重視

この「科学する心」「表現する力」を育むため、理数系の体験学習を重視した授業を行っています。数学は週に6時間、理科は5時間もあり、実験を多く設けています。そうした活動のひとつが、国蝶オオムラサキの観察・飼育です。生徒はオオムラサキとのふれあいをつうじ、大きな感動とともに生命の尊さや自然の営みの不思議さなどを学びます。飼育のための下調べから、「推論・実験・実証」へと進展し、スケッチや自分の考えをまとめ

たプレゼンテーションも行われます。

留学を推進し、語学教育を重視

「表現する力」の教育では、週1回実施の論文の素読や、卒業論文・科学論文指導などをつうじ、総合的に自己表現力を高めています。

また、英語教育にも重点をおき、英会話やスペル、スピーチなどの校内コンテストなどをとおして、総合的な英語コミュニケーション能力を高めています。

週6時間ある英語の授業では、日本人の教員と外国人教員が連携をとりながら、「イングリッシュコミュニケーション」で会話の特訓を行い、英検やTOEFLにも挑戦します。

さらに、英語だけを使う「英会話合宿」や海外研修など、学校で習った英語を実践できる校外学習の機会も数多く設定しています。

留学を推進し、国語力とともに英語でも「表現する力」のアップをはかり、国際理解教育が充実している大妻嵐山中学校です。

SCHOOL DATA

◇ 埼玉県比企郡嵐山町菅谷558

◇ 東武東上線「武蔵嵐山」徒歩13分

◇ 女子のみ112名

◇ 0493-62-2281

◇ http://otsuma-ranzan.ed.jp/

大宮開成中学校

3つの教育目標で国際感覚豊かなリーダーを

2014年度（平成26年度）に開校以来10周年を迎えた大宮開成中学・高等学校。

一人ひとりの個性を大切にする指導と国際教育をつうじ、高い志を持った21世紀のリーダーを育成することを目標にした教育活動が展開されています。この目標を達成するために、「国公立・最難関私立大学に現役合格」「国際教育」「人間教育（自主・自律教育）」の3つを教育目標に掲げています。

トップレベルをめざす英数特科クラス

「国公立・最難関私立大学に現役合格」の実現を目標として、6年一貫教育を2年ごとの3ステージに分けている大宮開成。

第1ステージ（中1・中2）では、「基礎学力の完成」をめざします。第2ステージ（中3・高1）では「選択能力の完成」を、そして第3ステージ（高2・高3）では「現役合格力の完成」をめざし、各ステージごとに到達目標を明確化して学習を行っています。

2009年度（平成21年度）に設置した「英数特科クラス」では、中学段階から数学と英語を集中的に特訓し、最難関大学合格をめざします。

中学から平常授業に加えて数学・英語の「特科授業」を、平日週1回と毎週土曜日に実施。高校段階では予備校講師による授業を強化し、国公立大受験に必要な5教科7科目にじゅうぶん対応できるカリキュラムで授業を展開し、東京大、一橋大などの合格者がでています。

人間力を育てる「国際教育」「人間教育」

ふたつ目の「国際教育」は、受験英語のみならず、「使える英語」を修得する「英語教育」と、日本文化学習や異文化学習をとおした「国際理解教育」のふたつが柱となります。

そして、逞しい人間として自立・自律する力を、6年間のさまざまな行事のなかから培っていくのが3つめの「人間教育」です。

SCHOOL DATA

◇ 埼玉県さいたま市大宮区掘の内町1-615

◇ JR線「大宮」徒歩19分・バス7分

◇ 男子122名、女子130名

◇ 048-641-7161

◇ http://www.omiyakaisei.jp/

開智中学校

<small>かい ち</small>

埼玉
さいたま市

共学校

心豊かな創造型・発信型の国際的リーダーの育成

「新しい学びの創造」をめざし、「先端クラス」を立ちあげてから、今年で7年目を迎えます。

「先端クラス」ではグループワークなどを最大限に活用した「学び合い」「協働学習」の授業を展開しています。たんに知識を取得するのではなく、考えながら主体的に学び発信力を身につけます。また、『哲学対話』では互いに対話をとおして思考を深める経験を積み重ねることで、生活のなかでであうさまざまな問題に立ち向かう力を養います。

一方、「一貫クラス」では生徒の学ぶ意欲を育てる質の高い授業を展開しています。習熟度別授業やわかりやすい授業で、きめ細かい指導体制を導入しています。そのうえで、先端クラスでの取り組みの成果を基本に、グループワークでの学び合いも実践しています。道徳の授業内での「ワークショップ」では、クラスの仲間とともに相手の立場に立って考え、人の気持ちを共感できる心を培います。

予備校いらずの授業体制

教科学習の特徴として、一貫クラスの数学・英語では習熟度別授業を展開します。高1では、先端クラス、一貫クラスⅠ・Ⅱ類の習熟度によるクラス編成になります。高2では、理・文・医系に分かれ、大学入試演習も行いながら高校の学習を修了します。高3では東大文系・理系、国公立早慶文系・理系、医系の5コースに分かれ、各自大学入試に必要な科目を重点的に選択し学習する演習授業がスタートします。自らの学びをすすめるため、最大9時間の自習時間も導入しています。

開智の生徒はその多くが予備校に通学しません。柔軟な指導力を持った強力な教師陣の質の高い授業と、生徒の自由選択による放課後の特別講座によって学力が最大限に伸びるからです。このように開智中学・高等学校では自ら学ぶ、創造型・発信型の心豊かな国際的リーダーを育てる教育をめざしています。

SCHOOL DATA

◇ 埼玉県さいたま市岩槻区徳力西186
◇ 東武野田線「東岩槻」徒歩15分
◇ 男子540名、女子351名
◇ 048-795-0777
◇ http://www.kaichigakuen.ed.jp/

開智未来中学校

<small>かい ち み らい</small>

埼玉
加須市

共学校

新たな教育を開発する「進化系一貫校」

開智未来中学・高等学校は、開智学園2番目の中高一貫校として、2011年（平成23年）4月、埼玉県加須市に開校しました。

開智未来は「知性と人間を追求する進化系一貫校」を基本コンセプトに、開智中学校（さいたま市）の教育を受け継ぎつつ新たな教育をさらに開発し、教育活動の構造化をめざす学校です。

多くの独自教育プログラム

開智未来では、ハイクオリティーな教育の開発として、校長先生自らが6年間指導にあたる哲学の授業、中1の里山フィールドワークや中3の琵琶湖湖沼フィールドワークなどの環境未来学、未来型知性を育成するICT教育、コミュニケーション型知性を育む学び合い、東大ゼミをはじめ知性を磨く早朝ゼミなどを実践しています。

また、グローバリゼーションをキーワードに、中2のブリティッシュヒルズ英語合宿、

高2のワシントンフィールドワーク、希望者によるカリフォルニア大バークレー校へのリーダー養成研修、オーストラリアやニュージーランドへの海外教育研修など、豊富な海外経験をつうじ、「国際社会に貢献するリーダー」を育てています。

さらに英語速読講座、Tゼミ、飛躍プログラム、英検対策などを該当学年や希望者に実施し、学校全体で「英語力アップ」に努めています。

さらなる進学実績に期待

今春には高校入学2期生72名が卒業し、東京大や国立大医学部に現役合格しました。また、国公立大現役合格率33％は開校4年目で埼玉県トップレベルの合格率となりました。

2017年（平成29年）3月に卒業する中学1期生のさらなる飛躍が期待される開智未来中学校・高等学校です。

SCHOOL DATA

◇ 埼玉県加須市麦倉1238
◇ 東武日光線「柳生」徒歩20分、JR線・東武日光線「栗橋」、JR線「古河」・「鴻巣」、東武伊勢崎線「加須」・「羽生」・「館林」スクールバス
◇ 男子191名、女子169名
◇ 0280-61-2021
◇ http://www.kaichimirai.ed.jp/

春日部共栄中学校

世界に羽ばたくリーダーを育てる

優秀な大学進学実績を残してきた春日部共栄高等学校を母体として、2003年（平成15年）、埼玉県春日部市に誕生した春日部共栄中学校。

新たに中学校をつくるにあたり、教育理念として「これからの日本を、世界を支えるべきリーダーを養成すること」を掲げています。そこには、旧来型の「進学教育」を超えた新たな教育のあり方を模索する姿勢が明確にしめされており、注目を集めています。

自学力を伸ばす「リーダーズカリキュラム」

春日部共栄では、学力向上を目標とする中高一貫カリキュラムに加え、生徒それぞれが夢をかなえる力を勝ち取るための「リーダーズカリキュラム」を重視しています。これはさまざまな分野で高く深い専門性や、各分野を横断する高い教養と知識を得るための分野別プログラムのことです。

たとえば、英語的分野では、毎朝のリスニング、暗誦コンテスト、スピーチコンテスト、K-SEP（中学3年生を対象とする10日間のプログラム。カナダの大学生10名ほどが先生となり、英語やカナダについて学びます）などが実施されています。また、国語的分野では、「ことば」を重視した「共栄読書マラソン」、百人一首大会、文学散歩など、大学受験のためだけではない多様な学びの機会が用意されています。

確かな教育力

最難関大合格をめざす「グローバルエリート（GE）クラス」、難関大合格をめざす「グローバルスタンダード（GS）クラス」。ともに「世界のリーダー」・「世界で幅広く活躍できる人材」の育成を視野に入れ、教育を行います。また、年間8回開催される各界の最先端で活躍されているかたがたによる「講演会」は、柔軟な思考力と豊かな発想力を培います。

SCHOOL DATA

◇ 埼玉県春日部市上大増新田213
◇ 東武スカイツリーライン・東武野田線（東武アーバンパークライン）「春日部」スクールバス10分
◇ 男子215名、女子169名
◇ 048-737-7611
◇ http://www.k-kyoei.ed.jp/jr/

国際学院中学校

独自の教育で新たな地平をめざす

国際学院高等学校のもとに、2013年（平成25年）に開校した国際学院中学校。建学の精神「誠実、研鑽、慈愛、信頼、和睦」を、教育の柱に「国際理解」、「進学指導」、「人格形成」の3つを掲げています。

世界181カ国、約1万校がネットワークを組むユネスコスクール認定校の1校で、国際理解教育では最先端をいく学校です。

ユネスコスクールに加盟して以来、「将来にわたって持続可能な社会を構築するために必要な教育」であるESD教育（持続発展教育）にも積極的に取り組み、とくに国際理解教育と環境教育に力を注いでいます。たとえば、国際理解教育では、シンガポールへの海外派遣やマレーシア王立学校の招致など異文化交流を行い、環境教育では、エコキャップ回収運動をはじめとするさまざまな活動に取り組んでいます。

高校の教育で培った進学指導を実践

2つ目の教育の柱として「進学指導」をあげています。高校ではこれまで、国公立大や有名難関私大への合格者を輩出しており、そこで蓄積した教育ノウハウが、中高一貫教育のなかでも大きな特徴となっています。

主要5教科の授業ではチームティーチングを実施し、授業時間を標準時間より多めに設定しています。そして、国語・数学・英語では先取り学習を行い、効率よく授業を展開するために電子黒板やiPadなどのIT機器を積極的に導入しています。

「人格形成」も柱のひとつ。学校行事や部活動も大切にしており、文化祭や体育祭などのほかにも、マレーシアへの海外研修など、国内外を問わず、さまざまな場所へと出かけていきます。また、全国で活躍する部もあり、どの部も積極的に活動しています。

2016年（平成28年）3月には新校舎が完成します。自然に恵まれた広大なキャンパスのもとで、意欲的な学校生活を送ることができる国際学院中学校です。

SCHOOL DATA

◇ 埼玉県北足立郡伊奈町小室10474
◇ 埼玉新都市交通伊奈線ニューシャトル「志久」徒歩12分、JR線「上尾」・「蓮田」スクールバス
◇ 男子25名、女子23名
◇ 048-721-5931
◇ http://jsh.kgef.ac.jp/

埼玉栄中学校

骨太な人間を育てる

建学の精神に「人間是宝（人間は宝である）」を掲げる埼玉栄中学校・高等学校。

生徒の将来を考え、一人ひとりに秘められている可能性をいかに開発させるかということに教育の根源をおいています。

中高一貫教育システム

6年間を3期に分けた一貫教育を行い、豊富な授業時間と効率的なカリキュラムによって、生徒の可能性を伸ばします。

中学1・2年は「基礎力養成期」とし、学習の習慣化と基礎学力を定着させます。

中学3年～高校2年は「応用力確立期」とし、自らの適性や能力を知り、自己の将来を考える時期として目標をしっかりと見定め、努力します。

そして高校3年を「総合力完成期」として、自己実現に挑戦するための最後の仕上げを行います。また、コースとして、最難関大学への進学をめざす「難関大クラス」と、自分の目標達成のために最も希望する大学への進学をめざす「進学クラス」を設けています。

両コースともに、生徒一人ひとりの学力を総合的に向上させ、現役での希望大学進学をめざすのが目標です。そのために「習熟度別少人数制授業（進学クラス）」「デイリーレポート」「ローリングステップシステム」などの取り組みを用意しています。

主体性を育て創造性を高める

また、生徒の可能性を引き出すため「チーム制」による指導を実施。ひとりの生徒を複数の教師があらゆる角度から分析し、個々の特性、能力を正確に把握し伸ばしていきます。そして、「できるまで、わかるまで」を合い言葉に生徒個々の現状を把握し、細分化した学習計画を立てるきめ細かな指導がなされます。

2016年（平成28年）6月に新校舎が完成し、さらなる期待が寄せられる埼玉栄中学校・高等学校です。

SCHOOL DATA

◇ 埼玉県さいたま市西区指扇3838

◇ JR線「西大宮」徒歩3分、JR線「宮原」バス

◇ 男子205名、女子157名

◇ 048-621-2121

◇ http://www.saitamasakae-h.ed.jp/

埼玉平成中学校

ふたつのクラスで、希望をかなえる

埼玉平成中学校は、1997年（平成9年）に隣接する埼玉平成高等学校の併設校として設立され、2000年（平成12年）には新高等部校舎が完成しました。キャンパスは10万㎡を超える広さで、総合グラウンド、テニスコート、サッカー場、体育館などの施設とともに、ゴルフ練習場が整えられているのが特徴です。

こうした豊かな自然に抱かれた埼玉平成は、ここ数年取り組んできた基礎基本の徹底のうえに立ち、個々の生徒の特長をますます伸ばすべく、2010年度（平成22年度）より「S選抜クラス」「A進学クラス」のふたつに分かれた新教育体制をスタートさせました。

多くの時間が割かれている「英語」

授業時間では、とくに英語に多くの時間が割かれています。1週間に6.5～7.5時間という設定は、首都圏でも群を抜いて多い授業時間といえます。授業時間の多さは、語学という繰り返しの大切な科目には非常に効果的です。教材には「プログレス21」を採用しています。難度が高いともいわれる「プログレス21」ですが、多くの授業時間が設定されているため、高度な内容も授業のなかでわかりやすく理解することができます。

また、中学3年での到達目標として英検準2級取得を掲げています。

この英語と数学では習熟度別授業を実施。生徒は自分の理解度に応じた授業を受けることで、より高い意欲を持って学習することができます。

また、埼玉平成は、ホームルームも1クラス25名の少人数です。学習指導はもとより、生活指導面でも、この少人数制はすぐれた教育効果をあげています。その結果、毎年、国公立大、難関私立大へすばらしい進学実績を残しています。

基礎、基本の充実を大切にし、つぎのステージに向かって、全校が一丸となって邁進しています。

SCHOOL DATA

◇ 埼玉県入間郡毛呂山町下川原375

◇ 東武越生線「川角」徒歩5分、西武新宿線「狭山市」・西武池袋線「飯能」・JR線「武蔵高萩」・「高麗川」スクールバス

◇ 男子37名、女子37名

◇ 049-294-8080

◇ http://www.saitamaheisei.ed.jp/

栄東中学校
（さかえ ひがし）

埼玉
さいたま市
共学校

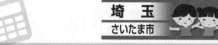

知る・探る・究める 栄東のアクティブ・ラーニング！

アクティブ・ラーニングとは

いま注目を集める栄東中学校のアクティブ・ラーニング（以下、AL）。端的に言えば能動的・活動的な学習という意味です。教師が一方的に生徒に知識伝達する講義形式ではなく、課題研究やグループワーク、ディスカッション、プレゼンテーションなど、生徒の能動的な学習を取りこんだ授業を総称するものです。

自ら課題を見つけ、それを解決していく能動的な学びを積極的に取り入れていくことで、自律的な学習態度を身につけることが期待できます。

ALで育成しようとする力には問題発見力や課題解決力、論理的思考力などがあり、それらは知識を基礎にしなければ育ちません。学びにおける基礎・基本があり、そのうえでALによって個性や応用力を育むべきであると栄東では考えられています。来るべき大学受験を乗り越え、第1志望校に合格してもらいたい、という目標に変わりはありません。大学入試センター試験で求められるような基礎学力は徹底的に育成し、そこで得た知識が大学や実社会で「使える知識」となるようにALは働きかけていきます。

東大クラスと難関大クラス

中学校には「東大クラス」と「難関大クラス」が設置されています。

東大クラスは、将来に向けて高い目標を掲げ、幅が広く奥の深い学習を行います。難関大クラスは、東大クラスと同じカリキュラム、授業進度で学習を進めます。進級の際に東大クラスへ移る生徒もいます。入学後に学力が大きく伸びる生徒がいるからです。当然、クラスの別にかかわらず、ALが教育の根幹に置かれています。生徒の学力に応じた柔軟な対応と、細やかな指導のもと、難関大学への合格者数は順調に増加しています。

SCHOOL DATA

◇ 埼玉県さいたま市見沼区砂町2-77
◇ JR線「東大宮」徒歩8分
◇ 男子581名、女子384名
◇ 048-666-9200
◇ http://www.sakaehigashi.ed.jp/

狭山ヶ丘高等学校付属中学校
（さやまがおかこうとうがっこうふぞく）

埼玉
入間市
共学校

豊かな人間性を育み心身をきたえる教育

2013年（平成25年）、難関大学への合格実績に定評がある狭山ヶ丘高等学校のもとに誕生したのが、狭山ヶ丘高等学校付属中学校です。高校では、開校以来、自己と向きあう「自己観察教育」を重視してきました。その教育は中学にも受け継がれ、「黙想教育」「茶道教育」「対話教育」の3つの柱を実践しながら、豊かな人間性を育んでいます。

また、心身をきたえるための軽登山、農作業も特徴的な取り組みです。軽登山では、秩父や奥多摩の山々を年に3回登ることで、たくましさを身につけます。農作業では、1年次に農作業の基礎を学ぶと、2年次には一人ひとりに土地が分け与えられ、作付け計画から収穫までを自分の力でやりとげます。そうして責任感を持って最後までやりとげた経験が、このさきの将来で役立つのです。

高校のノウハウをいかした学習指導

狭山ヶ丘には高校で培った生徒を「やる気にさせる」ノウハウがあり、それを用いて中学段階から「自ら学ぶ」生徒に育てあげます。そして、中高6年間をかけてていねいに指導することで、高校卒業時には国立大・難関私立大に合格できる力をつけていきます。そのノウハウのひとつが高校でも実施している朝ゼミです。中学の場合は英語と数学の2種類で、時間は7時20分〜8時10分までです。朝ゼミに参加することで、自学自習の習慣や規則正しい生活リズムが身につきます。

一方、中学ならではの取り組みとしてあげられるのが、「生活の記録」です。1日の授業内容や、よかった点・反省点などを書き込むもので、自分の行動を振り返ることで、自己管理能力を養っていきます。また、記録を教員がチェックすることで、一人ひとりに対してきめ細かなサポートが可能となります。

2015年（平成27年）3月には新校舎も完成し、新たな環境で、狭山ヶ丘高等学校付属中学校の歴史が始まっています。

SCHOOL DATA

◇ 埼玉県入間市下藤沢981
◇ 西武池袋線「武蔵藤沢」徒歩13分
◇ 男子101名、女子109名
◇ 04-2962-3844
◇ http://www.sayamagaoka-h.ed.jp/js/

淑徳与野中学校

埼玉
さいたま市
女子校

高い品性　豊かな感性　輝く知性

淑徳与野中学校は、2005年（平成17年）4月に開校しました。仏教主義に基づく独自の女子教育を行う淑徳与野高校と同じく、中学校も仏教主義に基づいた心の教育を大切にしています。これは、むずかしい教義を教えるということではなく、「つねに周囲に対する感謝の気持ちを忘れずに生きていく」ことを大切にする教育です。国際化が進み、価値観も多様化しているこの時代において、ますます求められる教育といってよいでしょう。

母体となっている淑徳与野高校は、難関大学に多くの合格者を輩出する埼玉県有数の進学校です。卒業生の約96％が、現役で4年制大学へ進学しています。中高一貫生は、全員が5教科型のクラスに進学し、みんなで国公立大・早稲田大・慶應義塾大・上智大などの難関大学への合格をめざします。

独自の国際教育と最新の学校設備

学習面では、英語教育にとくに力を入れています。国際社会で通用する英語力が備わるよう、中1〜中3で週1時間、ネイティブによる授業を行ったり、英検2次対策の面接授業を実施するなど、きめ細かいカリキュラムが組まれています。

さらに、中学2年次には台湾への研修旅行を実施、高校2年ではアメリカへの修学旅行を行い、全員が3泊4日のホームステイを経験します。このほかにも、さまざまな短期留学プログラムが用意されています。

学習に集中できるよう、校舎は自然に包まれた心地よい環境になっています。2階・3階の屋上庭園（エコガーデン）にはビオトープや野草園があり、校舎の前面は緑で覆われています。

今年4月に高校校舎が中学校の隣接地に移転し、中高一貫校として、今後さらなる連携を深めた教育が期待されます。伝統の仏教主義と、グローバルな社会に対応する国際教育で生徒たちの夢をかなえる淑徳与野中学校です。

SCHOOL DATA

◇ 埼玉県さいたま市中央区上落合5-19-18

◇ JR線「北与野」・「さいたま新都心」徒歩7分

◇ 女子のみ356名

◇ 048-840-1035

◇ http://www.shukutoku.yono.saitama.jp/

城西川越中学校

埼玉
川越市
男子校

未来を切り拓くための学力を養う

1992年（平成4年）に城西大学付属川越高校に併設された城西川越中学校は、躍進著しい埼玉の私立中高一貫校の先駆的存在です。6年間の一貫教育を行う男子校として、大学進学を目標に定めた進学校となっています。

大学進学に対しての明確な姿勢は、学校が「合格者を作る」システムを掲げて「難関国公立大学」への進学を目標としていることからも感じられます。カリキュラムは、中1・中2を「基礎力養成期」、中3・高1を「応用力育成期」、高2・高3を「実践力完成期」と位置づけ、それぞれの時期に最適なものを構築しているのが特徴です。そのなかで、課外補習や模擬試験など、生徒一人ひとりをバックアップする体制が整っています。

大学進学に向けてのコース制は、高2から文系理系に分かれ、高3でさらに細かく国公立系と私立系に分かれます。それぞれの目標・適性に合った科目選択ができるように配慮されています。また、2012年度（平成24年度）より「特別選抜クラス」がスタートしました。

英語教育にも力を入れており、どの学年も、1日の始まりには早朝リスニングが行われます。1時間目が始まる前に、20分間集中して取り組みます。このリスニングにより、英語のコミュニケーション能力を伸ばし、集中力も養います。

クラブ活動できずなを深める

城西川越中では、99％の生徒がクラブ活動に参加し、運動系から文化系まで、幅広い分野で活動が行われています。クラブ活動は、心身をきたえ、学年を超えて活動するなかで協調性や社会性を身につける貴重な場です。生徒たちは、学業に一生懸命取り組むとともに、クラブ活動にも全力をそそいで両立をめざしています。

城西川越中学校は、大学進学を見据え、心豊かな人間を育成していきます。

SCHOOL DATA

◇ 埼玉県川越市山田東町1042

◇ JR線・東武東上線「川越」、東武東上線・越生線「坂戸」、西武新宿線「本川越」、JR線「桶川」スクールバス

◇ 男子のみ174名

◇ 049-224-5665

◇ http://www.k-josai.ed.jp/

東京
神奈川
千葉
埼玉
茨城
寮制

あ行
か行
さ行
た行
な行
は行
ま行
や行
ら行
わ行

昌平中学校

埼玉
北葛飾郡
共学校

伸びざかり、注目の中高一貫校

大学進学実績において、高校改革3年目で東大現役合格をはじめとした著しい伸びを見せている昌平高等学校に、2010年（平成22年）、中高一貫校「昌平中学校」が誕生しました。

現在、昌平高校は入学者全員が大学進学希望です。その希望をかなえるのは当然のこととして、他者を思いやる優しさ、困難に立ち向かうたくましさ、自ら知を求める積極性を合わせ持ち、広く社会に貢献・奉仕する人材の育成をはかってきました。

「努力すれば報われる」「才能は働きかけによって開花する」ことを昌平は実証してきました。そして、もっと早い時期からその才能と向かいあうために、中学校が開設されたのです。

才能を伸ばすためのさまざまな教育

才能開発教育の軸となる「授業」は、
・土曜日は授業実施（ただし第4土曜は休日）
・平日は6時限授業（月・水・金）、7時限授業（火・木）
・放課後に希望者対象の8時限講習を週2回実施（火・金、SHプログラムを使用）
・講習を含んだ週あたりの授業時間数合計は35〜37時間
・長期休暇中（夏・冬・春）の講習授業実施以上のような特徴があげられます。多くの授業時間が確保され、さらに数学・英語では3年次に習熟度別授業が行われています。

また、パワー・イングリッシュ・プロジェクト（国際理解、英語力強化）として、
・英検の全員受験運動
・積極的なTOEIC Bridge受験
・姉妹校（オーストラリア）との交流（短期留学、ホームステイ受け入れ）
・複数のネイティブ教員の配置
・英語授業時間数の大幅な充実
などがあり、2015年（平成27年）3月1日より埼玉県初となるIB（国際バカロレア）候補校となり新たなスタートをしました。

SCHOOL DATA

◇ 埼玉県北葛飾郡杉戸町下野851
◇ 東武日光線「杉戸高野台」徒歩15分・スクールバス5分、JR線「久喜」スクールバス10分
◇ 男子82名、女子77名
◇ 0480-34-3381
◇ http://www.shohei.sugito.saitama.jp/

城北埼玉中学校

埼玉
川越市
男子校

自律した人間育成と難関大学進学の両立

1980年（昭和55年）、都内有数の進学校である城北中学校・高等学校と「教育理念」を同じくする男子進学校として設立された城北埼玉高等学校。その附属中学校として2002年（平成14年）に城北埼玉中学校は開校されました。

校訓は「着実・勤勉・自主」です。この校訓のもとに「人間形成」と「大学進学指導」を2本の柱とした教育を行っています。

人間形成における教育目標は、自らの生活を厳しく律することのできる強い意志を持った人間の育成です。

そして、その人間性とは「個性豊かな教養と情操にあふれ、社会において自らの果たすべき使命をきちんと自覚しうる自律的なものであるべき」としています。

高校のノウハウをいかしたカリキュラム

城北埼玉では、毎年多くの国公立大・難関私立大へ生徒を送りだしている城北埼玉高等学校の指導ノウハウをさらにパワーアップさせ、6年間の一貫した教育課程により国立大への全員合格をめざした大学進学指導を実践しています。

2年ずつの3ブロックに分けた教育が行われ、心身ともに著しい成長過程を迎えるこの時期を、より実りあるものにするために成長過程に合わせたカリキュラムを設定します。

中1・中2の「基礎力習得期」では「学力不振者を出さない」指導体制が展開されます。

中3・高1は「実力養成期」で、自律的・自主的な姿勢を養うとともに、さまざまな教科や分野に接して学習の探究心を深め、適性や志望への意識をうながすことを目標とします。

そして、高2・高3は「理解と完成期」です。より高い学力とさまざまな教養を習得しながら、大学進学にふさわしい人間性と学力を備え、全員国立大合格をめざし、受験に必要な科目にしぼった学習が展開されます。

SCHOOL DATA

◇ 埼玉県川越市古市場585-1
◇ JR線「南古谷」・東武東上線「上福岡」スクールバス10分、西武新宿線「本川越」スクールバス20分
◇ 男子のみ428名
◇ 049-235-3222
◇ http://www.johokusaitama.ac.jp/

西武学園文理中学校

リーダーを育てる"文理教育"

「レディー＆ジェントルマン中高一貫エリート教育」を標榜し、国際社会で活躍する生徒に必要な「学力と体力」の錬磨育成に力をそそいでいる西武学園文理中学・高等学校。

次世代のリーダーを育てる一貫した教育、生徒それぞれの力を大きく伸ばすきめ細かな学習指導、最後までやり抜く強い意志を育成する"文理教育"が浸透している結果として、毎年国公立大（東大合格24年連続、2014年は1名合格）、難関私立大、医歯薬系学部に合格実績を残しています。

自ら進路を切り開く力を育む

「小学生の65％が将来いまは存在しない職業に就く」と言われる現代。西武学園文理では、生徒一人ひとりが進路を自ら切り開く力を身につける「セルフガイダンス（自己指導）」を重視した教育を行っています。ノーベル賞受賞者などによる多様な講演会、教養を深めるCA（創造的活動）や芸術鑑賞、さまざまな職業について学ぶエリートキャリア教育、国際感覚やマナーを養うイタリア研修など、多くのプログラムをつうじて、自分のやりたいこと、夢・高き志を見つけ、自分で考えて決定し、意欲的に取り組む姿勢を育みます。

6年を3期に分けた指導体制

西武学園文理では、2・3・1の学習体制をとっています。「基礎力養成期」の中1・中2では、予習・復習を中心とした学習習慣を身につける授業を軸に、授業開始前の時間を使って基礎力の充実に努めます。また、数学と英語では習熟度別授業を実施しています。「応用力養成期」の中3〜高2では、基礎学力をもとに応用力を磨きます。高2では、理系・文系の学部系統に合わせた「類型別クラス編成」を実施。さらに「入試実践力完成」の高3では、志望別に「国公立・私立」に細分化した「類型別クラス編成」により、効率的な学習を実現しています。

SCHOOL DATA

- ◇ 埼玉県狭山市柏原新田311-1
- ◇ 西武新宿線「新狭山」、JR線・東武東上線「川越」、東武東上線「鶴ヶ島」、西武池袋線「稲荷山公園」、JR線・西武池袋線「東飯能」スクールバス
- ◇ 男子293名、女子227名
- ◇ 04-2954-4080
- ◇ http://www.bunri-s.ed.jp/

西武台新座中学校

「一生モノの英語」を身につける「西武台式英語」

西武台新座中学校では、「グローバル社会で活躍できるたくましい人間力の育成」をめざし、「高い学力」、「グローバル・リテラシー」というふたつの力を重視した教育が行われています。

「高い学力」とは、高い専門性や一流の学問を身につけることを目的とした、難関大学に合格できるレベルの学力を意味しています。

「グローバル・リテラシー」とは、「実社会で役立つ英語力」「多様な人びとと協同できる共生力」「新たな世界を切り拓く価値創造力」の3つを総合した力のことです。

そのなかでも、一生モノの英語力をめざす西武台新座の"英語教育"は、とくに注目を集めています。

「一生モノの英語」の土台づくり

中学では、日本初となる「The JINGLES（ザ ジングルズ）」を英語学習の基礎段階で導入しています。これは、発音するための筋肉をきたえ、科学的に発音トレーニングを行うプログラムです。発音できない言葉は理解できにくいという考えのもとで、発音を重視した学習を行っています。そして、リスニングやスピーキングの能力を向上させ、そこから総合的な英語力に発展させていきます。

使用教科書はZ会の「New Treasure」です。「教科書」をそのまま教えるのではなく「教科書」で英語の根幹や語句のコア・イメージなどを教える独自の手法をとっています。これにより、丸暗記の英語教育からの脱却をめざしています。

そのほかに「やさしいものをたくさん読む＝Be a bookworm！（本の虫になりなさい！）」をコンセプトにした授業が展開されています。基礎期では、英語圏で使用されている絵本を教材として厳選し、「英語を日本語で理解する」ことにとらわれず「英語で英語を理解する」ことをめざしています。

SCHOOL DATA

- ◇ 埼玉県新座市中野2-9-1
- ◇ JR線「新座」・東武東上線「柳瀬川」スクールバス15分、西武池袋線・西武新宿線「所沢」スクールバス25分
- ◇ 男子62名、女子45名
- ◇ 048-424-5781
- ◇ http://www.seibudai.ed.jp/junior/

聖望学園中学校

埼玉　飯能市　共学校

心を磨き、確かな学力を養成する

聖望学園は、埼玉県のなかでも人間教育と進学教育を充実させている学校として注目されています。6年間一貫教育のなかで組まれた洗練されたカリキュラムと教育システムが、大学進学実績の伸長に結びついています。その大きな特徴は、中学で能動的な学習習慣を身につける「ISMプログラム」、日々の学習を振り返る「R-ISMノート」、数学と英語の基礎学力定着をはかる「ME学習会」、高校でのサテライト講座、予備校講師による土曜講習、高3の受験演習などです。

とくに、中学段階で重視されているのは、「基礎学力の徹底」と「自立の促進」で、国語・数学・英語については、標準を上回る授業時間が設定され、英語では少人数授業が行われています。中3の希望制講習にはほぼ全員が参加しており、自ら学ぶ姿勢が生徒たちに根づいています。さらに、来年度からは「映像教材学習会」が導入され、より多方面からの支援がなされます。

キリスト教に基づく心の教育

聖望学園は、基本的な志向としては明確な進学校と言えますが、それだけに偏った教育でなく、建学の精神であるキリスト教主義を大切にし、心の教育をはじめとする人間教育を重視しています。

そうした教育方針は、学園のモットーである「敬愛信義」という4文字によく表れています。まず「敬」は、神様を敬うことで、同時に神様の被造物である生きもの・自然などを敬うことをさしています。つぎの「愛」とは、文字どおり人びとを愛することです。3つ目の「信」とは信仰です。信仰を持って望みを掲げ、その実現をめざします。そして最後の「義」は、正義のことです。勇気を持って正義を貫く人へ成長することを目標としています。学園は一丸となり、授業だけでなく、行事・部活動・課外活動などをとおして、これらのモットーを実現しようとしています。

SCHOOL DATA

◇ 埼玉県飯能市中山292
◇ JR線「東飯能」徒歩13分、西武池袋線「飯能」徒歩15分
◇ 男子74名、女子94名
◇ 042-973-1500
◇ http://www.seibou.ac.jp/

東京成徳大学深谷中学校

埼玉　深谷市　共学校

国際教育と規律ある指導で生徒を育成

2013年（平成25年）4月、面倒見のよさと熱意あふれるすぐれた指導力が魅力の東京成徳大学深谷高等学校に中学校が誕生しました。

高校で実施した卒業生保護者アンケートでは、「この学校の先生は面倒見がよい」と回答した保護者が93%。「子どもが楽しく充実した高校生活を送れた」と回答した保護者が94%と高い評価を得ています。

そんな高等学校から誕生した中学校は一昨年2月に竣工しました。隣接する総合体育館（Fアリーナ）は、体育館機能だけでなく、美術室や音楽室といった特別教室のほか、合宿施設も設けられています。

国際教育の強化

国際教育では、英語の授業はもちろん、総合的な学習の時間や学級活動にもネイティブスピーカーがかかわり、生きた外国語（英語）を学ぶことができます。

また、これまで学んだ外国語を実際に使えるように、そして高校の3年間で国際教育をより発展させるため、中学校では海外修学旅行や学期留学などを実施します。

アットホームな校風

生徒と教員の距離が近く、アットホームな雰囲気や校風が伝統となっている東京成徳大学深谷高等学校。

その伝統を守りつつ、教職員たちは毎日生徒たちを力いっぱい励まし、確かな学力と豊かな人間性を育てています。

また、たくましいおとなになれるように、あいさつをはじめとした規範意識や生活態度の確立、部活動の奨励など、規律ある心身をきたえる指導も行っております。

東京成徳大学深谷中学校は、生徒一人ひとりの夢を実現するため、高校での経験をいかし、さまざまな面で生徒たちをサポートしていきます。

SCHOOL DATA

◇ 埼玉県深谷市宿根559
◇ JR線「深谷」徒歩25分・スクールバス7分、秩父鉄道「行田市」、JR線・東武東上線・秩父鉄道「寄居」、東武東上線「森林公園」よりスクールバス
◇ 男子27名、女子23名
◇ 048-571-1303
◇ http://tsfj.jp/

東京農業大学第三高等学校附属中学校

本物に触れて学ぶ6年間

2009年（平成21年）春に誕生し、今年で7年目を迎える東京農業大学第三高等学校附属中学校。

母体となる東京農業大学第三高等学校の見学の精神である「いかなる逆境も克服する不撓不屈の精神」「旺盛な科学的探究心と強烈な実証精神」「均衡のとれた国際感覚と民主的な対人感覚」の3つを柱とした教育を実施しています。

実学教育をベースとして人材を育成

東農大三中の大きな特徴は「実学教育」をベースに学力・進路選択力・人間力を育てるというところにあります。

6年間を基礎力充実期、応用発展期、進路実現期の3期に分けた学習カリキュラムのもとで、大学受験に向けた学力を育てていきます。加えて、屋上菜園でのダイズ栽培や、そこで収穫したダイズをもとにした味噌作り、ワグネルポットを用いた比較分析など、学び

の本質を追求します。

また、中1次から年に数回実施されるキャリア教育講演会や、東京農業大と連携した独自のプログラムなどで能動的に進路選択力を身につけていきます。

さらに、日々の情操教育や、前述したような東農大三中ならではのさまざまな体験、中2での宿泊英語体験学習、中3次のホームステイ（ニュージーランド、希望制）といった国際教育をとおして人間力を培うことができます。

中学生のための新校舎

学習環境の充実も見逃せません。開校と同時に中学生のために造られた新校舎は、各階に設置されたさまざまな用途で使用できるオープンスペースや、使いやすく設計された理科実験室、ビオトープ、屋上菜園など、日々の学校生活を快適におくることができるよう設計されています。

SCHOOL DATA

◇ 埼玉県東松山市大字松山1400-1
◇ 東武東上線「東松山」ほかスクールバス
◇ 男子102名、女子100名
◇ 0493-24-4611
◇ http://www.nodai-3-h.ed.jp/

獨協埼玉中学校

学力だけでなく心も育てる

8万㎡もの広大で緑豊かなキャンパスに、近代的施設・設備を備える獨協埼玉中学校・高等学校。

「自ら考え、判断することのできる若者を育てること」を教育目標とし、6年間のゆったりとした時間のなか、じっくりとものごとに取り組み、調べ、考え、判断する生徒を育てています。もちろん、そのためには「健康な心と体」や「豊かな感性」、「さまざまな知識」が必要です。これらの考えをベースに、じっくりと培われた「自ら考え、判断することのできる力」を育てているのです。

自分の目で見て、判断できる力をつける

獨協埼玉では、実験や経験をとおしてものごとの本質を見つめる「帰納的手法による学習」を重視しています。理科では実験を中心に、英語は多くの時間を少人数、習熟度別授業でネイティブの先生に教わります。

また、自分の目で見て、判断できる力をつ

けるためには「個の基礎体力」が必要と考え、文系、理系とむやみに線を引かず、この時期に学ぶべきことをしっかり身につける学習を行っています。

また、教科学習だけではなく、幅広い教養を身につけ、深い感性を磨きながら、自分自身の生き方を身につけることができるプログラムも多く用意されています。

生徒一人ひとりの興味や関心を引き出しながら、自分なりのテーマ設定ができるよう、総合学習の時間において行われている生きた教材を使った指導はそのひとつです。

たとえば、中1はネイチャーステージと位置づけ、地元の農家の協力を得て、田んぼで稲を育てます。1年をつうじて稲の成長を手助けしながら、地域の文化や環境問題にも関心を持つきっかけとなります。

ゆったり、じっくりと、ていねいに時間をかけて、学力だけでなく心も育てていく獨協埼玉中学校・高等学校です。

SCHOOL DATA

◇ 埼玉県越谷市恩間新田寺前316
◇ 東武スカイツリーライン「せんげん台」バス5分
◇ 男子287名、女子235名
◇ 048-977-5441
◇ http://www.dokkyo-saitama.ed.jp/

武南中学校

<ruby>武<rt>ぶ</rt></ruby><ruby>南<rt>なん</rt></ruby>中学校

埼玉　蕨市　共学校

BUNAN Advanced 始動！

21世紀のグローバルリーダーを育てる

武南中高一貫校は「BUNAN Advanced」を掲げ、21世紀のグローバルリーダーを育てるために、「Innovation＝社会を変革する心」、「Intelligence＝豊かな教養を愛する心」、「Integrity＝人間力を高める心」、「International Mindset＝世界を知る心」を大切にします。

これらの心を育む源は「何事にも笑顔で挑戦する強い精神」です。そのような精神を持ち、そして「日本人」「アジア人」としてのアイデンティティを兼ね備えた「世界で通用する」タフな若者の育成に力を尽くします。

その一環として、中学2年次にはアジア研修、高校1年次には英語圏への研修などを実施する予定です。アジア研修ではベトナムに1週間滞在し、現地の国立中学校との1日交流をはじめ、JICA（国際協力機構）の現地での活動先を訪問し、スタッフ（海外青年協力隊員を含む）からの指導も受けます。日本人がアジアで実際に活躍している姿に触れ、世界で通用する人材へのイメージをより具体的に持つことができます。

最先端の教育環境を整備

高い目標を抱いてスタートする武南は、それに見合う教育環境の整備にも抜かりはありません。2012年（平成24年）の6月には「中高一貫 BUNAN Advanced校舎」が完成しました。

アクティブラーニング用の開かれたスペース「ラーニングコモンズ」が各階の中心に位置し、それをHR教室や特別教室が取り囲みます。また、全館が無線LANでつながり、全教室には電子黒板を設置、生徒はタブレットPCを持ち、ICT（情報コミュニケーション技術）教育にはこれ以上ない環境が提供されます。同時に屋上のビオトープなど、生徒に安らぎを与える場所も用意されています。

SCHOOL DATA

◇ 埼玉県蕨市塚越5-10-21
◇ JR線「西川口」徒歩10分
◇ 男子68名、女子53名
◇ 048-441-6948
◇ http://www.bunan.ed.jp/j-highschool/

星野学園中学校

<ruby>星<rt>ほし</rt></ruby><ruby>野<rt>の</rt></ruby><ruby>学<rt>がく</rt></ruby><ruby>園<rt>えん</rt></ruby>中学校

埼玉　川越市　共学校

全人教育で骨太な人を育てる

2000年（平成12年）春に中高一貫教育をスタートさせた星野学園中学校は、開校16年目を迎えました。

その教育の根底には、119年の歴史を誇る併設校の星野高等学校と、難関大学へ多数の合格者を輩出している川越東高等学校のノウハウがそそぎこまれています。学力だけではなく、体力・人格も高めることで、さまざまな分野においてグローバル社会で活躍できる骨太な人づくりをめざしています。

「理数選抜クラス」でより高いレベルを

学習面では、難関国公立大学への現役合格を目標とした高い学力を身につけるために、きめ細かい指導がなされています。基本的な学力と日々の学習習慣を身につけ、日々の補習、夏期講習、個別指導、小テストなどでその充実をはかります。

また、「理数選抜クラス」を設置し、論理的な思考力や豊かな表現力を育み、とくに数学や理科を強化して、最難関国立大学に現役で合格できる学力を養成しています。

全人教育を教育方針としている星野学園では、部活動と学校行事を重視しており、とくに部活動は中・高とも全員参加です。生徒は部活動のなかで、強い意志、豊かな個性、自主性などを身につけ、大きく成長しています。そして、中学生と高校生が部活動をとおして豊かな人間関係を学ぶことができるのも大きな特徴です。

また、星野学園では学校行事も多彩で、星華祭、体育祭、合唱祭など、すべての学校行事が生徒一人ひとりの活躍の場であり、将来に向けてのリーダーシップを体得する絶好の機会となっています。

2012年（平成24年）には第3体育館ならびに星野ドーム（全天候型運動施設）と第2総合グラウンドが完成し、1500人席の記念ホールをはじめ、諸施設・学習環境が整っている星野学園中学校です。

SCHOOL DATA

◇ 埼玉県川越市石原町2-71-11
◇ JR線・東武東上線「川越」、西武新宿線「本川越」、JR線「宮原」・「熊谷」・「東大宮」、西武池袋線「入間市」スクールバス
◇ 男子131名、女子346名
◇ 049-223-2888
◇ http://www.hoshinogakuen.ed.jp/

本庄東高等学校附属中学校

埼玉
本庄市
共学校

知と心を備えた聡明さを育む

本庄東高等学校附属中学校は、2015年（平成27年）4月に10期生を迎え入れました。

母体である本庄東高等学校は、「若い時代の努力は無を有に、不可能を可能にすることができる」をスローガンに、生徒の夢をかたちにするとともに、「素直」「感謝」「謙虚」をキーワードに、豊かな人間性を育んできた学校です。その伝統を受け継ぎ、生徒たちは明るく元気に、充実した学園生活を送っています。

自国文化・伝統を知り、世界を知る

「自らが考え判断できる、知と心を備えた聡明な21世紀のリーダー」。本庄東のめざす人間像です。

その一環として、世界を舞台に活躍できるワールドワイドな人材の育成をはかり、中高一貫のシステムをいかした国際理解教育を実践しています。第一歩として、中学では国際理解の前提として重要な自国の文化・伝統に触れる体験を行います。同時に、コミュニケーション能力として必要な英語力の養成も重視。「英語でクッキング」などの体験講座や外書講読により、実用的な英語の力を養います。さらに語学研修や修学旅行ではオーストラリアを訪れ、異文化に触れる体験をします。

基礎学力に知的作業力をプラス

6年一貫の学習プランにより、各教科の基礎力を効率よく早期に習得できます。さらにその基礎をふまえて多くの演習を行い応用的かつ実践的な力を身につけられます。

また、多くの行事によって知的好奇心を引き出し、主体的に調べて論理的に考察を行い、発表することのできる力を育成します。

今春、本庄東高等学校を卒業した一貫コースの4期生は、東京大1名、京都大1名、北海道大1名、一橋大1名を含む国公立大16名、早慶上智大33名、G-MARCH＋東京理科大29名、群馬大など医学部医学科2名ほか、多数の現役合格を達成しています。

SCHOOL DATA

◇ 埼玉県本庄市西五十子大塚318
◇ JR線「本庄」徒歩25分、JR線「岡部」スクールバス8分
◇ 男子162名、女子145名
◇ 0495-27-6711
◇ http://www.honjo-higashi.ed.jp/

立教新座中学校

埼玉
新座市
男子校

主体的に行動する人材を育てる

約10万㎡におよぶ広大なキャンパスを持つ立教新座中学校・高等学校。緑にかこまれた校舎で、生徒たちは伸びのびと毎日を過ごしています。立教新座では、教育の主眼を「キリスト教に基づく人間形成」においており、授業、学校行事、クラブ活動など、学校生活のすべてに祈りの姿勢をもってのぞむことを重視しています。

そして、その教育理念のもとで、「テーマをもって真理を探究する力を育てる」「共に生きる力を育てる」を目標に、自由を尊び、平和を愛し、責任感に富む「強くしなやかな個性と品格をもった生徒」を育てています。

実際の授業では、生徒が主体的に見つけたテーマについて調べ、発表し、友人とディスカッションをするというゼミ形式の授業がさかんに行われています。また、生徒たちが自らの進路や興味関心のある分野をより深く学習するため、高3からは、自由選択の講座も設置されています。

さらに、他者・自然などへの深い理解と共感性を育てるためのボランティア活動や、異文化・環境との共生に関する体験学習も積極的に実施しています。

推薦入学で立教大学へ

立教学院に属している立教新座中高では、立教大学への推薦入学の制度が整っており、毎年約80％近い生徒が進学しています。高校3年間の学業成績などを総合して推薦入学が決まり、学部・学科については、「学内の序列上位者より選択することになる」とのことです。

そうしたなかで、他大学への進学も応援しています。高校2年次から、他大学進学クラスが設置され、ほかのクラスとは異なるテキスト・内容での授業が展開されます。受験に適した選択科目を取ることで受験に備え、これまでにも東京大や京都大をはじめとする多くの難関大学に合格者を輩出しています。

SCHOOL DATA

◇ 埼玉県新座市北野1-2-25
◇ 東武東上線「志木」徒歩12分、JR線「新座」バス10分
◇ 男子のみ610名
◇ 048-471-2323
◇ http://niiza.rikkyo.ac.jp/

Hoshinogakuen Junior High School

全人教育

6年間あるから、本物の実力になる

理想の中高一貫教育

学校法人
星野学園
星野学園中学校 [共学]

http://www.hoshinogakuen.ed.jp/

オープンスクール　7月25日(土)14:00〜16:00
※希望の体験教室を予約要

入試説明会　　9月 5日(土)授業公開
10月11日(日)入試対策講座
11月 1日(日)入試対策講座
11月22日(日)入試対策講座
12月13日(日)入試対策講座

時間:各日とも10:00〜12:00
会場:本校星野記念講堂(ハーモニーホール)
※予約要

星華祭(文化祭)　9月12日(土)・13日(日)

時間:各日とも9:00〜16:00
会場:本校
※12日(土)には講堂(小ホール)にて
　10:30と13:00の2回、ミニ学校説明会を行います。
※予約不要

詳細はHPでご確認下さい。

星野学園中学校:川越市石原町2-71-11　TEL(049)223-2888　FAX(049)223-2777

国立・私立中学校プロフィール

茨　城

Rocket
ロケット

江戸川学園取手中学校

茨城　取手市　共学校

授業が一番！　茨城有数の進学校

毎年優秀な進学実績を残している江戸川学園取手中学校・高等学校。2015年（平成27年）も、東京大に10名の生徒が合格しました。難関私立大学では、早稲田大に56名、慶應義塾大に33名、東京理科大に100名が合格。また、医学部に強い学校としても知られており、今年も、国公立大医学部に27名、私大医学部には55名の合格者を輩出しています。「授業が一番」をモットーとした教育の成果が、如実に表れているといってよいでしょう。

中等部では、基礎学力の定着のため「苦手科目を作らない」ことを重視し、生徒たちがなにごとも「自分でやる」という精神を身につけられるように指導しています。

具体的な授業の内容で特徴的なものとしては、100分授業を取り入れていることがあげられます。基本の授業時間は50分ですが、この100分授業を取り入れることで、数学の難問や、国語の論述問題などに対応できるようになっています。

変わる入試制度

江戸川学園取手中では、2016年度（平成28年度）入試から「入試制度」が変わります。「東大ジュニアコース（30名）」「医科ジュニアコース（30名）」「難関大ジュニアコース（180名）」の3コースに編成されます。これにより中・高6カ年で最短最強のカリキュラムが実践されることになります。

こうした取り組みに表れているように、これまでの学校の概念にとらわれず、新しい学校づくりをめざしているという点が特徴的です。高等部では22年前から「普通科コース」に加えて「医科コース」が設けられています。将来、世界の医療現場で活躍する人材を育てることを目標としています。この「医科コース」の成果は、前述の大学進学実績にも表れています。

規律ある進学校として、生徒たちの夢を応援していく江戸川学園取手中学校です。

SCHOOL DATA

◇ 茨城県取手市西1-37-1
◇ JR線・地下鉄千代田線「取手」・関東鉄道常総線「寺原」徒歩25分
◇ 男子516名、女子451名
◇ 0297-74-0111
◇ http://www.e-t.ed.jp/

常総学院中学校

茨城　土浦市　共学校

社会に貢献できる人材の育成をめざす教育

1996年（平成8年）開校の常総学院中学校は、併設校の常総学院高校（1983年開校）との6年間中高一貫教育を行っています。大学や職業に対する意識の育成と専門職として社会に貢献できる人材の育成を目的に、「メディカルコース」と「リベラルアーツコース」を設置し、施設見学や多分野の職業講演などの課外活動を充実させています。なお、いずれのコースも中学3年間は時数・教科すべて同一課程で学び、主要教科は1・2年で中学課程を修了し、3年で高校課程に入ります。また、社会のグローバル化に対応するために、自己発信能力（自分の意見を論理的にまとめ、発表し、他者と討論しながら修正・充実させ、さらに研究し、実行に移す能力）が必須と考え、1分間スピーチ・クラスディスカッション・個人課題研究に取り組んでいます。

特色ある英語教育

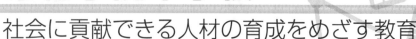

英語は国際社会において重要なコミュニケーション手段としての役割を担うため、常総学院では英語の授業をRE（Regular English）とCE（Communicative English）のふたつに分けて週8時間行っています。

そのうち週6時間のREでは、おもに単語・文法・読解を中心に授業が行われます。また、週2時間のCEは、1クラスを3分割した少人数制で実施し、すべてネイティブスピーカーの教師が会話・リスニング・作文を中心に授業を行っています。1・2年ではスピーキングテストが実施され、また1年で実施されるBritish Hillsでの国内留学や3年で実施されるニュージーランド語学研修旅行でのファームステイと学校訪問など多彩な英語行事をとおして、英語でのコミュニケーション能力を育てています。

これらの経験から英語力を自己評価し、できたこととできなかったことを振り返り、高校進級後の学習のモチベーションへとつなげています。

SCHOOL DATA

◇ 茨城県土浦市中村西根1010
◇ JR線「土浦」バス15分、つくばエクスプレス「つくば」より車で15分
◇ 男子181名、女子189名
◇ 029-842-0708
◇ https://www.joso.ac.jp/

土浦日本大学中等教育学校

６年間で人間としての根っこをつくる

茨城県初の中等教育学校として、2007年（平成19年）に開校した土浦日本大学中等教育学校。

豊かな自然環境のなかで、「人間力・国際力・学力」の３つの力を育みます。

土浦日本大学中等教育学校では、６年間を３つのタームに分け、効果的に学習が進むように計画しています。

最初の２年間は、基礎学力の獲得をめざす「Foundation Term」です。１年次には蓼科や京都・奈良での研修、２年次には28日間の英国研修が用意されています。

つぎの２年間は、自ら考え、表現する学力を身につける「Academic Term」です。３年次には広島研修、４年次にはケンブリッジ大での研修が行われます。

そして最後の２年間は、「Bridging Term」です。これまでの研修をとおして獲得してきた力を糧に、進路実現に向けて最大限の努力をしていきます。

世界のリーダーを育てる

学校外での研修も多く、なかでも海外での研修は、総合的・多角的学習の場として非常に重要なものと考え、英語教育にも力を入れています。英語教育の目標を「英語で討論し、自己主張できるレベルのコミュニケーション能力の獲得」と位置づけ、外国人の教員とのふれあいを大切にするなど、実践的なプログラムを導入しています。

土浦日本大学中等教育学校は、日本大の附属校ではありますが、他大学進学者の多さが特徴的です。

2015年（平成27年）も、東工大などの難関国公立大、早慶上智といった難関私大に多数の合格者を輩出しました。また、海外の大学へ進学した生徒もいます。日本大へは、毎年４割強の生徒が進学します。

新しい進学校として年々進化する土浦日本大学中等教育学校です。

SCHOOL DATA

◇ 茨城県土浦市小松ヶ丘町4-46
◇ JR線「土浦」徒歩20分・バス10分
◇ 男子114名、女子135名
◇ 029-835-3907
◇ http://www.tng.ac.jp/sec-sch/

東洋大学附属牛久中学校

「生き抜く力＝人間力」を養う

2015年（平成27年）春、茨城県に、新しい私立中学校が誕生しました。東洋大の附属高校として、1964年（昭和39年）に創設された東洋大学附属牛久高等学校、その附属中学校として開校した、東洋大学附属牛久中学校です。中学・高校の６年間一貫教育をつうじて、グローバル化社会で活躍できるたくましい人間力の育成を目標に、さまざまな教育プログラムが用意されています。

豊富な授業時数と独自の教育課程

東洋大附属牛久では、「やる気を引き出す実践教育」「確かな学力を育む学習プログラム」「個性を伸ばす整えられた環境」の３つを兼ね備えた中高一貫教育により、「生き抜く力＝人間力」を養っていきます。

「やる気を引き出す実践教育」では、「感動」により生徒の知的好奇心と学習意欲を引きだします。中１〜高２まで、毎年かたちを変えて行われる国内外の宿泊行事が特徴で、中３

では海外語学研修も用意され、体験することで英語力と国際理解力を育みます。そのほか、スピーチコンテスト、研究発表などをとおして、将来必要となるプレゼンテーション能力もしっかりと伸ばします。

「確かな学力を育む学習プログラム」としては、週38時間の豊富な授業時数が特徴です。これは、公立中学校の約1.3倍、国語・数学・英語に関しては約1.5倍というから驚きです。また、カリキュラムは、２年ごとに３つのステージに分けられた効率的な内容です。

「個性を伸ばす整えられた環境」としては、まずは個性を伸ばすきめ細やかな指導が可能となる、１学年70名の少人数制があげられます。そして、なんといっても、2015年（平成27年）に完成したばかりの新校舎。生徒がのびのびと学習に取り組める最適な教育環境が用意されているのです。

６年間で大きく成長できる東洋大附属牛久。東洋大への推薦入試制度も魅力です。

SCHOOL DATA

◇ 茨城県牛久市柏田町1360-2
◇ JR線「牛久」スクールバス
◇ 男子28名、女子35名
◇ 029-872-0350
◇ http://www.toyo.ac.jp/site/ushiku-jh/

茗溪学園中学校

めい けい がく えん

茨城
つくば市
共学校

濃密な6年間が「考える」力を育む

茗溪学園は、当時の中等教育批判に応える取り組みをする研究実験校として、1979年（昭和54年）に開校されました。

一人ひとりの生徒を知育に偏らず総合的に教育し、人類、国家に貢献しうる「世界的日本人」を創生すべく、知・徳・体が調和した人格の形成をはかり、とくに創造的思考力に富む人材を育てることを建学の理念としています。

また、豊かに生きるために、正しい選択力と決断力、そしてたくましい実行力を養うべく、生命尊重の精神を育て、自分で考え行動できる人づくりをすることが茗溪学園の教育目標です。

「考える」姿勢を重視した教育

その教育の特徴のひとつが、目で確かめ肌で感じる生きた学習を実践していることです。フィールドワークを「問題解決学習」として、知識を前提としたうえに「知恵」を育

てていくための有効な学習形態として取り入れています。

各教科とも考える姿勢を重視し、実験と調査活動を豊富に取り入れることにより課題意識を開発し、問題解決に適応できる柔軟で創造的な思考力を養っています。

進学については、習熟度別授業，選択制カリキュラム編成、個人課題研究などによって意欲と学力を伸ばし、将来の仕事につながる目的意識を持って進学できるようにしています。また、国際理解・国際交流の機会も多く用意しています。

人間性を育てる寮生活

寮生活をつうじての人間形成も茗溪学園の大きな特徴です。長・短期の寮生活、宿泊をともなう共同生活を経験させ、お互いに切磋琢磨し、自分も他人も尊重する精神を身につけます。こうした6年間のなかで、生徒は自分をしっかりと見つめ、自立していきます。

SCHOOL DATA

◇ 茨城県つくば市稲荷前1-1
◇ JR線「ひたち野うしく」・「土浦」・つくばエクスプレス「つくば」バス
◇ 男子340名、女子354名
◇ 029-851-6611
◇ http://www.meikei.ac.jp/

国立・私立中学校プロフィール

寮のある学校

函館白百合学園中学校

豊かな心を育てるために

全国に広がる白百合学園の歴史は、1878年（明治11年）、フランスより3人の修道女が函館に着任し、女子教育の基礎を築いたのがはじまりです。東京の白百合女子大学をはじめとする白百合学園の最初のページはこの函館から記されたのです。

函館白百合学園は、キリスト教に根ざした価値観を養い、神と人の前に誠実に歩み、人としての品性を重んじ、愛の心をもって人類社会に奉仕できる女性を育成しています。そのため、聖書などから学ぶだけではなく、奉仕活動、募金活動、体験的学習などをつうじて、自ら道徳心を養えるようにしています。

将来を見据えたきめ細やかな指導

国・数・英の授業数は公立中学よりも格段に多く、生徒の発達段階に配慮した授業展開のなかで自然な定着をはかっています。

将来、世界で活躍する国際人の育成をめざし、語学教育にも熱心です。とくに中1の英語は日本人とネイティブの教師によるT.Tを実施、読解力から英会話まで総合的に身につくように配慮されています。また、スモールステップの学びが可能な「すらら」、中3からはより学力を伸ばしたい生徒には「受験サプリ」などICTも充実しています。

高校進学時は、難関大学への進学を考えている生徒に対応する「特別進学コース」、看護学校や私立理系大学に適した「看護医療系進学コース」、進学・就職に幅広く対応した「総合進学コース」への進学が可能です。

キャンパス内には、自宅から通学できない生徒のための寮「暁の星ハウス」が完備されています。自立の精神を身につけ、共同生活をとおして、より豊かな人間性を育てることを目的として寮運営がなされています。

羽田空港から飛行機で約70分、函館空港からはバスで20分、思いのほか短時間で函館白百合学園中学校にアクセスできます。入学試験は首都圏の会場でも行われます。

SCHOOL DATA

◇ 北海道函館市山の手2-6-3
◇ 函館空港からバス20分、JR線「五稜郭」バス30分、JR線「函館」バス35分
◇ 女子のみ83名
◇ 0138-55-6682
◇ http://www.hakodate-shirayuri.ed.jp/

函館ラ・サール中学校

人間教育と進学教育の両立めざす寮制学校

1960年（昭和35年）に高等学校が、1999年（平成11年）に中学校が開設された函館ラ・サールには、「進学教育と人間教育の高いレベルでの両立」を教育方針の核としたつぎのような特色があります。

ひとつ目は「人間教育重視の教育伝統」です。カトリックミッションスクールとして、進学実績至上主義ではなく、生徒の全人格的成長をはかるとともに、問題を抱えた生徒をあくまでも支援しています。

ふたつ目は「全国から優秀な生徒が集まっている」点です。函館市外出身生徒の割合（関東・関西だけで過半数）と出身地の多様性の点では全国一と言われています。多様で密度の濃いふれあいが豊かな自己実現につながります。

3つ目は「全国唯一の大部屋寮生活」（中学3年間。高校からは4人部屋）です。一見不自由にみえる独自の寮生活をつうじて、深い友人関係とたくましく柔軟な人間関係力が養われます。また、函館は北海道の豊かな自然と歴史的情緒にあふれた港町であり、ここでの生活は一生心に残ります。

最後は「低廉な経費」です。都会での通学・通塾生活より経済的です（授業料寮費合わせて月10万5000円）。

バランスのとれた教育を実践

函館ラ・サールでは、部活動も非常にさかんで、北海道大会に出場するクラブがいくつもあります（とくにラグビー部は全国大会に出場しました）。

教育カリキュラムは、1週間の授業時間数を37時間としています。基礎的な学力をしっかりと身につけ、なおかつ、芸体教科も公立と同じ時数を確保するためです。

また、ミッションスクールという特色をいかした倫理・宗教の科目や、国際性を重視した英語教育など、「知」・「心」・「体」の育成に積極的に取り組んでいます。

SCHOOL DATA

◇ 北海道函館市日吉町1-12-1
◇ JR線「函館」バス、函館市電「湯の川」徒歩12分
◇ 男子のみ275名
◇ 0138-52-0365
◇ http://www.h-lasalle.ed.jp/

佐久長聖中学校

中高一貫課程創設20年を経てさらなる躍進を

佐久長聖中学校・高等学校がある、信州・長野県佐久市は、交通整備網が発達し、2015年3月開業の北陸新幹線金沢・東京間の中間に位置する重要拠点として、先端産業が集まるハイテク産業地域であるとともに、文教環境が整った学術文化都市でもあります。

こうした恵まれた教育環境にある佐久長聖の特徴は、授業・体験学習・寮生活が三位一体となった6年間一貫教育を行っていることです。寮のことを「館」と呼び、中学に隣接する「聖朋館」に専任の教職員が宿泊し、24時間体制で指導にあたっています。

生徒の志望に合った2コース

中高一貫校としての特性をじゅうぶんにいかした授業編成を行っており、中1では学習の基礎・基本を身につけ、中3の1学期までに中学の全学習過程を修得し、2学期からは高校の学習範囲へと移ります。授業は50分で、生徒一人ひとりが自ら調べ、考え、意見

を述べあうことを大切にし、詰め込みではない、「本当の学力」を伸ばします。さらに、2011年度（平成23年度）からは「東大医進難関大コース」と「スキルアップコース」という2つのコース制を導入し、より一人ひとりに合った学習指導体制が可能となりました。

2015年度の大学入試結果は、東京大2名、国公立大医学部4名、京都大など国公立大に77名、早稲田大・慶應義塾大などの難関私立大を中心に多くの生徒が希望の進路に進んでいます。

語学学習と国際学習も特徴

語学学習を大切にしており、生きた英語に触れ、英語の「聞く・話す」力を高める教育を実施。語学力を高めながら国際的な理解力も深める授業を進め、例年、中3の7割が英検準2級に合格しています。また、中2全員で2月中旬〜3月初旬にカナダで語学研修、高1で希望者による海外語学研修を行っています。

SCHOOL DATA

◇ 長野県佐久市岩村田3638
◇ 上信越自動車道佐久インターより車で1分、JR長野新幹線・小海線「佐久平」車で5分
◇ 男子212名、女子171名
◇ 0267-68-6688
◇ http://www.chosei-sj.ac.jp/

海陽中等教育学校

リーダーの出発点が、ここにある

海陽中等教育学校は、愛知県蒲郡市に位置する全寮制の男子校です。「将来の日本を牽引する、明るく希望に満ちた人材の育成」を建学の精神に掲げ、2006年（平成18年）に開校しました。学校の設立にあたっては、トヨタ自動車・JR東海・中部電力の3社を中心に、日本の主要企業約80社が学校設立・運営のために資金を拠出した、まったく新しいタイプの中等教育学校です。

全寮制のメリットをいかした教育

生徒たちが生活する寮は「ハウス」と呼ばれ、各人の個性を尊重し健やかな成長をはかれるように、個室が用意されています。また、各階には海を見渡すラウンジが備えられ、生徒同士の交流や学習の場としても利用できます。こうした寮生活は、イギリスのイートン校などの例にならって、寮における生活のなかから高い知性とよき生活習慣を身につけていく場として重要な役割を果たしています。

それぞれのハウスで約60人の生徒が生活をともにし、教員の資格を持ったハウスマスターが常駐しています。それぞれのフロアには、日本を代表する企業から派遣されたフロアマスターがおり、生活指導や学習支援を行います。

また、週6日制で十分な授業時間を確保し、国数英を中心に習熟度別授業を取り入れています。ハウスでも1日2時間の夜間学習があり、チューター（少人数担任）制できめ細かくフォローします。2015年度（平成27年度）の進路では東京大、京都大、大阪大、北海道大、東京外大、東京工大、一橋大に各1名、福島県立医大、福井大、名古屋大、鹿児島大は医学部に各1名、防衛医大医学部2名、早稲田大10名、慶應義塾大13名といった成果をあげています。

将来の日本をリードする明るい人材を育てる海陽中等教育学校。10年目を迎える今年、さらに大きな期待が寄せられています。

SCHOOL DATA

◇ 愛知県蒲郡市海陽町3-12-1
◇ JR線「三河大塚」・「蒲郡」バス
◇ 男子のみ391名
◇ 0533-58-2406
◇ http://www.kaiyo.ac.jp/

早稲田摂陵中学校
（わせだせつりょうちゅうがっこう）

社会に貢献する人材を育成

　2009年度（平成21年度）から、早稲田大の系属校となった大阪府にある早稲田摂陵中学校。教育目標には「地域社会・国際社会に貢献する人材の育成」を掲げ、豊かな心を育むための教育を行っています。

　早稲田摂陵には、学園敷地内に設置された「新清和寮」という学生寮があります。ここでは、中・高合わせて100名ほどの生徒たちが、全国各地から集まる仲間とともに共同生活を送っています。

　中学生は4人部屋での生活となるため協調性が育まれ、寮内で定められた5つの心得を守りながら共同生活することで、自立した人間へと成長していきます。

多種多様な学校行事の数々

　1年をとおしてさまざまな行事が催されているのも早稲田摂陵の特色です。

　4月には、新入生が学校にスムーズになじめるようにと、「新入生オリエンテーション」や「仲間づくり合宿」が実施されます。

　中3で実施されるICCアウトリーチプログラム（早稲田大生・早稲田大留学生による授業）やカナダ海外語学研修（バンクーバー・中2・中3希望者対象）は、早稲田摂陵の教育目標である国際社会に貢献できる人材を育成するために、必要不可欠な行事となっています。

　また、年に数回ずつ、地域清掃ボランティアや、地域の人びとも参加できる「早摂公開講座」を開催して、地域とのかかわりを深める行事も行い、もうひとつの教育目標である地域社会に貢献できる人材としての意識も高めていきます。

　早稲田摂陵では、このほかにも「早摂祭」や「錬成合宿」「勉強合宿」などの多彩な行事が行われており、こうした行事、そして、日常生活をとおして「地域社会・国際社会に貢献する人材の育成」という教育目標を実現できる生徒を育成しつづけます。

SCHOOL DATA

◇ 大阪府茨木市宿久庄7-20-1
◇ 大阪モノレール線「彩都西」徒歩15分、阪急電鉄「茨木市」「北千里」「石橋」・JR線「茨木」・北大阪急行電鉄・大阪モノレール線「千里中央」スクールバス
◇ 男子74名、女子30名
◇ 072-643-6363
◇ http://www.waseda-setsuryo.ed.jp/

西大和学園中学校
（にしやまとがくえんちゅうがっこう）

次代を担うリーダーを育成するために

　奈良県にある西大和学園中学校・高等学校は、2014年度（平成26年度）の入試から自宅通学者のみですが、中学校の女子生徒の募集を開始しました。中学校は男子と女子が別に学ぶ別学、高校は共学です。学園の敷地内には男子寮が完備され、全国から集まる仲間とのきずなを深めながら、多様な価値観に接し、人間的な成長を遂げていくことができます。

リーダーに必要な3つの要素

　西大和学園は、「知性」・「国際性」・「人間性」を柱として、「次代を担うリーダーを育成するために」を教育目標に掲げています。

　また、「知性」は本物の体験のなかで磨かれていくと考える西大和学園では、生徒の好奇心に応える多くの体験学習を用意し、中3で卒業研究に取り組みます。生徒は興味を深めながら、学ぶことの楽しさを知ります。

　これらの活動は、西大和学園が2002年度（平成14年度）から継続指定を受けているSSH（スーパーサイエンスハイスクール）の取り組みの一貫として行われています。

　ふたつ目の柱である「国際性」は、生きた英語力を身につける英語教育と、世界を感じられる語学研修により養い、真の国際人として活躍できる人材を育てます。

　2014年度（平成26年度）SGH（スーパーグローバルハイスクール）の指定も受けたことにより、SSHと合わせて文系・理系のバランスが取れた教育力を発揮していきます。

　そして、3つ目の柱である「人間性」を磨くために、多彩な行事、クラブ活動がさかんに行われています。自然や仲間とのかかわりのなかで生きていることを実感し、他者の存在によって自分が生かされていると知ることにより、他者の幸福のために行動する「利他の精神」を持った人材へと成長できます。

　このような独自の教育により、「磨かれた『知』を備え、世界を舞台に活躍する、豊かな人間性を持つリーダー」を育てていきます。

SCHOOL DATA

◇ 奈良県河合町薬井295
◇ 近鉄田原本線「大輪田」徒歩8分、JR線・近鉄生駒線「王寺」、近鉄田原本線「新王寺」徒歩18分またはバス、近鉄大阪線「五位堂」バス
◇ 男子608名、女子85名
◇ 0745-73-6565
◇ http://www.nishiyamato.ed.jp/

土佐塾中学校

生徒を育てるユニークな教育プログラム

高知市内を一望できる180mの高台に、土佐塾中学校はあります。豊かな自然に恵まれたこの土佐の地から、将来を担う人材を輩出することを目的として設立されました。

土佐塾では、自宅から通学できない生徒のために寮施設が完備されています。「大志寮」と名づけられたこの寮は、親元を離れて生活する寮生のために、さまざまな面で創意工夫がこらされてます。たとえば、寮での勉強については、学校の先生のほか、塾や予備校の先生も指導にあたるシステムを取っています。また、寮が学校から徒歩5分という至近距離にあり、学校生活を中心に効率のよいスケジュールが組まれているのも魅力です。

学力を伸ばすサポートシステム

入口と出口を比較して学力を伸ばしてくれる学校として話題にのぼる土佐塾を支えているのが、母体である塾・予備校で培ったノウハウと人材です。大志寮の夜間学習にも塾・予備校から派遣されたスタッフが学校教員とともに授業や指導にあたります。

土佐塾独自の「進路サポートプログラム（SSP）」は生徒に自分の進路を早くから意識させ、学力の伸長を助けるものです。通常の学校行事とは別に、大学教授を招いて行うワンデーセミナーや、弁護士や医師などの専門職に就くかたを招くキャリアセミナーなどが実施されます。SSPによって、生徒一人ひとりのキャリア形成能力を育成し、生徒が主体的に自己の進路を選択する能力を養います。

学校施設も大変充実しています。体育館や広いグラウンドはもちろんのこと、自習にも利用できる図書館なども備わっていて、全施設が冷暖房完備です。そして最も特徴的なのは、職員室に仕切りがないことです。開放的な構造で、生徒が気軽に質問することができます。

土佐塾中学校は東京でも入試を行っており、首都圏から多くの生徒が受験しています。

SCHOOL DATA

◇ 高知県高知市北中山85
◇ JR線「高知」バス15分
◇ 男子365名、女子242名
◇ 088-831-1717
◇ http://www.tocajuku.ed.jp/

帝京冨士中学校

学寮一貫教育が生む心のふれあい

「努力をすべての基とし、偏見を排し、幅広い知識を身につけ、国際的視野に立って判断のできる人材を育成すること」を目的として創立された帝京冨士中学校・高等学校。生徒とともに夢を育てていく温かみのある教育が特徴です。

学寮一貫教育の魅力

愛媛県西部、冨士山の中腹にある校舎は、自然にかこまれ、勉強に打ちこむのに最適な環境です。寮が完備されているので、遠方からの受験も可能となっています。

学寮一貫教育を行う帝京冨士ならではのきめ細かな学習指導を見てみましょう。

平日の夕食後には、寮生全員と自宅通学生の希望者を対象とした150分の「習熟学習」の時間が設けられています。国語・数学・英語・社会・理科の5教科の教員が、日替わりで3名ずつ3コマ担当し、講義または個人指導を行います。苦手科目の克服や応用力を高めるだけでなく、集中力や持続力が養われ、学習習慣も身についていきます。

国語・数学・英語の3教科では、「グレイド方式」という教育方式を採用しています。中1〜高3までの6年間を7段階に分け、少しずつ先取り学習をしていくことで、高3で入試に向けた特別演習の時間を確保することができます。

また、国語・数学・英語では少人数のクラスをさらに習熟度に分けて授業を行っています。添削においても画一化したものではなく、生徒それぞれに応じた課題を提供し、個人指導を充実させることで学力向上をはかっています。

このような教育により、生徒同士だけでなく、生徒と教員の間にも深いきずなが生まれ、一人ひとりの能力を引き出す英才・精鋭教育が可能となります。そして、ふたりにひとりが国公立大に合格するという実績につながっています。

SCHOOL DATA

◇ 愛媛県大洲市柚木947
◇ JR線「伊予大洲」より車で5分
◇ 男子22名、女子8名
◇ 0893-24-6335
◇ http://www.tomisu.ac.jp/

東京西地区 私立中学校・高等学校 2015

進学相談会

7/12（日）10：00－15：00

予約不要　参加無料

私立中高80校参加による個別ブース相談形式

中学受験生・高校受験生と保護者対象

※中2・小5以下の皆さまも是非ご参加下さい。

 会場

東京経済大学

JR中央線・西武線国分寺駅南口　徒歩12分

※駐車場はありません（会場内及び路上駐車も出来ませんのでご注意下さい）お車でご来場の際は、公共の有料駐車場をご利用下さい。

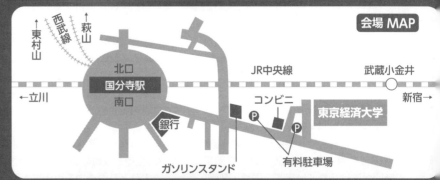

[主　　　　催]　東京西地区私立中学校・高等学校　進学相談会実行委員会

[後　　　　援]　一般財団法人　東京私立中学高等学校協会

[問い合わせ先]　藤村女子中学・高等学校　TEL.0422-22-1266

埼玉私学フェア 2015

入場無料

いくつもの学校を待たずにたっぷり相談
個別相談で自分の最適受験校を探す

熊谷展
2日間開催

7月25日 ㊐ 10時〜17時
26日 ㊐ 10時〜16時

会場：キングアンバサダーホテル熊谷　3階　プリンス

川越展
2日間開催

8月22日 ㊐ 10時〜17時
23日 ㊐ 10時〜16時

会場：川越プリンスホテル　5階　ティーローズルーム

大宮展
2日間開催

8月29日 ㊐ 10時〜17時
30日 ㊐ 10時〜16時

会場：大宮ソニックシティ　地下1階　第1展示場

埼玉県内私立中学校・高等学校　※は中学校を併設

（参加校は会場によって異なります。ホームページでご確認ください）

秋草学園	川越東	城西大学付属川越※	武南※
浦和明の星女子※	慶應義塾志木	正智深谷	星野
浦和学院	国際学院※	昌平※	細田学園
浦和実業学園※	埼玉栄※	城北埼玉※	本庄第一
浦和ルーテル学院※	埼玉平成※	西武学園文理※	本庄東※
浦和麗明	栄北	西武台※	武蔵越生
叡明	栄東※	聖望学園※	武蔵野音楽大学附属
大川学園	狭山ヶ丘※	東京成徳大学深谷※	武蔵野星城
大妻嵐山※	志学会	東京農業大学第三※	山村学園
大宮開成※	自由の森学園※	東邦音楽大学附属東邦第二	山村国際
開智※	秀明※	獨協埼玉※	立教新座※
開智未来※	秀明英光	花咲徳栄	早稲田大学本庄高等学院
春日部共栄※	淑徳与野※	東野	

あとがき

　現在、国内には490校もの中高一貫校があります。そのうち、首都圏には300校以上の学校が所在しています。また、これまでの国立・私立だけではなく、公立中学校においても、中高一貫校を新設する動きがつづいています。多くの選択肢のなかから、各ご家庭の考え方やポリシーに合わせた教育を選ぶことができるということは、非常に幸せなことです。

　その反面、選択肢が多ければ多いほど、悩んでしまうご家庭も少なくありません。とくに初めて中学受験を経験されるご家庭においては、学校選びは大変な作業です。

　本書はそのような保護者のかたに、少しでもお役に立てれば、との思いから生まれたものであり、毎年改編を重ねています。ここに登場する275校の学校については、その教育理念や日々の特色など、学校の素の姿をお伝えすることを第一として編集を行っております。そのため、いわゆる偏差値や学力の指標となるものは掲載しておりません。それは数字だけでなく、ご家庭の教育方針やお子さまに合った学校を選んでいただきたいからです。

　学校の紹介にあたっては、各校の校長先生ならびにご担当の先生がたに多大なご協力を賜り、厚くお礼申しあげます。

　本書をつうじて、各ご家庭が、より望ましい学校教育を選択されることを願ってやみません。

『合格アプローチ』編集部

📱 営業部よりご案内

　『合格アプローチ』は、首都圏有名書店にてお買い求めになることができます。

　万が一、書店店頭に見あたらない場合には、書店にてご注文のうえ、お取り寄せいただくか、弊社営業部までご注文ください。

　ホームページでも注文できます。

　送料は弊社負担にてお送りいたします。

　代金は、同封いたします振込用紙で郵便局よりご納入ください。

ご投稿・ご注文・お問合せは

 株式会社グローバル教育出版

【所在地】〒101-0047
　東京都千代田区内神田2-4-2 グローバルビル

合格しょう

【電話番号】 03-**3253-5944**(代)

【FAX番号】 03-**3253-5945**

URL：http://www.g-ap.com
e-mail:gokaku@g-ap.com
郵便振替　00140-8-36677

合格アプローチ　2016年度入試用

首都圏 国立私立 **中学校厳選ガイド275校**

2015年7月10日　初版第一刷発行　　定価 1800 円（＋税）

●発行所／株式会社グローバル教育出版
〒101-0047 東京都千代田区内神田2-4-2 グローバルビル
　　　電話 03-3253-5944（代）　　FAX 03-3253-5945
http://www.g-ap.com　　郵便振替00140-8-36677